古代歷史文化 研究輯刊

二一編

王明蓀 主編

第 19 冊

元代法定刑考辨

徐昱春 著

國家圖書館出版品預行編目資料

元代法定刑考辨／徐昱春 著 — 初版 — 新北市：花木蘭文化事業有限公司，2018〔民 107〕

目 4+172 面：19×26 公分

（古代歷史文化研究輯刊 二一編：第 19 冊）

ISBN 978-986-485-737-1（精裝）

1. 刑罰 2. 元代

618　　　　　　　　　　　　　　　　　　108001505

ISBN-978-986-485-737-1

9 789864 857371

古代歷史文化研究輯刊

二一編　第十九冊　　　　　　ISBN：978-986-485-737-1

元代法定刑考辨

作　　者　徐昱春

主　　編　王明蓀

總 編 輯　杜潔祥

副總編輯　楊嘉樂

編　　輯　許郁翎、王筑　美術編輯　陳逸婷

出　　版　花木蘭文化事業有限公司

發 行 人　高小娟

聯絡地址　235 新北市中和區中安街七二號十三樓

　　　　　電話：02-2923-1455／傳真：02-2923-1452

網　　址　http://www.huamulan.tw 信箱 hml810518@gmail.com

印　　刷　普羅文化出版廣告事業

初　　版　2019 年 3 月

全書字數　148907 字

定　　價　二一編 49 冊（精裝）台幣 122,000 元

元代法定刑考辨

徐昱春 著

作者簡介

徐昱春，男，漢族，1979 年 4 月 5 日生，湖南耒陽人。2001 年至 2004 年湘潭大學就讀法律碩士專業碩士，2006 西南政法大學就讀法律史專業博士，2010 ～ 2013 年湖南師範大學歷史文化學院中國近現代史博士後流動站從事博士後研究。律師，大學教師。現任教於湖南工學院經濟與管理學院。

提　　要

　　元代作爲中國歷史上的一個重要朝代，其刑制與其基本政治經濟制度一樣具有蒙、漢二元混合結構爲核心，南北異制，諸制並舉的特色且頗多建樹。

　　本文在研究元代法定刑時，基本遵循了提出問題、分析問題、得出結論的治學三段論，首先考察元代法定刑的產生、形成及其演變的歷史，結合大蒙古國和北元時期的相關歷史，由元代法定刑的源頭開始入手，結合一系列立法和執法過程中的反覆選擇，探析元代法定刑制度的前因後果。這部分內容主要集中在文章的第一章元代法定刑淵源考辨和第二章元代五刑制度考辨之中。

　　其次是以各種特定刑罰爲劃分篇章結構的基本依據，將論文的主體分爲以死、流、徒、笞杖、贖各種具體刑罰爲名的五章，即第三到第七章。但這與傳統封建制五刑制度以笞、杖、徒、流、死爲名有所不同。筆者考慮到笞杖刑在元代立法實踐中實際上是一種刑罰的不同輕重等級，故將五刑中的這二種列爲一章進行考辨，再鑒於贖刑是古代刑制明文規定的法定主刑，而元代又創立了獨備特色的「燒埋銀」制度，在中國贖刑制度史上有重要歷史地位，因此將贖刑列爲單獨的一章。

　　再次是考察元代法定刑的歷史地位及其發揮的作用。通過對元代法定刑的特點和這些特點之所以形成的原因進行歸納；通過將元代法定刑與前代刑罰特別是唐代刑罰的比較來體現元代刑法在中國法制史上的地位之外，筆者還對其歷史價值和功能進行了評析。這一部分內容構成了論文的第八章。

目
次

緒　論

一、歷史背景及選題的來源

　　元朝是中國歷史上由蒙古族建立的統一王朝。1206 年，成吉思汗建國於漠北，號大蒙古國；1235 年，窩闊台建哈剌和林城爲國都。通過不斷的征服戰爭，大蒙古國統治了亞洲和歐洲的廣大地區。1260 年，忽必烈即位，遵用漢法，改革舊制；以開平爲上都，燕京（今北京）爲中都，將政治中心南移。1271 年，取《易經》「大哉乾元」之義，忽必烈改國號爲大元；次年，升中都爲大都。1276 年，元滅南宋，又傳九代；至 1368 年，明軍攻入大都，元順帝退出中原。其繼承者據有漠北，仍用元國號，史稱北元。因明初官修《元史》，自成吉思汗建國迄元順帝出亡，統稱元朝。因此，後世研究者常將公元 1206 年至 1368 年間蒙古族統治者建立的這個封建政權通稱「元」。〔註1〕

　　在中國王朝序列中，元代屬立國時間較短的朝代。不過，蒙古族在中國歷史這一大舞臺上活動的時間遠長於元代作爲一個朝代存在的時間。公元 7 世紀，蒙古即以蒙兀室韋之稱載入《舊唐書》，這是中國歷史文獻上首度出現關於蒙古族的記載。此後，蒙古族經歷了唐、遼、金等不同民族政權的統治，終至 1206 年由成吉思汗初步建立起獨立的蒙古汗國。13 世紀初，蒙古

〔註 1〕　因蒙古統治者在不同歷史時期前後使用過「大蒙古國」及「元」兩個國號，
　　　　　故近代研究者多有以「蒙元」作爲對這一少數民族建立的政權的稱呼。但史
　　　　　學界通説以爲，「大蒙古國」與「元」是同一個政權在不同階段的正式名稱，
　　　　　以古代史家的習慣認爲後者較之前者更爲正式和具備代表性，因此這已是一
　　　　　個約定俗成的稱呼。筆者認可這一史學者的通論，故本文均以「元」作爲蒙
　　　　　古族政權統治中國時國名和朝代名的正式稱呼。

族統治者在半個多世紀的征服戰爭中，先後消滅西夏、金、大理、吐蕃、南宋等政權，完成了多民族國家的空前統一，形成了有利於各民族文化交流發展的有利環境。從 1206 年蒙古汗國成立到 1368 年明王朝初創，在長達 160餘年的歷史時期內，元代作為中國歷史上的一個重要朝代，不僅在中華文化史上發揮了承上啓下的作用，而且在諸多領域出現了新的飛躍，推進了中國多元一體文化的發展進程，開創了中國各民族文化全面交流融合的新局面，對中華文化的繁榮和發展做出了重要的貢獻。其政治、經濟、軍事、法律諸方面制度建設，具有蒙、漢二元混合結構為核心，南北異制，諸制並舉的特色且頗多建樹。元代作為一個特殊的朝代引起了筆者對其歷史的深厚興趣。可以說，正是這種興趣讓我把注意的目光轉向元代。這是本文選題的第一個原因。

從有信史記載以來，元代以前的中國歷代王朝，其刑制發展可稱一脈相承，蓋因中國古代統治者極力宣揚「王權神授」和「代天行罰」的神權法思想。這就導致了夏商以來，法律的本源及法律權威的來源、法律的價值取向等一概被歸之於神意。周初，當政者對這一問題的認識產生了質的突破，提出了天命無常，唯德是輔的著名論點，強調法律應當符合道德，法律應當注重「敬天、敬宗、保民」，神意又被引申為永恆不變的「道」。法律是為了保障道的實施，而道是唯一的，穩固的，它並不會隨具體的時勢變化而變化，不同的人所面臨的是同樣的道，所必須遵循的是同樣的法律。正如孔子在《論語》中說「殷因於夏禮，所損益，可知也；周因於殷禮，所損益，可知也；其或繼周者，雖百世，可知也」。〔註2〕

但蒙古統治者挾雷霆萬鈞之武力君臨中原，其武功造成了其對漢文化發自內心的蔑視，其立法之初便自覺或不自覺的「變夏為夷」，大量引入了本民族長期社會生活中形成的法律觀點與制度。其中最具代表性的就是蒙古人世代相傳的「約孫」。

「約孫」作為蒙古社會古老的習慣，有「理」、「道理」的含義。在元代漢語裏約孫又譯為「體例」，〔註3〕是蒙古人自古來據以評判是非的標準、調整社會關係的準則和遵守社會秩序的行為規範。當然，起初的「約孫」作為

〔註2〕 楊伯峻編著：《論語譯注》，北京：中華書局，1958 年版，第 23 頁。
〔註3〕 阿爾達札布：《新譯集注蒙古秘史》，呼和浩特：內蒙古大學出版社，2005 年版，第 411 頁。

一種單純的習慣並不是法律，習慣也不等於習慣法。「習慣法」作為「不成文法」的一種，是指由國家認可並賦予法律效力的習慣。正如美國當代比較法學者 H.W.埃爾曼教授所言：「把單純的習俗（habits）與習慣法區分開來的是後者背後的強制性力量」。〔註 4〕而在古代蒙古社會，只有當人們長期奉行、遵守的「約孫」不僅是蒙古社會調整人們社會關係的最基本的行為準則，而且其背後還出現了強制性的力量支持時，蒙古人的這些古來的「約孫」才成為習慣法。這些習慣法的一部分成為蒙古國第一部成文法典──《大札撒》的最主要的法律淵源；另一些則隨時代延續下來，雖然沒有演變成為蒙古汗國的具體的法律條文，但它們已與國家頒佈的法令具有同樣的社會調節功能，在社會意識形態領域裏已經佔據了與法律（札撒條文）具有同等重要的地位，是蒙古社會真正的「習慣法」。

根據吳海航考證，蒙古族早期「約孫」根據其內容及產生途徑大致可分以下幾類：

1. 繼承自蒙古先民自然禁忌的「約孫」，
2. 來自蒙古社會傳統觀念的「約孫」，
3. 來自薩滿教信仰的「約孫」，
4. 來自於蒙古人狩獵、戰爭的「約孫」。〔註 5〕

大蒙古國建立之後，成吉思汗頒佈了具體的成文法律典籍──《大札撒》，其中就有大量由「約孫」轉化而來或將不成文的「約孫」法典化的條文。例如：「於水中、餘燼中放尿者，處死刑」〔註 6〕之條。

古老的習慣隨著社會發展的需要而具體化為法律條文，而在原有意義上的「習慣」仍然繼續對社會有約束性作用，這就使得一些遠古的「習慣」因時代的進步而兼具雙重社會調節功能。這是蒙古社會特殊的歷史現象。因而，在特定的時期，演變成為法律條文的「習慣」並不喪失其本身作為「習慣法」所具有的法律效力。

但另一方面，作為成文法律的札撒的內涵較之約孫要狹窄得多，約孫比具體的法條有更豐富的涵義，調節著蒙古社會的各個方面。「約孫」不是代表

〔註 4〕　〔美〕H.W.埃爾曼：《比較法律文化》，賀衛方、高鴻鈞譯，上海：三聯出版社，1990 年版，第 43 頁。
〔註 5〕　參見吳海航：「約孫論──蒙古法淵源考之一」，《中外法學》，1998 年第 3 期。
〔註 6〕　〔古波斯〕拉施特：《史集》，余大鈞、周建奇譯，北京：商務印書館，1983 年版，卷 2，第 85 頁。

個人意志，而是社會意志的反映。若違背「約孫」，即違背「道理」，因而為社會之「理」所不容。它並非由哪一位立法者人為制定，而是與蒙古社會相伴而生。「約孫」是從蒙古人祖先那裡繼承來的，無需為它確定任何法律形式就具有對社會的約束性力量。所以，終元代之世，在成吉思汗《大札撒》產生以後，未進入札撒的「約孫」仍然與之平行使用，共同作為調節蒙古社會的行為規範。

在蒙古人尚處於部落聯盟的原始階段和大蒙古國草創之初，無論是「約孫」還是《大札撒》，由於蒙古族落後的經濟地位和弱小的政治地位，基本上對中原和其他周邊民族都沒有產生太大的影響。然而，一代天驕成吉思汗的橫空出世改變了一切。隨著蒙古統治地域的不斷擴大，蒙古族習慣法作為眾多民族法制生活的一個決定性因素發揮作用，中華法系在這一過程中出現了新的變化和發展。

但是，元代法制的這一新的發展變化也造成了元代法制史研究的相對薄弱。一則傳統華夷觀念的影響使古代學者輕視以「蠻夷」而混一宇內的元代政權，自然對其各項制度視為歷史的倒退，因而不願去研究分析其制度的形成及發展，雖然到清代這一情況有所變化，但畢竟在歷史積累上遜於前朝，所造成的影響遺留至今。二則研究元代制度不可避免的要面臨語言障礙，無形中造成了研究者的畏難情緒，這兩個因素的合力使得在法制史研究領域，和對漢唐明清等朝代汗牛充棟的研究成果相比，對元代時期的法制史研究相對薄弱，成果也較少。因而在這一方面進行研究，可以將前人尚未及完成的一些歸納、總結工作做一疏理，另則可對前人因歷史原因尚未涉及的一些制度進行探索以求創新。

在 160 多年的元代歷史進程中，以下幾個事件具有劃時代的意義，並深刻影響了元代各項制度包括法律制度的發展，考辨元代刑制的演變，必不可少要分析這些重大歷史事件對當時的客觀政治法律環境和立法者的主觀法律意識的影響：

1206 年，鐵木真即汗位，號成吉思汗，建大蒙古國；

1234 年，蒙、宋軍破蔡州，哀宗自縊，金亡；

1271 年，選隨朝百官近侍蒙古、漢人子孫及俊秀者入國子學。大蒙古國號改為大元；

1276 年，元軍至臨安，宋帝上表降元。命作《平金錄》、《平宋錄》及《諸

國臣服傳》，耶律鑄監修國史；

　　1291 年，頒行《至元新格》；

　　1343 年，命修遼、金、宋三史，以右丞相脫脫爲總裁，《至正條格》成；

　　1352 年，郭子興起義軍，朱元璋參加起義軍；

　　1368 年，妥歡帖木兒逃到上都，明軍占大都，元亡。

　　元史研究者對上述事件的歷史意義已有公論。通說以爲，大蒙古國的建立，標幟著蒙古國家政權的初步形成，蒙古人開始不斷探索和完備以鞏固國家統治爲目的的各項制度。進攻並滅亡金國，使蒙古國接觸到以農耕爲基礎的中原文明，並日益受到其政治、經濟、法律、文化等多方面的影響。大蒙古國更名爲大元說明這一影響上升到如此高度以致使政權中的農耕文明因素第一次壓倒了游牧文明因素，蒙古人初步完成了由「北國」到「中國」的轉變。滅宋使新興的蒙古人政權取代了舊有的漢人政權的正朔地位。然而，最後的抵抗保壘的淪陷，也使得蒙古族徹底地以一個征服者的身份君臨中原。勝利者的心態使他深深地以自己的文化爲榮，蒙古人帶著這種優越感實行了一系列的蔑視漢人及漢文化的制度，這也使得蒙古人的「中國化」始終處於一種反覆的狀態之中：科舉的幾經存廢、遲遲未能產生可與前代漢族政權甚或其他少數民族政權如遼、金等相提並論的成文法典就說明了這種情況。這也導致了元代法制的蒙、漢二元混合結構、南北異制這一迥異前朝乃至後世的特點。不能平等對待其他民族也是元代國祚短於他朝的一個重要原因，歧視政策必然導致的各民族此起彼伏的起義終於推翻了這一挾武力爲治的政權，元順帝於 1368 年退出了中原標誌著蒙古人在中國歷史上發揮決定性作用的時代就此告一段落。

　　筆者以爲，以上歷史事件產生了，至少是極大地強化了元代法定刑制定過程中立法者據以決策的考慮因素，因而推動了元代法定刑的建立和發展。而法定刑作爲社會的基本管理制度也反過來深深影響了歷史事件的演變。這樣，重大歷史事件和基本法律制度在互動中實現了彼此的不斷磨合，考辨元代法定刑時必須從歷史的立法和立法的歷史這個全方位的角度出發方能辯證地認識元代法定刑的整體面貌並對其發生於當時社會生活及後世歷史進程的作用有一客觀的認識。筆者不才，願以此一得之愚對之進行初步的探索。這是本文選題的第三個原因。

二、以往主要研究成果綜述及本文選題的意義

回溯以往研究成果筆者注意到，一些學者在元代刑事法律規範等方面用功頗深，產生了一系列首創性的研究成果。對以往學術研究狀況的梳理，爲後來者進一步深入研究提供了堅實的基礎，對元代法定刑的研究自不例外：它一方面可以幫助我們獲取元代法定刑方面的基礎性知識，並能從相關的探討中獲得更多的啓發；另一方面也可以將自己的研究內容、目的、意義與之相比較，從中發掘出更有針對性和學術價值的研究課題。

（一）清代元史專家的研究

明修《元史》，不滿人意之處甚多。洪武二年（1369 年）二月初一，正式開局編寫，至秋八月十一日結束，僅用了 188 天的時間，便修成了除元順帝一朝以外的 159 卷。由於編纂的時間太倉促，缺乏順帝時代的資料，全書沒有完成，於是朝庭派歐陽祐等人到全國各地調集順帝一朝資料，於洪武三年（1370 年）二月六日重開史局，經過 143 天，七月初一書成，增編順帝紀 10 卷等 53 卷。然後合前後二書，按本紀、志、表、列傳釐分後，共成 210 卷，也就是現在的卷數。兩次纂修，歷時僅 331 天。

《元史》存在的不足很多。就資料而言，在長期戰亂之後，史籍散失很多，一時難以徵集完備，而已經收集到的一些蒙文資料如《蒙古秘史》以及元朝的蒙古文典籍、檔案等等，限於翻譯條件，也沒有得到充分利用。這都是很大的缺憾並且隨得隨抄，前後重複，失於剪裁；又不彼此互對，考定異同，時見牴牾。如本紀或一事而再書，列傳或一人而兩傳。同一專名，譯名不一。史文譯改，有時全反原意。沿襲案牘之文，以致《河渠志》、《祭祀志》出現了耿參政、田司徒、郝參政等官稱而不記其名。又據案牘編宰相年表，僅刪去其官銜而不予考訂，以致有姓無名。其列傳照抄碑誌家傳之類，取捨不當之處甚多。改寫紀年的干支，竟有誤推一甲子六十年的情況，使史實完全錯亂。史料中沒有具體廟號的皇帝，改寫時弄錯的例子甚多，如將太祖誤爲太宗，太宗誤爲太祖，憲宗誤爲世祖，世祖誤爲憲宗等。纂修人對前代和元朝蒙古族的制度也不熟悉，如宋朝各州另有軍號、郡名，《地理志》述沿革，卻寫成某州已改爲某軍、某郡之類。又如蒙古各汗的斡耳朵，汗死「其帳不曠」，由後代后妃世守以享用其歲賜，《后妃表》編者竟據此名單列爲某一皇帝的妻妾。如此等等不一而足。針對以上不足，清代學者多有補述，故清代

形成了元史研究的第一個高潮，邵遠平著有《元史類編》四十二卷，魏源著有《元史新編》九十五卷、洪鈞著有《元史譯文證補》、屠寄著有《蒙兀兒史記》，柯紹忞著有《新元史》及《新元史考證》等。這些增補考證取得了卓越的成績。

（二）近現代元史專家的研究

1. 近現代元史研究的開拓者——王國維、陳垣、陳寅恪

作為中國近代著名學者，王國維先生從事文史哲學數十載，是近代中國最早運用西方哲學、美學、文學觀點和方法剖析評論中國古典文學的開風氣者，又是中國史學史上將歷史學與考古學相結合的開創者。其學術著作，以史學為最多，《宋元戲曲考》為其研究元史的代表作。

陳垣先生從事《元典章》的校補工作，採用了兩百種以上的有關資料，成《元西域人華化考》一文，在國內外史學界獲得高度評價。在研究《元典章》的過程中，他曾用元刻本對校沈刻本，再以其他諸本互校，查出沈刻本中譌誤、衍脫、顛倒者共一萬二千多條，於是分門別類，加以分析，指出致誤的原因，1931 年寫成《元典章校補釋例》一書，又名《校勘學釋例》。

陳寅恪先生研究《蒙古源流》的四篇論文，以蒙、滿、漢文諸本對校，博引漢、藏、蒙文資料，運用審音勘同方法進行考釋，其《元代漢人譯名考》還直接利用了波斯原文資料，研究方法根基於其深厚的學術功底之上，為後人所羨歎卻無法模仿。

2. 近現代元史研究的奠基者

上述三位大家突破了乾嘉學派以考據為學術研究的基本方法和範圍的成規，開創了近現代元史研究的新紀元，而三十年代崛起的一批以元代史為主要研究領域的傑出學者，把我國的元代史學科推進到新的高度。其中最著名、對以後的元代史學界影響最大者有姚從吾、韓儒林、翁獨健和邵循正等。

姚從吾先生的元代史著述有《遼金元史講義‧元朝史》（《全集》第四集）及專題論文數十篇（收入 1959 年自編之《東北史論叢》及後來門人所編《全集》第五、六、七集）。他的專題論文研究的課題主要有兩類：一類是蒙古人的政治制度與文化，如《成吉思汗時代的沙曼教》，《成吉思汗、窩闊台汗時代蒙古人的軍事組織與遊獵文化》，《說元朝秘史中的篾兒幹》，《舊元史中達魯花赤初期本義為「宣差」說》，《說蒙古秘史中的推選可汗與選立太子》等

多篇；一類是蒙古統治中原的政策演變和漢人的因應態度，如《金元全眞教的民族思想與救世思想》，《忽必烈對於漢化態度的分析》，《成吉思汗信任丘處機及此事對保全中原傳統文化的貢獻》，《忽必烈汗與蒙哥汗治理漢地的歧見》，《元世祖崇行孔學的成功與所遭遇的困難》，《元好問上耶律楚材書與其中五十四人行事考》等多篇。元代史料的整理與研究方面，最重要的貢獻是他與札奇斯欽合作完成的《蒙古秘史新譯並注釋》，這是第一部我國學者據漢字音寫蒙文譯成漢文的全譯本，在《秘史》研究中佔有重要地位；此外還出版了《耶律楚材西遊錄足本校注》和《張德輝嶺北紀行足本校注》等。

韓儒林先生兼通拉丁、波斯、蒙、藏、突厥等各種語言文字。1940 至 1943 年間，在抗戰後方的艱難條件下，發表學術論文達二十多篇，多半是元代史中名物制度的考證文章。他在 1940 年寫的《元史研究之回顧與前瞻》中指出，元史史料中，人、地、部族、制度等名稱有待考證者甚多。他的《成吉思汗十三翼考》、《蒙古氏族箚記二則》等文章就是採用《史集》波斯原文與漢文史料「直接互校」的方法，從歷史學和語言學兩方面進行考釋，訂正了中外史料和前人著述中的許多訛誤。《蒙古的名稱》一文將唐代以來此名的二十多種異譯分爲五組，分析了不同譯寫的音值及其語言來源，指出「蒙古」一名是根據女眞語譯寫來的。《愛薛之再探討》一文主要利用前人未能辨認而被忽視的《牧庵集》中愛薛一家追封制，將四庫館臣改譯的名字一一復原，據以考證其世系行實，發覆補缺者甚多。解放後他又先後撰有《元朝中央政府是怎樣管理西藏地方的》、《耶律楚材在大蒙古國的地位和所起的作用》、《元代的吉利吉思及其鄰近諸部》等。

翁獨健先生發表的重要論文有：《新元史、蒙兀兒史記愛薛傳訂誤》，通過縝密的考證，訂正柯劭忞、屠寄二書謬誤達十餘處；《斡脫雜考》，對元代史料中所見「斡脫」一詞的用法作了全面研究；《元典章譯語集釋》，列舉職官制度譯名 33 個，考釋了達魯花赤、札魯忽赤、怯里馬赤、必闍赤、怯薛等名稱；《元代時代的法典編纂》，考察了從成吉思汗建國至元朝滅亡的法典編纂和頒行過程及其歷史背景。解放後由他主持並親自參與的重要研究成果有多種，其中影響最大者當推《元史》的點校、《蒙古族簡史》的編寫和波斯史料的漢譯。

邵循正先生發表了《元史、拉施特集史蒙古帝室世系所記世祖后妃考》，直接用《史集》、《貴顯世系》原文與《元史》比勘，互證互補，是爲繼陳寅

恪之後我國學者直接利用波斯文史料研究元史的第一篇重要論文。另一篇論文《有明初葉與帖木兒帝國之關係》也是用波斯文與漢文史料比較研究的方法寫成。其後他從事於《史集》第二卷波斯原文的翻譯和注釋，1947年在《清華學報》發表了《剌失德集史忽必烈汗紀譯釋》（上）；其餘《蒙哥汗紀》、《忽必烈汗紀》（下）和《鐵木耳合罕本紀》的譯釋生前未曾刊布，後由其門人整理這部分殘稿收入《邵循正歷史論文集》。《譯釋》諸篇以漢文和其他文字史料與波斯原文對勘，訂正了原文中許多譯名的訛誤，使得各種文字史料得以互證互補；其旁徵博引闡釋涉及的種種名物制度，多有卓見，表現了深厚的歷史學和語言學功底。

（三）當代專家對元代法制史的研究

清代及至近現代的學者們多以通史為研究範圍，其中涉及到元代法制史的內容僅為其中的一個方面，並且不是主要方面。近現代以來，隨著中國法制史作為一門專門學科之地位的建立，對元代法制史的研究開始專門化、系統化。然而，元代法制史研究一直是中國元史研究中的薄弱領域。20世紀80年代之前，中國元代法制史研究成果甚少，日本曾一度為元代法制史研究中心。近年來，中國元代法制史研究發展迅速，研究成果遠超日本，但仍沒有擺脫其在元史研究中薄弱的地位。不過，從20世紀80年代末期起，中國元代法制史研究開始出現新氣象。80年代末，學者們開始對元代法律某些領域做了深入細緻的研究，寫出了至今仍然熠熠生輝的元代法制史研究佳作，如姚大力的《論元代刑法體系的形成》、黃時鑒的《大元通制考辨》等。90年代，在張晉藩、韓玉林、奇格、吳海航、舒炳麟等人的推動下，元代法制史研究進一步發展。近年來，隨著元代法制史研究不斷走向深入，張長利、趙文坦、楊德華、胡興東、劉曉、李明德、霍存福、劉和惠、楊選第、葉新民、周紹明、柴榮、薛思孝、李淑娥、魂簇、張群、劉長江、王風雷、桂棲鵬、胡興東、鐵木爾、高力套、白翠琴、王旭、郭曉英、王東平、田莉姝、任崇岳、劉向明、張全明、王杰、徐忠明、楊淑紅、郝時遠、徐適端等人也發表一系列元代法制史研究的文章，探究的領域極其廣泛，涉及到元代法制的各個方面。

（四）國外專家對元代法制史的研究

元代蒙古人建立了人類歷史上前所未有的世界帝國，因此元史具有世界性，元史的研究也引起世界各國學者的廣泛興趣，尤其是在法制史的研究上，

西方學者和日本學者曾經以極大的熱情去探究，取得一些令人稱羨的研究成果。在歐美元代法制史研究主要成就有梁贊諾夫斯基的《蒙古諸部習慣法》、《中國法對蒙古法的影響》、《元代蒙古法與中國法》、《古代蒙古文化與法律對俄國文化與法律的影響》、《成吉思汗大札撒》，拉契涅夫斯基《元代法典》、《元代中國立法中的蒙古處罰法制》、《論中國立法的蒙古影響》、《成吉思汗札撒及其疑難問題》，蘭德彰的《元代政治思想中的法律、治國策和〈春秋〉經》，陳恒昭的《蒙古統治下的中國法制傳統》，波波夫的《成吉思汗札撒和元代——欽察蒙古帝國的法典》，維爾納德斯基的《成吉思汗札撒的內容與範圍》，阿雅倫的《再論成吉思汗的大札撒》，大衛·摩根的《成吉思汗的大札撒與伊利汗國的蒙古法》。在日本元代法制史研究的代表人物中，安部健夫、宮崎定、植松正仁、仁井田陞四人成績最大最為有名，《大元通制》、《元典章》、《元史·刑法志》等為其主研究對象。除前述四人外的日本學者的主要成果有：有高岩《元代法律的特點》，村田治郎《元代蒙古習慣法四考》，岩村仁《元代的笞杖刑》、《元代的肉刑》等。

（五）本文選題的研究意義

研究這一選題同時具有以下重要的意義：

首先，利用原始文獻研究元代法律史，可以突破成見。如同《史記》、《漢書》、《後漢書》、《三國志》等正史一樣，《元史》所記錄的都是社會上層精英的歷史，或者在社會上比較突出的「另類人物或事件」。因而反映芸芸眾生的日常生活狀況的材料極為罕見。利用社會學方法對官修正史以外的元代史料、文獻進行分析，以現代社會學常用的階層分析、量化分析、刺激——反應互動分析對「活的刑法」，即從立法到執法再到司法的動態過程進行探索性的研究，正是彌補這一歷史記載不足的不可或缺的重要方式。通過它們能夠更好地再現當時社會生活狀況，這對於恢復歷史的本來面目具有重要意義。

其次，研究元代法定刑可以更好理解我們中華民族的民族特性。法產生於人類的生活需要，法也是人類生活經驗的積累和總結。每一個民族由於所處的自然社會歷史條件特殊性，決定了他們實際生存的社會結構不同，以至於在政治、經濟、宗教、文化等諸多方面表現出差異性、多樣性。首次以少數民族君臨中國的元代統治者從生活的實踐，結合歷史經驗，已經有了一套調整不同民族之間犯罪與刑罰的比較完整的法律制度。這種法律制度既反映了占中國人口少數的蒙古族的法律心理和思維方式，又不可避免地受到了前

所未有的廣大疆界內其他各民族特別是經濟文化遙遙領先的漢族的法律意識和法律制度的影響。這一時期中國民族融合史上一個空前重要的歷史階段，研究這一時期的法定刑可以更好地理解我們民族的特性。

再次之，研究元代刑法能夠爲現代法制建設提供經驗和教訓。刑事法律制度與生活實踐緊密相關。傳統法律體系在近代崩潰之後，我國幾乎可以說是全面引進西方法律體系和法律制度，這些法律制度在現實生活中運行時產生一系列問題，這就要求我們深入探討古代刑事法律生活以求得新的啓示。傳統一旦形成，就會在無形之中影響社會的每一個人的一言一行。現代法律制度在運行時，與普通民眾的法律觀念產生激烈的碰撞和衝突，這警示我們不可忘卻傳統。而研究傳統，我們最好選擇一個傳統形成或者確立時期確定範圍才能更好地對這一傳統予以把握。而我國多民族國家的分民族立法傳統在元代時期奠定了基礎，其很多指導思想及各項制度多爲後世所繼承，所以筆者選擇了這一課題，希望能爲當代中國立法和執法探索提供借鑒。

三、論文的基本結構與研究的視角和方法

（一）論文的基本結構

論文基本遵循了提出問題、分析問題、得出結論的治學三段論，首先考察元代法定刑的產生、形成及其流變的歷史，結合大蒙古國和北元時期的相關歷史，由元代法定刑的源頭開始入手，研究元代時期由部落聯盟時期初期的習慣法到地跨歐亞的大帝國分治各民族的成文法中刑罰制度的演變，結合一系列立法和執法過程中的反覆選擇，探析元代法定刑制度的前因後果，透視出現這種現象的歷史根源，並評述其歷史地位和影響。這部分內容主要集中在文章的第一章元代法定刑淵源考辨和第二章元代五刑制度考辨之中。

其次是以各種特定刑罰爲劃分篇章結構的基本依據，將論文的主體分爲以笞杖、徒、流、死、贖各種具體刑罰爲名的五章，即第三到第七章。但與傳統封建制五刑制度以笞、杖、徒、流、死爲名有所不同。筆者考慮到笞杖刑在元代立法實踐中實際是是一種刑罰的不同輕重等級，故將五刑中的這二種列爲一章進行考辨，再鑒於贖刑是古代刑制明文規定的法定主刑，而元代又創立了獨備特色的「燒埋銀」制度，在中國贖刑制度史上有重要歷史地位，因此將贖刑列爲單獨的一章。在以上各種刑罰的考辨中，盡可能多的搜集史籍中的案例，以便可以通過個案來透視元代法定刑在實際生活中的運行情況。

再次是考察元代法定刑的歷史地位及其發揮的作用。通過對元代法定刑的特點和這些特點之所以形成的原因進行歸納；通過將元代法定刑與前代刑罰特別是唐代刑罰的比較來體現元代刑法在中國法制史上的地位之外，筆者還對其歷史價值和功能進行了評析。這一部分內容構成了論文的第八章。

（二）論文的基本視角

1. 政治經濟的視角。元代法定刑獨具特色，反映了多種淵源的整合。爲了瞭解其全貌，需要對元代社會形態的演變及政治經濟情況的發展進行追尋，以政治經濟生活的視角來考察其背景。故本文在論及元代刑制及具體法定刑時，常從元代時期政治形勢及政權形態以及社會經濟發展的角度進行分析考辨，以探求現象後面的根源。政治經濟視角是本文分析和立論的基本視角之一。

2. 比較社會學的視角。元代是中國歷史上首個以少數民族而建立大一統國家的朝代，其立法與前期以漢族爲主體，以中原文化爲基本意識形態的政權有較明顯的不同，體現了其獨有的特徵。因此，筆者綜合運用社會學的視角、導向對元代多元社會結構的認識，努力從元代社會的地區格局、政治格局、族群矛盾、人口遷移、宗教影響、民族習慣等多種影響元代婚姻家庭法律的社會因素進行分析，並與前代進行對比，以求獲得元代法定刑淵源與演變的理性認識。

3. 歷史的視角。刑法是古今中外法律制度的一個基本部門，刑罰是刑法的基本制度之一。筆者通過對元代圍繞犯罪與刑法的法律制度進行研究，並以社會學方法從社會生活的角度力求恢復歷史原貌，可以更好地理解中國古代人們生活狀況，從而爲我們現代法制建設提供加以借鑒的歷史經驗教訓。同時，這也是探索中國現代法制建設的本土資源的一個嘗試。

（三）研究方法

1. 文獻資料分析法

在本文的研究方法上，筆者所依賴的首先是對文獻資料的分析。分析的對象在通史上主要是《元史》，在法律資料上主要是《元典章》和《通制條格》等基本史料，但因爲本文的寫作主要是基於法律史學的視角，所以分析對象首先是元代的法律資料。但是從整體上看元代的法律資料，或是散見的、或是稀見的，僅僅依賴這些遠遠不夠，因此本文還試圖充分利用《元史》等其

他非法律史料，比如說西方文獻、元代文人筆記、戲劇資料等直接史料與間接史料、有意史料和無意史料。在更豐富的史料基礎上的分析才愈精確、論證才愈嚴密。在具體分析方法上，本文在資料分析時遵循王國維先生倡導的「二重證據法」的考據方法。即一是以「紙上之材料」與「地下之材料」互相印證，二以國外之著作與中國之舊籍互相補正，三是以現代之觀念與固有之史料互相參證。這樣，以不同的材料、不同的角度進行不同的觀察，以求取得科學的研究成果的前提。然而運用這一方法也存在一定的困難，困難主要再於元代出土文物資料之不足，即便有黑城文書的發現，但其中涉及到本書選題的幾乎沒有。因此，對於「二重證據法」所要求的三方面的印證，本文主要以後二方面爲主。

2. 社會學分析法

由於古代法律制度是根基於本體性的中國傳統社會之中的，在傳統的社會結構未崩解之前，制度本身的發展與進化取決於解決結構加於它的本源缺陷。因此，本文在進行論述時試圖以個案資料結合社會背景以分析元代刑罰的前因後果，看它和歷史的聯繫程度，看它對社會生活產生多少影響；筆者還試圖把元朝放在中國大歷史的視野中研究，看它在中國歷史變遷中起到多少作用，留下多少痕跡。比如元代笞杖刑何以以「七」爲尾數，元代燒埋銀制度之生命力何在，元代四等人制度對法定刑的影響等等，都不能離開元代社會形態而進行單純的論述。因此，以社會學分析法的正確運用來分析資料才能貫穿歷史，通透歷史。這也是本文研究的一個基本方法。

3. 綜合法與邏輯分析法

元史是蒙古帝國史的一部分，而研究後者早已成爲世界性的學問，其相關史料遍及全世界。零亂浩繁的史料，歸納在一起了，如何從其中看出新意而不流於人云亦云；錯綜分歧的說法，比較在一起了，如何提煉出自己的觀點而不流於只是列舉，這些都需要運用綜合方法。運用綜合方法時還應當注意，中國文人有著書立說的傳統，因此除正史外還留下了大量如筆記小品、野史雜劇等材料，如何將其與正史綜合起來函需以科學的原則進行處理。這就牽涉到另外一個相輔而成的方法，即邏輯分析法。筆者試圖通過對作爲人類理性的基本規則的邏輯分析方法用於史料不足時或史料相異甚或相反時的分析，以求得出最爲合理的結論，如本文對元代死刑制度是否存在斬刑的分析，就運用了邏輯推理的方法。

四、本文的創新之處

從此前學者的研究成果來看，清代學者對元代歷史的研究的成果主要集中於通史方面，近現代學者雖然開始在各種專門制度及特定問題上不斷拓展了元史研究的領域，但法制史研究仍爲薄弱之處。而具體到元代的法定刑即刑制而言，這一方面的研究更是鳳毛麟角。就筆者所檢得的資料來看，國內學者僅有閻清義的《元代五刑體制及特點》，馮修青《元朝的流放刑》、《元代帝國在高麗的流放地》，陳高華《元代的流刑和遷移法》，陳豔紅的《關於元代出軍的兩個問題》，姚大力、郭曉航的《金泰和律義徒刑附加決杖考——附論元初的刑政》，趙文坦的《元代刑法輕重考辨》及曾代偉教授的《〈大元通制〉淵源考辨》、《元代流刑考辨》、《元代法定死刑考辨》等廖廖數篇，而對法定刑的考辨這一專門方面進行全面、深入的系統性論述的則僅有曾教授的《元代流刑考辨》、《元代法定死刑考辨》。國外雖有前述的對元代法制史研究的多種成果，但具體到法定刑制度上的研究也是乏善可陳。因此，以中國傳統的五刑制度爲基本框架，以元代這一特殊的歷史階段爲經，以法有明文規定這一範圍爲緯，對元代的法定刑進行全面、系統的疏理，或可成爲補玉之石，爲後來者繼續深入研究進行初步的準備。這也是本選題的研究目的。

本文的創新之處或研究重點大致包括以下幾個方面的內容。

其一，系統歸納元代法定刑的基本面貌。

在前述研究者研究的基礎上，特別是利用曾代偉教授已經進行的對流刑、死刑、刑制等所進行的充分、全面、深入的考證，對元代法定刑制度進行了全面的考辨，對國內研究者尚未涉及的這一整理工作進行初步的探索。

其二，在對主要文本《元典章》深入研究的基礎上，更加注重通過其他文本印證和豐富對元代法定刑制度的研究，注重對「社會生活中的法律」進行研究。

在以往的研究中，多數學者偏重以考證的方法從事於各種史料的比勘與譯釋以及名物的考證，可以說是史料取向的。但這種研究方法常易陷入畫地爲牢的局面，而忽視了在完整的社會大系統下各個子系統的互動。而本文在堅持歷史學的傳統方法即史料研究的基礎上，試圖以多種角度與方法描述法律與社會的互動，既以《元典章》爲中心對元代法定刑進行研究，也儘量搜求各種其他史料，包括正史典志、家訓家譜、墓誌資料、文集筆記、小說、雜劇、考古成果等對元代法定刑的社會角色進行分析，在方法上求新，在結

論上求眞。與此前的研究者相比，本文形成了一些獨特的具體觀點，或可爲後來者研究元代法定刑時在某些方面提供有益的啓發。

第一章　元代刑制立法淵源考辨

一、最初淵源：蒙昧時期的「約孫」

（一）蒙古族的族源與發展

「蒙古」一詞是蒙文「忙豁勒」或「蒙古勒」（Mongol，Monggol）的音轉。漢文文獻記載中「蒙古」的同音異寫字尚有蒙兀、蒙瓦、盲骨子、朦骨、萌古、蒙古斯、莫臥兒等等不一而足。對這一詞匯的解釋古今中外學者說法各異，迄今尚無定論。南宋時人彭大雅在其著作《黑韃事略》中說：「黑韃之國，號大蒙，沙漠之地有蒙古山，韃語謂銀曰蒙古，女眞名其國曰大金，故韃名其國曰銀」。但這一說法已被近代治元史者如王國維、韓儒林等駁斥爲附會之說。拉施特在其著作《史集》中、多桑在其著作《多桑蒙古史》中均指出，蒙古一詞的意思是「孱弱」和「淳樸」。但這一解釋也不爲施密特等外國學者接受，他們認爲「蒙古」詞義恰與上述含義相反，其語源爲 Mong，有「勇敢無畏」之義。〔註 1〕而海內外蒙古族學者如札奇斯欽、阿爾達札布等也提出了自己的見解，認爲這個詞的含義有「永恆」的意思。〔註 2〕以上種種解釋分歧各異，究其根由，其原因正如邵循正先生所言：「蒙古對忙豁勒，譯法本不

〔註 1〕 薩囊徹辰著，施密特德譯本：《蒙古源流》，〔俄〕聖波得堡：1829 年版，第 2頁，轉引自羅賢祐：《中國歷代民族史・元代民族史卷》，北京：社會科學文獻出版社，2007 年版，第 2 頁。

〔註 2〕 札奇斯欽在譯注蒙古秘史時指其意爲「永恆的中心」、「永恆之河」；而阿爾達札布在譯注蒙古秘史時指其意爲「長生的部落」。上述譯注參見札奇斯欽譯：《蒙古秘史新譯並注釋》，臺灣聯經事業出版出版公司，1979 年版，注 1，及阿爾達札布：《新版集注蒙古秘史》，內蒙古大學出版社，2005 年版，注 1。

確，忙豁勒的原義早在十二三世紀已被人忘掉，現在更無法索解了」。〔註3〕

對蒙古族的族源問題，多年來學術界也是見仁見智爭論不休，有人主源於東胡說，有人主源於匈奴說，有人主源於突厥說，有人主源於黃帝說，有人提出滿蒙同源說，還有人主張源於西藏或印度，截止目前，還沒有取得一致意見。但現在多數學者認為，蒙古族的祖先是東胡，而東胡是包括同一族源、操有不同方言、各有名號的眾多的大小部落的總稱。他們「在匈奴東，故曰東胡」。〔註4〕東胡為匈奴所兼併，此後，現今蒙古人的祖先先後以鮮卑、室韋等名義生存在漠北草原上。直至唐代，蒙古人才以「蒙兀室韋」、「蒙兀」、「蒙瓦」等名出現在史書記載之中。屠寄是最早系統地提出這一觀點的，他在其著作《蒙兀兒史紀》的卷 1《世記》一篇中指出：「蒙兀兒者，室韋之別種也，其先出於東胡，楚漢之際，東胡王為匈奴冒頓單于所破殺，餘眾進走，保險以自固，或為鮮卑，或為烏桓，或為室韋、契丹……至唐部分愈眾，而蒙兀室韋北傍望建河。望建，即完水，今黑龍江也。蒙兀之名，始見於此……今通作蒙古」。這一論斷具有充分的史料根據，今天已為多數中外學者所接受。

唐代時蒙古的先民即室韋生活在今大興安嶺南端。其後南下到幽州近塞，與盧龍軍閥劉仁恭發生關係，唐元和年間（806～820 年），天德、振武塞外的陰山及其以西出現的室韋—韃靼人，後來成為陰山韃靼的組成部分。然而形勢發生了變化，隨著契丹、女真的相繼興起，他們不僅不肯讓出牧地，而且頻頻出擊擴大地盤。遼金兩代，室韋為其征服，這兩個政權不允許他們擅自南下，擾亂、影響其統治秩序。在這種情況下，日益壯大的室韋人除了西遷別無出路。

室韋人西遷的機會也相繼出現，646 年薛延陀汗國瓦解之後，漠北陷入混亂，唐政府因時制宜，在其地設置六府七州分而治之，於是漠北很難形成一支聯合性的強大力量以抵制其他勢力的遷入，給室韋人的西遷提供了條件。此後，後突厥汗國、回鶻汗國相繼興起又相繼滅亡，其滅亡後的混亂期均持續了數十年，又再次為室韋人西遷提供了良機。直到遼國進入漠北，局勢才趨於穩定。但這時蒙兀室韋的西遷已經完成。〔註5〕

〔註3〕 邵循正：「蒙古的名稱和淵源」，元史研究會編：《元史論叢》第 1 期，北京：中華書局，1982 年版，第 105 頁。

〔註4〕 司馬遷：《史記》，卷 110，集解 13，北京：中華書局，1959 年版，第 2885 頁。

〔註5〕 《蒙古秘史》的開篇就說，成吉思汗的先世，即天生的孛兒貼赤那，「渡過騰汲思水，來到於斡難河源頭的不兒罕——合勒敦山，駐紮下來。」見阿爾達

西遷後的蒙兀室韋各部族在蒙古草原經歷了數百年的生息，至成吉思汗統一大漠南北之前已有了很大的發展和變化。在成吉思汗統一各部之前的一段時間裏，蒙古地區雖然各部林立，關卡重重、戰火紛飛，一定程度上妨礙了與中原的交流和商業的發展，但蒙古地區的畜牧業、手工業、農業均有所發展，同時蒙古及其先世克服重重困難，從遼金和中原皇朝得到所需要的物資，之後，蒙古地區內部貿易也日見頻繁。經濟的發展加強了蒙古各部和祖國東北、中原地區的聯繫，反映了游牧經濟爲主的北方與中原農業地區相互依存、互爲補充的關係。這也爲隨後的民族融合和全國大統一創造了契機。

（二）作爲蒙古族早期習慣法的「約孫」

蒙古民族自古就有許多世代相傳的「約孫（yusun）」，這在《世界征服者史》、《史集》、《黑韃事略》等史籍中都有很多記載。學者們普遍認爲，「約孫」是蒙古法最主要的法律淵源，是蒙古社會起實際作用的「習慣法」。〔註6〕

「約孫」作爲蒙古社會古老的習慣，有「理」、「道理」的含義。在元代漢語裏約孫又譯爲「體例」，〔註7〕是蒙古人古來據以評判是非的標準、調整社會關係的準則和遵守社會秩序的行爲規範。當然，起初的「約孫」作爲一種單純的習慣並不是法律，習慣也不等於習慣法。習慣法作爲不成文法的一種，是指由國家認可並賦予法律效力的習慣。正如美國當代比較法學者 H.W. 埃爾曼教授論述：「把單純的習俗（habits）與習慣法區分開來的是後者背後的強制性力量」。〔註8〕而在古代蒙古社會，只有當人們長期奉行、遵守的「約孫」不僅是蒙古社會調整人們社會關係的最基本的行爲準則，而且其背後還出現了強制性的力量支持時，蒙古人的這些古來的「約孫」才成爲習慣法，這些習慣法一部分成爲蒙古國第一部成文法典——《大札撒》的最主要的法律淵源；另一些「約孫」則隨時代延續下來，雖然沒有演變成爲蒙古汗國的

札布：《新版集注蒙古秘史》，內蒙古大學出版社，2005 年版，第 1 頁。這就是蒙古史上有名的蒙古族先世之西遷。西遷時間眾說不一，但按《蒙古秘史》記載，孛兒貼赤那至鐵木眞 23 代，則上溯時間無論如何當在契丹立國之前。

〔註6〕 吳海航：《蒙古法文化研究》，北京：北京師範大學出版社，2000 年版，第 41 頁。

〔註7〕 阿爾達札布：《新譯集注蒙古秘史》，呼和浩特：內蒙古大學出版社，2005 年版，第 411 頁。

〔註8〕 〔美〕H.W.埃爾曼：《比較法律文化》，賀衛方、高鴻鈞譯，上海：三聯出版社，1990 年版，第 43 頁。

具體的法律條文，但它們已與國家頒佈的法令具有同樣的社會調節功能，在社會意識形態領域裏已經佔據了與法律（箚撒條文）具有同等重要的地位，是蒙古社會眞正的習慣法。

　　吳海航對蒙古族早期「約孫」的內容及產生途徑進行了詳實的考證。筆者認同他的觀點，認爲「約孫」大致可分以下幾類：

1. 繼承自蒙古先民自然禁忌的「約孫」

　　在漫長的歷史階段中，作爲蒙古人先祖的各個民族形成了各自的古老習慣和禁忌，這些禁忌中相當一部分爲後來的蒙古人所繼承。例如，蒙古人居於寒冷乾旱的漠北，非常珍惜水源，中原及世界其他地方民眾視爲理所當然的一些用水習慣卻被蒙古人列爲禁忌。例如洗手，據宋趙珙在《蒙韃備錄》中記載：蒙古「其俗多不洗手而拿擢魚、肉，手有脂膩則拭於衣袍上，其衣至損不解浣濯」。同時期的中亞史料《史集》也記載：「蒙古人有這樣的習慣：春天和夏天，任何人都不在光天化日之下坐於水中，不在河中洗手，不用金銀器汲水，也不把濕衣服鋪在草原上」。〔註9〕這種古老的習慣本來從側面反映了因高原水源有限對蒙古風俗習慣的影響，但在蒙古人世代相沿的過程中卻被發展成爲一種自然禁忌：按照蒙古人的見解，「這樣會引來雷電大劈，而他們非常害怕，會害怕得落荒而逃」。《史集》中還記載了這樣一個故事，一次窩闊台和察合臺打獵時看到一個伊斯蘭教徒違背了前述蒙古禁忌坐在河中洗澡，察合臺因此大怒欲殺之，窩闊台暗中叫人告誡那個伊斯蘭教徒，叫他謊稱是掉了東西在河中而在尋找，察合臺方才罷手。又如，蒙古高原地勢平坦視野廣闊，又處於西伯利亞寒流與太平洋季風交匯之處，季節變化明顯，風雨雷電等天氣過程壯觀而氣勢磅礴，大自然有充分施展淫威的空間。居於其上的蒙古人以游牧爲業又長期處於蒙昧狀態，其生產生活高度依賴於氣候條件。因此，蒙古人創造了最高主宰「長生天」的概念，將雷電等天氣現象與之相關聯頂禮膜拜。例如，徐霆在《黑韃事略》中就曾記載，：「韃人每聞雷霆，必掩耳屈身至地，若躲避狀」。上述禁忌若溯本求源，可以上溯到蒙古人這一稱號產生之先的時代，「約孫」中大量包含了這些禁忌。

〔註9〕　〔古波斯〕拉施特：《史集》，卷2，北京：商務印書館，1983年，第85、86頁。轉引自吳海航：「約孫論──蒙古法淵源考之一」，《中外法學》，1998年第3期，第72頁。

2. 來源於蒙古社會傳統道德觀念的「約孫」

「約孫」首先是蒙古社會長期沿用的習慣，然後才被蒙古國家接受普遍適用的行為規範。因此它是以習慣為基礎而獲得合法地位的任何法律。而習慣法是「成文法」的先驅，它以共同遵守的道德原則規範和約束全社會的成員，保護個人、集體和社會的利益與安定。因此，「約孫」也兼具道德規範與法律規範的雙重性，「約孫」的內容大量反應了蒙古社會的傳統道德觀念。

例如，在游牧民族社會制度中，為了血緣關係的強化，共同祖先的觀念是極重要的。因此，與中原漢族社會相類似，蒙古道德觀點中最基本、最重要的也是「孝」。在古代蒙古社會，「孝」不僅是家庭、家族內倫理關係的基礎，而且也是整個社會倫理關係的支柱，是維持社會基本關係和整個社會秩序穩定的重要基礎。而游牧民族所謂的「孝」，其感情的成分如愛、恩慈以及順服，勝過理論與禮儀的成分。這一點是與儒家的「孝」所不同的地方，因此，蒙古人強調對家庭內外卑幼者對尊長者的教順和尊重，也強調尊長者對卑幼者的關心和愛所。成吉思汗就曾訓言要求蒙古人遵守服從父母、尊敬兄長、順從丈夫、愛護子女等習慣（yusun）和法令（yasa），否則就會受到懲罰。〔註10〕這些體現道德規範的訓言也成為『約孫』的重要內容。

3. 取法於「萬物有靈」宗教信仰的「約孫」

法律在其起源之初常被宗教所左右，宗教的戒律往往就被直接規定為法律的條文。即便在社會形態發展到較高的階段，法律從宗教中分離出來取得獨立的形式，宗教信仰的內容也常成為法律的重要成分。

古代蒙古人的原始宗教是薩滿教，因其作為神職人員的巫師被稱為薩滿而得名。薩滿教有明顯的氏族部落宗教特點，其具體形成於何時已不可考，然據現有資料，最遲原始社會後期已有薩滿教已作為一種影響頗為廣泛的宗教活動於包括蒙古族在內的各通古斯語族民族之中。

作為一種比較原始的宗教，薩滿教並沒有具備如基督教、佛教、伊斯蘭教等現代成熟宗教等相似的現論體系和宗教儀式，但作為宗教它亦具有一定的崇拜內容和祭祀儀式。薩滿教宗教活動基本特徵是以萬物有靈的信念為思想基礎，既有自然崇拜，也有圖騰崇拜和祖先崇拜。

萬物有靈論簡稱為泛靈論，其基本觀點是包括動物、植物乃至無生物在

〔註10〕〔古波斯〕拉施特：《史集》，余大鈞、周建奇譯，北京：商務印書館，1983年版，卷1，第354頁。

內的所有自然現象都有生命和靈魂的，這種觀念在蒙古社會長期流行，在早期蒙古人意識形態中佔據統治地位。既以萬物皆為有生命及靈魂，則這些具備生命靈魂之物就成為社會關係和法律關係的主體，對待它們均需符合一定的規範，這些規範約束、限制了人的行為，並為所有社會成員所遵守。蒙古人的部分「約孫」於茲產生。

　　例如，在蒙古人崇敬以火為「火神」，並期望「火神」能為生死兩個世界的蒙古人祈福。加賓尼（John of Plano Carpini）描述他在蒙古所見到的情形：當蒙古人死亡後，「他們燒起兩堆火，在每一堆火附近樹立一枝矛，用一根繩繫在兩枝矛的矛尖上，在這根繩上繫了粗麻布的布條；人、家畜和帳幕就在這根繩及其布條下面和兩堆火之間通過。有兩個婦女在兩邊灑水和背誦咒語」。〔註11〕蒙古人採取這行動的目的是用火淨化死者的親屬和住在他的帳幕內的人。另外，蒙古高原天氣乾燥，常有森林火災或草原火災。而蒙古人認為，當有火從天空降落到人或牲畜身上時，就是有不潔或不祥之事降至其身，這時「他們必須由占卜者以同樣的方式加以淨化。他們幾乎把他們所有的希望都寄託在這些事情上」。〔註12〕

　　這種對火的敬畏懼導致產生一系列相關「約孫」。與此類似的大量帶有強烈「萬物有靈」論宗教信仰性質的一些「約孫」，其權威超過了那些以純粹的生活習慣為內容的「約孫」，甚至為此後的成文法「箚撒」所採納。

4. 總結自蒙古人狩獵、戰爭的「約孫」

　　蒙古人本來是居於山地的森林民族，後來遷居到廣闊的蒙古草原，狩獵是他們重要的生產活動之一。自進入階級社會之後，蒙古人長期限入對內對外的爭戰之中，戰爭也成為他們社會生活的重要內容。狩獵與戰爭有相似性，因此蒙古人常以狩獵作為訓練戰爭能力的一種方式，並形成了一系列與戰爭和狩獵相關的行為規範。

　　據志費尼所載，蒙古人在狩獵時，常「花一個月、兩個月或三個月的時間，形成一個獵圈，緩慢地、逐步地驅趕著前面的野獸，小心翼翼，惟恐有一頭野獸逃出圈子。如果出乎意料有一頭破陣而出，那麼要對出事原因作仔細的調查，千夫長、百夫長和十夫長要因此受杖，有時甚至被處極刑。如果

〔註11〕《出使蒙古記》《蒙古史》第 18、14、12、13、11、12 頁，轉引自吳海航：「約孫論——蒙古法淵源考之一」，《中外法學》，1998 年第 3 期，第 74 頁。
〔註12〕同上注，第 74 頁。

有士兵沒有按照路線行走，或前或後錯走一步，就要給他嚴厲的懲罰，決不寬恕」。〔註13〕這樣，在狩獵過程中蒙古人形成了嚴厲的紀律，並適用於全體狩獵參與者。這些以強制執行力為保障的紀律對官兵的要求與戰爭完全一樣，也成為蒙古人「約孫」的重要來源之一，這種「約孫」帶有強烈的「軍法」性質，深為蒙古統治者所重視。

上述四種來源的「約孫」的聯繫和區別見下表。

表一：蒙古四種類型的「約孫」比較

「約孫」的來源	「約孫」的內容
繼承自蒙古先民自然禁忌的	1、珍惜水及愛護水源；2、敬畏雷電
來自蒙古社會傳統觀念	1、家庭成員之間的倫理及行為規則； 2、富人對窮人的救濟
來自薩滿教信仰	敬畏火並以火去不潔之物
來自於蒙古人狩獵、戰爭的習慣	1、狩獵時緊密的互相配合 2、狩獵和戰爭時統一行動和對違反者嚴厲制裁

二、最高淵源：覺醒時期的「箚撒」

（一）「箚撒」釋義

「箚撒（yasa）」係蒙古語的漢語音譯寫法，也讀作「箚撒黑（yasaqha 或 yasaq）」。「箚撒」一詞常見於記載蒙古早期歷史的史籍中，並且常與約孫使用。對於其語源，學者們的見解還小有差別。

成吉思汗時期可說是現代蒙古民族的覺醒期，從那一時期開始，蒙古人開始作為一支舉足輕重的力量登上世界歷史舞臺。現有史料中的「箚撒」一詞也最早見於那一時期。據《蒙古秘史》載，當成吉思汗準備攻打塔塔兒部時，他於戰前聚集眾人討論。成吉思汗宣佈軍令：「戰勝敵人，不得逗留於財物上。一戰勝，那些財物歸於我們，大家可以分份。倘若廝殺不利，被敵人趕退，就要再行反攻到原陣地，凡是不反攻到原陣地者，處斬」！〔註14〕這裡的申令原文為「箚撒黑，嗚詁列勒都侖」，旁注為「軍法，共說」。「箚

〔註13〕〔古波斯〕志費尼：《世界征服者史》，何高濟譯，翁獨健校，呼和浩特：內蒙古人民出版社，1981 年版，第 30 頁。

〔註14〕阿爾達札布：《新版集注蒙古秘史》，呼浩和特：內蒙古大學出版社，2005 年版，第 281 頁。

撒」是「糾正」、「治理」之意，其名詞形態爲「箚撒黑」，是「政令」、「懲則」之意。根據這裡的記載中，道潤梯步歸結成吉思汗其制定「箚撒」的過程如下：「先商量定了，然後宣佈，共同遵守，違者罰之」。〔註15〕這樣，先討論後立法，再公之於從，然後強制執行，從程序和形式來看，已符合法律的制定和公佈的要求，與現代的立法過程相比也無本質上的區別，稱得上是一個完整的立法行動。確實，《蒙古秘史》也記載上述軍令的執行情況。「對於共同所議定的法，阿勒壇、忽察兒、答里臺三人沒有按照所說的做，逗留在戰利品那裡。因爲沒有照所說的去做，就命者別、忽必來兩個人，把他們所擄獲的馬群等財物，全部沒收了」。〔註16〕《史集》中對這一史實也有相同的記載。

　　「箚撒」一詞有「政令」、「懲則」之意，但這種命令是一次性的還是長期有效的，在蒙古語中並無明顯區分。因此，在《史集》等史料中，也有許多「箚撒」指臨時性的命令。如《史集・成吉思汗紀》有以下記載：在蒙古西征過程的范延堡戰役中，成吉思汗心愛的孫子、察合臺的兒子與嗣位者木禿堅中箭死去。此後城堡被攻下，「他下令（yasaq）將人畜、禽獸全部殺絕，不留一個俘虜，又下令不掠一物，將城市毀成荒漠，以後不得恢復……接著他發佈命令（yasaq），不許任何人將這件事傳給察合臺聽到」。〔註17〕這裡的「箚撒」只針對當時的特定情況，顯然是一次性的臨時命令。又如，《史集》還有以下記載，西征時「成吉思汗給他一個期限，命令哲別、速別臺等軍進入他的地區及他的人民處時，不得侵擾他們。因此，當哲別和速別臺來到（汗・滅里的）地區時，沒有掠擾便向前進發了。跟在他們後面開來的脫忽忽察兒違令（yasaq）侵犯了他的地區以及其他地區和地方」。「第二天蒙古人發佈命令（yasa），讓每個騎兵在馬背上縛一個氈子或別的東西做成的假人。他們連夜製成了，第二天擺開了隊伍」。〔註18〕這裡「箚撒」顯然也是臨時的命令。

〔註15〕道潤梯步：新譯簡注《蒙古秘史》，呼和浩特：內蒙古人民出版社，1979 年版，第 122 頁。

〔註16〕阿爾達札布：《新版集注蒙古秘史》，呼和浩特：內蒙古大學出版社，2005 年版，第 282 頁。

〔註17〕〔古波斯〕拉施特：《史集》，余大鈞、周建奇譯，北京：商務印書館，1983 年版，卷 1 第 2 冊，第 302 頁。

〔註18〕〔古波斯〕拉施特：《史集》，余大鈞、周建奇譯，北京：商務印書館，1983 年版，卷 1 第 2 冊，第 305 頁。

通過對《史集》等文獻所載的「箚撒」羅列對比可以發現，作為臨時性命令的「箚撒」的針對的是特定的人或是特殊的情形，沒有討論、宣佈這樣正規的程序和形式。也不針對普遍的情況下所有對象的一般行為，因此不具有正式的法的規範性，不是正式的法律。真正具有正式的常備法律地位的「箚撒」應當是指那些屬於系統性立法的「箚撒」，它是經過幾次有史可查的正式的立法活動而成的。綜合中西方史料，這些立法活動主要包括以下幾次：

1. 公元 1203 年（伊斯蘭教曆 599 年），成吉思汗打敗了生平勁敵王罕。「他取得了如此偉大的勝利，王業已定，各部落便從四面八方來向他請降、求和……他於訂立完善和嚴峻的法令（yasaqha）以後，幸福地登上了汗位」。〔註19〕文中「法令」即記載為複數的「yasaqha」。這是蒙古人第一次較早的系統性立法。

2. 公元 1219 年（伊斯蘭教曆 616 年）蒙古西征前，成吉思汗「召集了會議，舉行了忽里勒臺，在他們中間對〔自己的〕領導規則、律令（yasa）和古代習慣（yusun）重新作了規定……」。〔註20〕在這種正式的諸王大會上，成吉思汗重新規定了他的「箚撒」。這顯然是對已有的習慣法和軍事法令進行的一次正式的修訂和認可；這是成吉思汗第二次系統的立法。

3. 公元 1225 年（伊斯蘭教曆 622 年），成吉思汗又「頒發了若干英明的詔敕」（《史集》對詔敕的記載包括「yasaqha-i barik」，即「箚撒黑」和「必里克」），這是成吉思汗第三次立法。〔註21〕這也是有目的的較為系統的立法活動。

4. 1204 年蒙古統一前夕，成吉思汗俘虜了乃蠻部掌印官畏兀人塔塔統阿，此人「深知本國文字」，成吉思汗命他「教太子、諸王以畏兀字書國言」。〔註22〕有了文字以後，成吉思汗命人將他在大蒙古國建立前後陸續發佈的一系列單行「箚撒」以及經他確認的「約孫」有選擇地編纂成法律文件。

上述立法過程比較見下表。

〔註19〕〔古波斯〕拉施特：《史集》，余大鈞、周建奇譯，北京：商務印書館，1983 年版，卷 1 第 1 冊，185 頁。

〔註20〕〔古波斯〕拉施特：《史集》，余大鈞、周建奇譯，北京：商務印書館，1983 年版，卷 1 第 2 冊，272 頁。

〔註21〕〔古波斯〕拉施特：《史集》，余大鈞、周建奇譯，北京：商務印書館，1983 年版，卷 1 第 2 冊，316 頁。

〔註22〕宋濂：《元史》，卷 102，北京：中華書局，1976 年版，第 2603 頁。

表二：成吉思汗時期「劄撒」的制定：

「劄撒」制定時間	「劄撒」制定順序	史料來源	備註
公元 1203 年	第 1 次	《史集》	伊斯蘭教曆 599 年
公元 1218 年	第 2 次	《史集》	伊斯蘭教曆 615 年
公元 1225 年	第 3 次	《史集》	伊斯蘭教曆 622 年
公元 1204 年以後	————	《元史》	應與《史集》中所載的數次立法相同

（二）蒙古首部成文法典《成吉思汗大札撒》

據上述中外史籍記述的時間推算，成吉思汗「劄撒」陸續發佈的時間跨度，前後總共至少經歷了二十年以上。在如此長的立法過程中，「劄撒」的數量不斷地豐富起來，終於形成了集大成之作──蒙古《大札撒》。而這些具有永久意義的《劄撒》則經過聚會議定再頒佈這樣一種程序而使其具有了普遍的約束力，與上文所述的作為軍法等臨時性命令的「劄撒」相較，雖然在史料中它們同樣被稱為「劄撒」，但意義已完全不同。

關於《成吉思汗大札撒》的內容和編纂過程，學術界尚存爭議。據張長利考證：迄今為止，與其有關的史料片斷主要保存在穆斯林著作家志費尼、烏馬里、馬克里齊和米兒洪德的著作中。

志費尼（juwayni，1226？～1283），波斯東部呼羅珊州人，仕於蒙古政權，曾數次至當時蒙古帝國的都城哈剌和林。志費尼於 1252 年至 1253 年滯留在哈剌和林期間開始撰寫關於成吉思汗及其繼承者歷史的著作《世界征服者史》。該書中「成吉思汗興起後制定的律令及其頒佈的劄撒」一章，是志費尼關於成吉思汗大札撒的主要敘述。此外在其他章節中，志費尼也述及大札撒的若干內容。

烏馬里（al-Umari，1301～1349），曾任職於埃及馬木魯克朝。烏馬里所著《眼歷諸國行記》（Masalik al-absarwa Mamalik al-amsar）是一部具有歷史、地理和傳記等內容的百科全書式的著作，該書第二卷第一章「概論」記述了成吉思汗大札撒的部分內容。

馬克里齊（al-Maqrizt，1364～1442）是埃及馬木魯克朝的史學家，他的著作《新居留地和古蹟中的教訓和殷鑒》（al-Mawa iz w-al-I tibar fi Zikr al-khitat w-al-Asar）收錄了成吉思汗大札撒的片斷。馬克里齊被看作是間接得到成古思汗大札撒原本的人。馬克里齊說他著作中關於成吉思汗大札撒的內容來自

一位名叫伊本・不（Ibn al-Burhan）的穆斯林，後者說其曾在八吉答（巴格達）的一個清眞寺的圖書館親眼目睹過一部《箚撒》。

米兒洪德（Mirkhwand，1433～1498）是帖木兒朝後期著名的史學家。他所著《預言者、國王、哈里發的清淨園》（Rauzat al-Safa' fi Sirat al-anbiya' wa' 1-Muluk wa' l-Khulafa'）是一部通史，該書第五卷蒙古史中收錄了成吉思汗大札撒的部分內容。

伊利汗國合贊汗、完者都汗兩朝宰相拉施特主持編纂的《合贊祝福史》（通稱《史集》）也收錄有成吉思汗大札撒的若干片斷。不過《史集》中所載內容多數已見諸《世界征服者史》。

除了上述穆斯林著作，非穆斯林的西方著作家的著作中也有關於成吉思汗大札撒的記述。

巴兒・赫不列思（Bar Hebraeus，1226～1286）是基督教雅各派首領，他用敘利亞文撰寫的《王朝史略》（Ta' rikh mukhtasaral-Duwal）記述有成吉思汗大札撒的若干內容。此外，亞美尼亞人馬迎基亞（Magakis）和瓦兒丹（Vardan）的著作中也有關於成吉思汗大札撒的記述，不過都僅是隻言片語。

據上述文獻記載，《大札撒》肯定曾經存在過。當代學者一般贊同以下觀點：其首次編錄時間大概是是 1206 年，其後曾經多次重申和增修，以《大札撒》爲名當在窩闊台繼位之後。〔註 23〕雖然對其制定、頒佈過及內容尚存爭議，但其存在是確定無疑的。這一點我們還可以從漢文文獻得到證明。元朝人徐元瑞說：「大札撒，謂依條例法度也」。〔註 24〕既然有「條例法度」可依，說明「大札撒」必定是一部文獻。而元代文獻中確實有記載勳貴大臣在元朝皇帝即位時宣讀大札撒之事。

（三）元代法律的基本原則和最高權威：《大札撒》

《大札撒》是由成吉思汗在統一蒙古草原期間和大蒙古國建立初期頒佈的一系列敕令、向臣民發出的訓言以及部分蒙古習慣法構成的第一部蒙古成文法典。它在大蒙古國和元朝的建立和發展中發揮了重要的作用，是蒙古黃金家族共同遵守的最高準則，也是大蒙古國普遍通行的行爲規範，是前期蒙

〔註 23〕張長利：「關於成吉思汗大箚撒的若干問題」，《民族研究》，1998 年第 6 期，第 93、94 頁。

〔註 24〕徐元瑞：《吏學指南》，楊訥點校，杭州：浙江人民出版社，1988 年版，第 67 頁。

古法的核心。它在大蒙古國和元朝因被大汗們絕對地遵循而具有無上的權威，成爲國家基本法。

成吉思汗《大札撒》在成吉思汗在位時是蒙古國家憑藉強制力加以保障執行的行爲規範，具有絕對的權威。成吉思汗卒於1227年，此後《大札撒》成爲蒙古人不可違背的祖訓。1229年窩闊台繼位後即新的《箚撒》的形式，立法明確了成吉思汗《大札撒》的法律地位，使其仍然保持著絕對的權威。其後貴由、蒙哥諸汗仍然恪守《大札撒》，多次重申和強化《大札撒》的權威。

較之前四汗，奠定元代制度基石的世祖忽必烈受到漢文化較深影響。然而，身爲蒙古大汗的自覺、漢軍世侯的叛亂、西北諸王以祖制相責等一系列事件使忽必烈在元朝建立後繼續行漢法在主觀和客觀上都存有很大阻力和不利。這些阻力和不利必然讓忽必烈認識到作爲蒙古民族共同的行爲準則、蒙古舊俗核心的《大札撒》，在行舊俗，倡導本民族文化，保持民族性，維護大汗的權威，維護黃金家族內部的團結與統一等方面的價值。因而，忽必烈在行漢法中，不斷根據統治需要頒行敕令和單行條格調整社會關係時不可能用中原法律來削弱《大札撒》的權威。蒙哥汗死後，忽必烈繼位後即下詔說：「祖訓傳國大典，於是乎在，孰敢不遵！」強調他將繼續遵行《大札撒》。此後他在至元改元詔中，又明確宣佈《大札撒》是處死幼弟阿里木哥的主要謀臣不魯花等的根據：「據不魯花、忽察、禿滿、阿里察、脫火思輩，構禍我家，詔依太祖皇帝箚撒，正典刑訖」。〔註25〕由此看來忽必烈仍舊強調《大札撒》作爲調整蒙古人內部關係的基本依據，強調《大札撒》在維護黃金家族統治地位中的權威性，強調《大札撒》是定罪量刑的最重要的依據。在至元八年禁行金《泰和律義》後，他還曾經一度在中原漢地推行《大札撒》。在他爲汗後，每年都至漠北避暑納涼，行獵自娛，接受蒙古貴族的觀見，舉行蒙古傳統的宗教儀式，召開忽里勒臺，繼續保持遊國舊俗，並且每當有重大的貴族集會，總要誦讀成吉思汗的箚撒和必克里，以此來拉攏蒙古諸王，昭示自己的汗位的正統性，樹立自己的大汗權威。此後，成宗鐵穆耳在即位詔裏仍說「祖訓不可以違，神器不可以曠」。可見對成吉思汗《大札撒》的熟知與絕對服從，已成爲各代大汗和皇帝能否取得合法資格的重要依據。《大札撒》成爲元代刑制立法的基本原則和最高權威。

〔註25〕 宋濂：《元史》，卷5，北京：中華書局，1976年版，第99頁。

三、主要淵源：開化時期的漢法

　　雖然蒙古統治者力圖堅守傳統，然而入主中原後，以蒙古部族習慣法為基礎的相對簡單的《大札撒》已不敷適用，而在我國歷史發展進程中，當舊的政權被推翻，新的王朝建立之後，除舊布新固然是建政之初的普遍現象，然而法律制度由於其內在的客觀規律性，不可能全部推倒重來，因此新朝建政之初常暫行沿用前朝已基本發展成熟的政治法律制度以維持過渡時期統治秩序的穩定性。大蒙古國及其後的元政權也不例外。大蒙古國在中原繼金而興，金朝雖然也是少數民族建立的政權，但已充分吸收了漢族的法制文化，於章宗泰和二年（1202 年）就已頒行了以唐宋律令為藍本的《泰和律義令敕條格式》。建立了完備的法律制度。於是元政府主要參照金制，同時也參照了漢族政權宋的制度及同屬漢化較深的前朝少數民族政權遼的制度，同時根據政治經濟的實際發展情況開始了漫長的仿行漢法的立法修律歷程。史稱：「元興，其初未有法守，百司斷理獄訟，循用金律」。〔註26〕

　　自成吉思汗時起，蒙古統治者就開始吸收漢制完善相關法律制度。成吉思汗時期，的名臣耶律楚材曾竭力向他傳授儒家學說，但成吉思汗並非是因為重視受儒學教育的中原文士而起用他，而是把他當作「卜筮之官」以備諮詢。太宗窩闊台即位後，耶律楚材發揮了理財方面的特長，通過設立十路課稅所徵稅為大蒙古國建立了穩定的收入來源，窩闊台對他非常信任，委任為中書令治理漢地。耶律楚材在推行一系列源自漢制的政治財政措施的同時，在法律制度的建設方面也引入漢法勸止箚撒中殘酷野蠻的法規。如 1232 年蒙古軍攻破金都汴京後準備屠城。耶律楚材向窩闊台極力諫阻，此後大蒙古國廢除了屠城的法規；蒙古族本無漢族政權的朝儀制度，耶律楚材倡導君臣跪拜之禮，窩闊台即位前時群臣才向他下跪行禮，強化了大蒙古國的中央集權和大汗的權威。

　　但窩闊台汗死後繼位的蒙哥汗標榜蒙古族傳統，自謂「遵祖宗之法，不蹈襲他國所為」。蒙古人仿行漢法出現了反覆，直至世祖忽必烈繼位才出現轉機。忽必烈漢化程度較深於前四汗，對中原法文化有一定的理解和掌握。在尚為皇弟時，忽必烈即召集了以郝經為代表的一大批當時名儒入其幕府，這些儒生反對傳統的「華夷之辨」，但是作為漢唐以來中原文化傳統的繼承者，

〔註26〕宋濂：《元史》，卷 102，北京：中華書局，1976 年版，第 2603 頁。

他們力圖在蒙古王朝征伐四方的盛大事業中實現個人的人生價值。因此，他們力對蒙古統治者實行漢制漢法治理天下。如郝經在向忽必烈所呈的《立政議》中就建言：「以國朝之成法，援唐宋之故典，參遼金之遺制，設官分職，立政安民，成一代王法」。〔註27〕

儒生們對忽必烈的影響在他於中統元年（1260年）四月初六日發佈的《皇帝登寶位詔》和同年五月《中統建元詔》展露無遺。在前詔中，忽必烈確定了「祖述變通」的建國方針；後詔中他又宣稱「稽列聖之洪規，講前代之定制」〔註28〕，儼然以中原歷代王朝的後繼者自居。此後，他繼續沿用金《泰和律義》作為國家基本法典，並於中統初年命令身為漢人的丞相史天澤及姚樞等人制訂過一部《條格》草案及一些「條畫」之類的單行法規。但至元八年（1271年）十一月，大蒙古國正式改國號為「元」，為了彰顯新朝萬象更新的新氣象，世祖詔令「禁行金《泰和律義》」。〔註29〕這時，新的一代之制的基本法典尚未制定頒行，而此前一直發揮著基本法典的金律卻被禁行，元帝國一時陷入沒有基本法典的尷尬狀態之中。對此，諸漢臣紛紛上書批評，如當年監察御史魏初上奏即謂「泰和之律非獨金律也，旁採五經及三代、漢、唐歷代之遺制耳。若刪去金俗所尚及其敕條等律，益以開國以來聖旨條畫，及奏准體例以成一書，即至元新律也」。〔註30〕認為《泰和律義》乃薈萃歷代法制精華之產物，不應遽行廢置，而應在損益金律基礎上修訂大元新律。並提出「法者，持天下之具，御史臺則守法之司也。方今法有未定，百司無所持循，宜參酌考定，頒行天下」。〔註31〕

此後，終世祖之世，身居高位的眾多漢臣如崔彧、王惲、胡祗遹等人也不時提出修律動議。這些建議被元世祖及其後的成宗等歷朝皇帝所採納，以漢法為基礎的一系列法典先後制定。

需要指出的是，正如有學者所言，「元世祖畢竟是在傳統的蒙古、突厥等文化中成長起來的蒙古人，不懂漢語，不識漢字，不像在拓跋鮮卑、契丹、

〔註27〕郝經：《郝文忠公陵川集》，卷32，太原：山西古籍出版社，2006年版，第1184頁。
〔註28〕何榮祖等：《元典章》，卷1《詔令一》，北京：中國廣播電視出版社，1998年版，第2頁。
〔註29〕宋濂：《元史》，卷7，北京：中華書局，1976年版，第138頁。
〔註30〕魏初：《青崖集》，卷4，《奏議》，《四部珍本叢書初集》本。
〔註31〕宋濂：《元史》，卷164，北京：中華書局，1976年版，第3858頁。

女眞諸民族中原化道路上發揮決定作用的北魏孝文帝、遼聖宗、興宗以及金熙宗等人那樣具備較深的中原文化修養。從個人的文化素質來看，他不過是披上中原王朝皇帝龍袍的蒙古大汗，其內心深處仍是蒙古文化的塑造物」。〔註32〕在採用中原典章制度，力求做好中原皇帝時，他不可能漠視這樣一個事實：元朝是蒙古帝國的繼續，國家的統治基礎仍然是蒙古貴族，統治核心是黃金家族，他首先是蒙古人的大汗，是由蒙古人的大汗進而成爲元朝帝國皇帝。他在仿傚中原傳統王朝的結構建立政權時不可能全盤否定蒙古國的制度，相反卻爲了維護蒙古人的利益和黃金家族的特權而大量保留了蒙古國傳統制度。爲了與蒙古傳統舊制相一致及出於對蒙古傳統法文化的認同，對待《大札撒》忽必烈遵照了前四汗的做法。從忽必烈始，《大札撒》被稱爲「祖訓」。忽必烈在即汗位詔中就明確提出：「祖訓傳國大典，於是乎在，孰敢不從」。〔註33〕因此，以漢法爲根基的《大元通制》等法律文件雖然在成爲元代刑制的普遍原則和數量上的最主要內容，但效力仍居《大札撒》之下。

四、其他影響因素

仍需指出的是：蒙古統治者在征服了歐亞大陸的眾多民族，建立起歷史上前所未有的世界帝國。在這一過程中，蒙古統治者接觸到眾多宗教並深受影響，這些影響反映在他們的各項政策及法律之中。因此，如以蒙古人爲一整體而考察，則必須將各宗教、各民族的立法特別是伊斯蘭教法對蒙古法的影響作一整體分析，其結果尙可稱全面、客觀。但一則宗教及民族立法對元代的影響主要及於婚姻、家庭、官制、軍事諸方面，對元代刑法特別是法定刑的影響主要是在執法而非立法過程之中，對此筆者擬在後文對元代法定刑的特點及運作效果中詳加分析，二來蒙古帝國在忽必烈之後實際處於分裂狀態，本文的研究限於以漢地爲主體的元朝立法及作爲其前期淵源的大蒙古國法律，不及於其他汗國。因此在本章中對上述內容從略，謹此說明。

〔註32〕 蔡鳳林：「析議元朝蒙古族吸收中原文化的有限性──農牧文化結合繁榮中華文化的典範」，《中國邊疆史地研究》，1997 年第 4 期，第 52 頁。
〔註33〕 宋濂：《元史》，卷 4，北京：中華書局，1976 年版，第 64 頁。

第二章　元代五刑制度考辨

一、五刑概說

　　刑罰是國家對犯罪分子實行懲罰的一種強制方法。這種方法一般都以法律形式規定下來，成爲歷代刑事法典的主要內容之一。我國自有信史記載以來，刑罰通常可以分爲五種輕重不等的大類，故自商周革命以後，學者及統治者們習慣用「五刑」來代指國家實行的主要刑罰種類。不同時期的五刑內容大致如下：

　　（1）秦以前爲：墨、劓、荊（刖）、宮、大辟（殺）。〔註1〕
　　（2）秦漢時爲：黥、劓、斬左右趾、梟首、菹其骨肉。〔註2〕
　　（3）隋唐以後爲：死、流、徒、杖、笞。〔註3〕

　　歷代五刑制度比較見下表。

表三：不同時期「五刑」制度比較

適用時間	刑種及刑等				
秦以前	墨	劓、	荊（刖）、	宮	大辟（殺）
秦漢	黥	劓	斬左右趾	梟首	菹其骨肉
隋唐	笞	杖	徒	流	死

　　當代學者通常將中國歷代的「五刑」大體上分爲奴隸制五刑和封建性五刑。前者包括墨，劓，荊（也作腓），宮，大辟（墨刑即在額頭上刻字塗墨，

〔註1〕　陳戍國：《尚書校注》，長沙：嶽麓書社，2004年版，第16頁。
〔註2〕　班固：《漢書》，卷23，北京：中華書局，1962年版，第1099頁。
〔註3〕　劉昫：《舊唐書》，卷50，北京，中華書局，2002年版，第1377頁。

劓刑即割鼻子，剕刑即砍腳，宮刑即毀壞生殖器，大辟即死刑）。這種五刑制度從傳說中的夏代開始逐步確立，較之後繼的封建性五刑而言，是一種野蠻的、不人道的、故意損傷受刑人肌體的刑罰。古人也認識到了這一點，因此從漢初的文景帝廢除肉刑開始，以自由刑為主的封建五刑產生了，封建五刑分別為笞、杖、徒、流、死，它的出現標誌著中國刑罰制度的重大進步。其最終完備於唐代，一直到清末才被廢除。唐代封建制五刑的序列如下：

（1）笞刑。以十為一等，分五等，即從十到五十下。

（2）杖刑。以十為一等，分五等，即從六十到一百下。

（3）徒刑。刑期分一年、一年半、二年、二年半、三年五等。

（4）流刑。里程分二千里、二千五百里、三千里三等。

（5）死刑。分絞和斬二等。

唐代刑制見下表。

表四：唐代五刑制度的刑種、刑等

刑種	刑等及刑度				
笞刑	十	二十	三十	四十	五十
杖刑	六十	七十	八十	九十	一百
徒刑	一年	一年半	二年	二年半	三年
流刑	二千里		二千五百里		三千里
死刑	絞		斬		

除上述主要的刑罰即五刑之外，在不同時代還有一系列更加嚴酷或令人恥辱的特別刑罰，如磔（俗稱陵遲）、髡（既剃髮）、髕（也作臏，割膝骨）、炮格（也作炮烙）、刵（割耳朵）等。

二、「五刑」之前的蒙古族刑罰

如史所載，蒙古族原來沒有文字，因此也沒有成文法。自從成吉思汗征服了乃蠻部，才開始用畏吾兒字拼成蒙古語，並將其訓令寫成法規，名曰：「大法令」，蒙古語叫「大箚撒」。鐵木真對此非常重視，要求後世的皇帝、王公、那顏、勇士嚴格遵守。並強調如果不依「大箚撒」辦事，國家的統治必將動搖，甚至腐敗。從這個時候開始，蒙古人才把「所斷之案，書之青冊」，有了審判記錄和判決等法律文書。但是，這時的「大箚撒」還不是系統的法典，

在實踐中主要是沿用蒙古族部落的習慣法。

蒙古作爲一個草原游牧民族，其文化是落後的，其法律是原始的。在以習慣法即「大箚撒」爲基本法典的這個歷史階段，蒙古法律規定的主要刑罰幾乎都是死刑。有學者考證了現存史料，對《大箚撒》可考的法條進行歸納，共得出三十六條法條。〔註4〕其中指明具體刑罰的枚舉如下：

法條一：通姦者，姦夫無論有婦無婦，均處死刑。

法條二：雞姦者，處死刑。

法條三：有意製造謊言者，施行妖術者，秘密偵察他人行爲者，介入相爭者之間，且相對於一方援助另一方者，處死刑。

法條四：於水中、灰燼中便溺者，處死刑。

法條五：購入商品後破產、再次購入商品再度破產、重新購入商品又破產，如此三次者，處死刑。

法條六：未經拘禁者允許，向被拘禁者提供衣服及食物者，處死刑。

法條七：發現逃亡奴隸及在逃犯人，將其收爲家奴使用而不交還其主人者，處死刑。

法條八：宰食牲畜時，應縛其四肢、剖其腹，以手握其心臟，直至畜死。若仿傚回教徒以割首宰畜者，亦如其法屠之。

法條九：戰鬥中，前進或後退時，若有人掉落弓箭、攜帶品，勿問其爲何物，其後行人員應立即下馬將物品歸還所有者。若不下馬、不歸還掉落物，處死刑。

法條二十四：他禁止那顏與君主以外的人交遊，違者處死刑；未經許可擅自變更職務者，亦處死刑。

法條二十九：盜馬者，應歸還原馬匹，另賠償同種馬九匹，若不能賠償時，則可以女兒代償，若無女兒，則以屠羊之法殺之。

法條三十一：（箚撒）規定每個人要互敬互愛、不得通姦、不盜竊、不作僞證、不謀反、尊敬老人、尊重窮人，違者處死刑。

法條三十二：食而噎者，應立即拖入帳篷內殺死；踩踏首領帳篷之門檻者，亦處死刑。

另外有一些法條雖然僅指明犯罪行爲而沒有標明刑罰，但實質上的懲措

〔註4〕 參見吳海航：「成吉思汗大札撒探析」，法學研究，1999 年第 5 期，第 136～151 頁。

施也是死刑。如：

法條十四：他禁止人們浸手於水中，命令無論何時汲水必須用器物。有一個穆斯林在河中洗身，察合臺當即要處死他。窩闊台勸阻道：「今天天晚了，我們也累了。把這個傢伙監禁到明天，那時我們能審問他的案子，弄清楚他破壞我們箚撒的原因。」窩闊台爲了顯示他的寬宏大量和樂善好施，便教人在那個穆斯林洗浴的河中放入一枚銀幣。然後，叫人提示那個穆斯林在第二天受審時說自己由於負了很多債，那枚不愼落入水中的銀幣是他全部的家當，因此，才冒死下水撈取。果然，那個穆斯林便如是申辯。窩闊台又派人去現場勘驗檢查，找到水中銀幣。於是，窩闊台做出宣判：「誰個膽敢故意破壞我們的箚撒和法令，或者膽敢絲毫違反它？但看來這個人是個赤貧如洗的傢伙，所以才爲了一個巴里失（貨幣單位）而犧牲自己。」窩闊台命令下屬給他十個巴里失；並要他立下一紙字據，保證今後不再犯類似的罪行。於是，那個穆斯林不僅被免除死刑，還得到了錢財。而這條法令仍然有效。〔註5〕

類似的還有法條十五：他規定人們無論衣服是否穿舊，只要能夠穿，便禁止人們洗濯。

法條十六：他禁止人們說任何東西不乾淨，因萬物均爲聖潔，不能設置淨與不淨的差別。

法條十七：他禁止人們對諸多宗教派別表示好惡之情、說空頭大話以及使用尊敬稱謂，即使是稱呼蘇丹及其以外的人，也必須都直呼其名。

法條十八：他規定他的繼承者們在出征前必須親自檢查軍隊和武器，讓士兵拿出行軍應該攜帶的全部物品、并檢查小至針線以及所有的東西。如果士兵中有人沒有準備好必需的物品時，則要對其繼承者們予以處罰。等。

此外還有一些法條同時規定了死刑和其他處罰方式。如：

法條二十七：他規定以笞刑處罰怠惰的士兵、以及圍獵時使野獸逃逸的獵師，有時也科以死刑；

法條二十八：對於殺人的刑罰：殺人者若支付贖罪金，即可免除（死刑），殺回教徒者支付四十金巴里失；殺中原人者支付一頭牡驢。

據此可見，成吉思汗建政之初及其後一段時間裏，大蒙古國的刑罰體系以死刑爲主，間或有笞刑或贖刑，沒有合理的體系，原始且野蠻。

〔註5〕 〔古波斯〕志費尼：《世界征服者史》，何高濟譯，翁獨健校，呼和浩特：內蒙古人民出版社，1981年版，第241～242頁。

三、元代統治者入主中原之初對宋、金刑制進行變通的過渡五刑

（一）元代變通刑制的原因

大蒙古國落後的社會組織形式決定了它的法制的相對原始和野蠻。隨著大蒙古國統治地區的擴大，社會治安、吏制等問題日益嚴重。成吉思汗生前定下的以此前蒙古各部落習慣及在戰爭中形成的蒙古軍法爲主要內容的《大札撒》根本不能適應複雜的社會形勢。以至造成了當時各地嚴重的州郡長官貪暴肆虐，富豪任意兼併土地，地痞流氓殺人越貨等破壞社會秩序的現象。這顯然是不利於蒙古國統治的穩定和進一步進行征服戰爭的需要的。而蒙古人當時的法制文明的程度決定了他們無法制定出合乎中原地區的法律，加上金朝由於漢化的程度較深，其《泰和律義》是比較完善的法律並且比較適用於中原地區，蒙古人就因循金代，在佔領的中原地區內採用《泰和律義》。即便後來元朝建立，重新制定了一代之通制《元典章》，金《泰和律義》的影響仍然很深。故入主中原之初的元代五刑制度實質上是對宋、金五刑之制的變通沿用。

（二）關於元初過渡五刑的相關史料

其一，《元典章》所引《五刑訓義》的表述最爲完整：

「笞義曰：笞者，擊也；又訓爲恥，言人有小愆，法須懲戒，微加捶撻以恥之。一十下決七下；二十至三十，決一十七下；四十至五十，決二十七下；

杖義曰：杖者，擊持也，而可以擊人也。《國語》云：『薄刑用鞭扑』；《書》云：『鞭作官刑』猶今之杖刑也。六十至七十，決三十七下；八十至九十，決四十七下；一百，決五十七下。

徒義曰：徒者，奴也，蓋奴辱之。《周禮》云：『其奴，男子入於罪隸，又任之以事，寘以圜土而收教之。』令一年至五年並徒刑也。一年一年半，決六十七下；二年二年半，決七十七下；三年，決八十七下；（按：此處缺「四年，決九十七下」；）五年，決一百七下。

流義曰：《書》云：『流宥五刑』，謂不忍刑殺，宥於遠也。二千里（比徒四年），二千五百里（比徒四年半），三千里（比徒五年）。

死義曰：絞斬之坐，刑之極也。《春秋》云：『黃帝斬蚩尤於涿鹿之野。故云斬自軒轅，絞興周代，即大辟之刑也。』絞、斬。二罪皆至死」。〔註6〕

〔註6〕 何榮祖等：《元典章》，卷 39《刑部一》，北京：中國廣播電視出版社，1998年版，第 1452 頁。

此過渡五刑之制顯然是對沿襲唐宋律的金朝刑制而稍加變通而成，即五刑二十二等：笞刑五等，笞十、二十、三十、四十、五十（分三等減少笞數執行）；杖刑五等，杖六十、七十、八十、九十、一百（分三等減少杖數執行）；徒刑七等，徒一年、一年半、二年、二年半、三年、四年、五年（分五等附加決杖）；流刑三等，流二千里、二千五百里、三千里（分別以比徒四年至五年替代執行）；死刑二等，絞、斬。

其二，元泰定本《重刊群書類要事林廣記》所載《至元雜令·笞杖則例》：

「……五刑總序：昔唐太宗除鞭背刑，更以笞杖徒流絞，然罪輕者笞一十，笞乃夏楚，大元聖聰又減輕笞七下，且易楚用柳，可見愛民如子也。

笞罪：一十，決七下；二十至三十，決十七下；四十至五十，決二十七下。杖罪：六十至七十，決三十七下；八十至九十，決四十七下；一百，決五十七下。徒罪：一年至一年半，決六十七下；二年至二年半，決七十七下；三年，決八十七下；四年，決九十七下；五年，決一百七下；右徒罪止五年。絞罪至死」。〔註7〕

與《五刑訓義》比較，只有二點差異：一是死刑缺斬，二是未記載流刑。這正是元初沿用金「舊例」例證。金以「流刑非今所宜」為由，用二千里比徒四年加杖九十，二千五百里比徒四年半加杖九十，三千里比徒五年加杖一百，代替流刑的執行。〔註8〕元初基於與金代類似的原因，亦未施行流刑，而以它刑取代之。中統二年（1261年）八月，忽必烈頒佈《中統權宜條理詔》，其中稱：「據五刑之中，流罪一條，似未可用，除犯死刑者依條處置外，徒年杖數今擬遞減一等，決杖雖多，不過一百七下。著為定律，揭示多方」。〔註9〕

《新元史·世祖一》記為：中統二年八月「乙巳，頒《中統權定條法》，詔曰：『事匪前定，無以啓臣民視聽不惑之心；政豈徒為，必當奉帝王坦白可行之制。我國家開建之始，禁網疏闊，雖見施行，不免闕略。或得於此，而失於彼，或輕於昔，而重於今。以茲姦猾之徒，得以上下其手。朕惟欽恤，期底

〔註7〕 元泰定二年（1325年）刻本《重刊群書類要事林廣記》壬集卷之一。轉引自黃時鑒：《元代法律資料輯存》，杭州：浙江古籍出版社1988年版，第43～44頁。

〔註8〕 白鋼主編：《中國政治制度通史》，第八卷《蒙元》，北京：人民出版社1993年版，第315頁。

〔註9〕 王惲：《中堂事記》下，《秋澗先生大全文集》，卷82，《四部叢刊》本。轉引自曾代偉：「蒙元流刑考辨」，內蒙古社會科學，2004年第5期，第46頁。

寬平，乃立九章，用頒十道。據五刑之內，流罪似可刪除。除犯死罪者，依條處置外，其餘遞減一等。決杖不得過一百七。著爲令』」。〔註10〕

其三，元至順本《事林廣記》所載《五刑》：

「五刑：笞刑，一十下決七下；二十至三十，決一十七下；四十至五十，決二十七下；杖刑，六十至七十，決三十七下；八十至九十，決四十七下；一百，決五十七下。徒刑，一年一年半，決六十七下；二年二年半，決七十七下；三年，決八十七下；四年，決九十七下；五年，決一百七下。諸犯罪人，年七十歲以上十五歲以下，及篤廢殘疾不任責者，每杖一下贖至元鈔貳佰文。流刑，二千里，二千五百里，三千里。死刑，絞刑、斬刑。」〔註11〕

此五刑亦是元初沿襲的金舊例，惟流刑三等漏記比徒之文。

其四，明代葉子奇《草木子》：

「元世祖定天下之刑，笞、杖、徒、流、絞五等。笞杖罪既定，曰：『天饒他一下，地饒他一下，我饒他一下』。自是合笞五十，只笞四十七；合杖一百十，只杖一百七。」〔註12〕

此段史料顯示，世祖早在適用金五刑時，即下令將笞杖刑每等減少三下。這與元初折代量刑的實施是合拍的。

元初（至元八年前）五刑制度見下表。

表五：元初刑制的刑種、刑等及執行刑

刑種		刑等及刑度					
笞刑	法定刑	十	二十	三十	四十	五十	
	執行刑	七	一十七	二十七			
杖刑	法定刑	六十	七十	八十	九十	一百	
	執行刑	三十七		四十七		五十七	
徒刑	主刑	一年	一年半	二年	二年半	三年	四年	五年
	附加刑	杖六十七下		杖七十七下		杖八十七下	杖九十七下	杖一百七下

〔註10〕柯劭忞：《新元史》，卷7《世祖一》，北京：中國書店，1988年版，第32頁。

〔註11〕元末至順增修刻本《新編纂圖增類群書類要事林廣記》，《別集》，卷三，中華書局1963年影印本。轉引自黃時鑒：《元代法律資料輯存》，杭州，浙江古籍出版社1988年版，第43~44頁。

〔註12〕葉子奇：《草木子》，北京：中華書局，1959年版，第64頁。

流刑	法定刑	二千里	二千五百里	三千里
	執行刑	比徒四年	比徒四年半〔註13〕	比徒五年
死刑		絞	斬	

（三）元五刑制度與金刑制對比

讓我們用金代的刑罰制度與之作一簡單對比。

1. 死刑

女眞舊俗，「殺人及盜劫者，擊其腦殺之。」〔註14〕金律法定死刑除斬、絞外，還有族誅、陵遲、磔、醢等酷刑。

族誅。族誅常適用於罪大惡極者及對付政敵。海陵王政變上臺後，爲鞏固自己的地位，在大肆殺戮女眞貴族反對派時，往往採用族誅的手段。先後誅除太宗子孫七十餘人，使太宗一脈絕後；又殺開國功臣宗翰（黏罕）一族全部三十餘人；天德二年（1150 年）十月「殺行臺左丞相，左副元帥撒離喝於汴，並殺平章政事宗義、前工部尙書謀里野、御史大夫宗安，皆夷其族。以魏王翰帶之孫活里甲好修飾，亦族之」。〔註15〕

陵遲。俗稱「剮刑」，是一種極盡慘酷的死刑方法。陵遲始於五代，而盛行於宋，但宋乃以敕令行之，未載入《刑統》；其正式入律則始於遼；金承遼制，亦爲法定之刑。海陵王時，其弟完顏袞爲西京留守，與故舊西京兵馬都總管完顏謨盧瓦和姻戚、編修官圓福奴等過從甚密，爲海陵所忌。後完顏袞的家奴向海陵告發，稱完顏袞欲與謨盧瓦等謀反，曾請卜者測天命。海陵王遂斬袞於市，「謨盧瓦、圓福奴並日者皆陵遲處死」。〔註16〕

磔刑。是爲分裂肢體的酷刑。大定時，幫助海陵王謀弑熙宗奪取皇位的大興國（後賜名大邦基），被「磔於思陵之側」。〔註17〕思陵爲熙宗之陵寢。

2. 流刑

流刑是金代載於律典的法定刑，但金統治者認爲，「流刑非今所宜」，〔註18〕不便施行，而用徒四年以上並附加決杖代替之。

〔註13〕《元典章》上雖有比徒四年半的記載，但元代刑制中徒刑是否有四年半一等尚存疑問。筆者將在後文對此進行論述。

〔註14〕脫脫：《金史》，卷45《刑志》，北京：中華書局，1975 年版，第 1014 頁。

〔註15〕脫脫：《金史》，卷5《海陵王紀》，北京：中華書局，1975 年版，第 94～95 頁。

〔註16〕脫脫：《金史》，卷76《完顏袞傳》，北京：中華書局，1975 年版，第 1748 頁。

〔註17〕脫脫：《金史》，卷132《逆臣傳》，北京：中華書局，1975 年版，第 2822 頁。

〔註18〕脫脫：《金史》，卷45《刑志》，北京：中華書局，1975 年版，第 1018 頁。

3. 徒刑

金代徒刑在唐、宋刑制的基礎上刑等增加，刑期延長。在《泰和律義》中，以唐宋律典規定的徒一年至三年共五等徒刑爲基礎，「增徒至四年、五年爲七」。〔註19〕即徒一年、一年半、二年、二年半、三年、四年、五年共七等。而在此以前，太宗天會七年（1129年）曾參照遼代刑制，「詔竊盜……三十貫以上徒終身」，〔註20〕創設了過唐宋刑制所沒有的無期徒刑。

另外，金代徒刑附加決杖。金沿襲遼制，規定判處徒刑者，須同時附加決杖。這不同於《宋刑統》所規定的「折杖法」，而是加重犯徒罪者的懲罰。附加決杖之數時有變化，金初實行重法，附加決杖之數較大。史稱：「徒者，非謂杖脊代徒，實拘役也……徒五年則決杖二百，四年百八十，三年百六十，二年百四十，一年百二十……拘役之處，逐州有之，曰（都）作院」。〔註21〕

此後，徒刑附加決杖數逐步減少。大定十七年（1177年），濟南尹梁蕭上疏：「今取遼季之法，徒一年者杖一百，是一罪二刑也。刑罰之重，於斯爲甚。今太平日久，當用中典，有司猶用重法，臣實痛之，自今徒罪之人，止居作，更不決杖」。〔註22〕但朝廷以爲「今法已輕於古，恐滋奸惡」，〔註23〕未予採納。

明昌五年（1194年），尚書省奏：「在制，名例內徒年之律，無決杖之文便不用杖。緣先謂流刑非今所宜，且代流役四年以上俱決杖，而徒三年以下難復不用。婦人比之男子雖差輕，亦當例減。」章宗遂詔：「徒二年以下者杖六十，二年以上杖七十，婦人犯者並決五十，著於《敕條》」。〔註24〕從而完善了徒罪附加決的制度。

另金制在特定的條件下，對某些特定的對象，可以決杖代徒。如大定二十五年（1185年）二月，世宗「以婦人在囚，輸作不便，而杖不分決，與殺無異。遂命免死輸作者，決杖二百而免輸作，以臀、背分決。」〔註25〕還有

〔註19〕脫脫：《金史》，卷45《刑志》，北京：中華書局，1975年版，第1024頁。

〔註20〕脫脫：《金史》，卷45《刑志》，北京：中華書局，1975年版，第1015頁。

〔註21〕宇文懋昭：《歷代小史》，卷六十二《金志》（M），江蘇廣陵古籍書印社，1989年版，轉引自曾代偉：「民族法文化與中華法系」，《現代法學》，2003年第5期，第172頁。

〔註22〕脫脫：《金史》，卷89《梁蕭傳》，北京：中華書局，1975年版，第1984頁。

〔註23〕脫脫：《金史》，卷45《刑志》，北京：中華書局，1975年版，第1017頁。

〔註24〕脫脫：《金史》，卷45《刑志》，北京：中華書局，1975年版，第1018頁。

〔註25〕脫脫：《金史》，卷45《刑志》，北京：中華書局，1975年版，第1020頁。

一種情況是：「家無兼丁，加杖准徒」。〔註26〕即應處徒刑者，若家中另無成年男丁，則可用決杖代替徒刑居作，使之在家奉養親老。

4. 杖刑與笞刑

杖刑在金代的適用非常廣泛。海陵王曾向臣僚宣稱：「古者大臣有罪，貶謫數千里外，往來疲於奔走，有死道路者，朕則不然，有過則杖之，已杖則任之如初。如有不可恕，或處之死，亦未可知」。〔註27〕如貞元二年（1154年）八月，左丞相（從一品職）完顏昂因「去衣杖其弟婦」，被海陵王處杖刑。非但沒有撤職，反而在翌年二月晉升太尉（正一品職）兼樞密使。

金代笞杖不分，稽諸《金史》，犯罪者被處以杖二十直至杖二百的事例，處處可見。諸如：海陵王貞元三年（1155年）三月，「以左丞相張浩、平章政事張暉每見僧法寶，必坐其下，失大臣體，各杖二十；僧法寶妄自尊大，杖二百」。〔註28〕世宗大定十四年（1174年）二月，「以大興（府）尹（完顏）璋使宋有罪〔註29〕，杖百五十，除名，仍以所受禮物入官」，其副使高翊則杖一百，等等。

在行刑方法上，金初「罪無輕重悉笞背」，「又有一物曰沙袋，以革為囊，實以沙石，繫於杖頭，人有罪者，持以決其背，大率似脊杖之屬，惟數多焉」。〔註30〕直到熙宗時，杖脊之法才開始改革，「杖罪至百，則臀、背分決」。〔註31〕海陵王又「以脊近心腹，遂禁之，雖主決奴婢，亦論以違制」。〔註32〕但禁止杖背後，反而發生了「杖不分決，與殺無異」〔註33〕的後果。更為甚者，有的地方官作威作福，「任情立威，所用決杖，分徑長短不如法式，甚者以鐵刃置於杖端，因而致死」。〔註34〕鑒於此，金統治者再次確定了法杖的規格和標準式樣，試圖進一步對決杖用法律加以規範。章宗承安四年（1199年）五月，

〔註26〕脫脫：《金史》，卷89《梁肅傳》，北京：中華書局，1975年版，第1986頁。

〔註27〕脫脫：《金史》，卷76《蕭玉傳》，北京：中華書局，1975年版，第1735頁。

〔註28〕脫脫：《金史》，卷五《海陵王紀》，北京：中華書局，1975年版，第103～104頁。

〔註29〕脫脫：《金史》，卷7《世宗中》，北京：中華書局，1975年版，第160頁。

〔註30〕宇文懋昭：《歷代小史》，卷62《金志》·江蘇廣陵古籍書印社，1989年版，轉引自曾代偉：「民族法文化與中華法系」，《現代法學》，2003年第5期，第172頁。

〔註31〕脫脫：《金史》，卷45《刑志》，北京：中華書局，1975年版，第1020頁。

〔註32〕脫脫：《金史》，卷45《刑志》，北京：中華書局，1975年版，第1021頁。

〔註33〕脫脫：《金史》，卷45《刑志》，北京：中華書局，1975年版，第1012頁。

〔註34〕脫脫：《金史》，卷99《賈鉉傳》，北京：中華書局，1975年版，第2191頁。

「以法適平，常行杖樣多不能用。遂定分寸，鑄銅爲杖式，頒之天下」。〔註35〕

　　章宗泰和元年（1201 年），在全面總結前期立法經驗的基礎上，金朝頒佈了《泰和律義》。這是金朝法制建設中最具成就的一部法典。它以《唐律疏議》爲藍本，並取《宋刑統》的疏議加以詮釋，其篇目與唐律相同，但內容有所不同。對金代的五刑制度進行了規範化和系統化。它是金代常行的法典，但由其時金朝的統治已屆後期，與宋、蒙、夏等國戰事頻繁，《泰和律義》該法律在實際生活中並未很好的貫徹執行。但該法令對元代法制產生了巨大的影響。元承金制，主要就是繼承《泰和律義》規定的金刑制。《泰和律義》規定的金五刑制度見下表。

表六：《泰和律義》規定的金代五刑制度

刑名	刑等及刑度						
笞刑	十	二十	三十	四十	五十		
杖刑	六十	七十	八十	九十	一百		
徒刑	一年	一年半	二年	二年半	三年	四年	五年
徒刑附加刑	杖六十下		杖七十下		杖八十下	杖九十下	杖一百下
流刑執行刑	二千里		二千五百里		三千里		
流刑附加刑	比徒四年 配役一年		比徒四年 配役一年		比徒五年 配役一年		
死刑	絞			斬			

　　將元初五刑與金代五刑相比可見，元初對金代五刑的沿用是全面而系統的，元初五刑的刑種、刑度、適用範圍和執行方式基本上沿用了金代五刑的規定，而元初五刑與金代五刑最主要的區別在於：在一定程度上元初五刑輕於金代五刑。例如，笞、杖元初五刑均較之同等的金代五刑在數量上少三下，即《草木子》中所言，「元世祖定天下之刑，笞、杖、徒、流、絞五等。笞杖罪既定，曰：「天饒他一下，地饒他一下，我饒他一下。」自是合笞五十，只笞四十七；合杖一百十，只杖一百七」；死刑僅用「絞」、「斬」二等，未將遼、金已成爲法定刑的陵遲列入；流刑也用徒刑折代執行。在此間司法實踐中，有按「舊例」應處死刑者，減爲徒五年或徒五年加決杖一百的案例。可以說，元初援用金律變通而成的過渡五刑，反映了金、元法制承襲親緣關係新朝更

〔註35〕脫脫：《金史》，卷45《刑志》，北京：中華書局，1975 年版，第 1023 頁。

始，刑用輕典的特點。《元史·刑法志》所說「元興，其初未有法守，百司斷理獄訟，循用金律，頗傷嚴刻」。〔註36〕實在有些言過其實。

四、至元八年禁行金律以後形成的新五刑制度

（一）變更刑制的原因和進程

蒙古建政之初，由於其舊制已不足以承擔在中原維護正常秩序的重任，故繼續沿用金律符合形勢的需要。然而，蒙古統治者始終處於矛盾之中，蒙古舊制是祖宗遺澤不可不用，統治漢地又無法迴避符合中原民眾法律思維模式的唐宋舊律（包括源自唐制的金律），於是在時勢發展過程之中，統治者形成了協同二者的法制思想。早在憲宗二年（1252年），忽必烈仍爲皇弟時，即召儒生郝經入邸，「諮以經國安民之道」。郝經向其呈條分析了穩定國家、統一天下的法制建議。其《立政議》建言：

「今皇帝陛下，統承先王，聖謨英略，恢擴正大，有一天下之勢。自金源以來，綱紀禮義、文物典章，皆已墜沒，其緒餘土苴，萬億之能一存，若不大爲振澡，與天下更始，以國朝之成法，援唐宋之故典，參遼金之遺制，設官分職，立政安民，成一王法，是亦因仍苟且，終不可爲，使天下之後世，以爲無志於天下。歷代綱紀典刑，至今而盡，前無以貽謀，後無以取法。壞天地之元氣，愚生民之耳目。後世之人，因以竊笑而非之，痛惜而歎惋也。昔元魏始有代地，便參用漢法。至孝文遷都洛陽，一以漢法爲政，典章文物，粲然與前代比隆，天下至今稱爲賢君。王通修《元經》，即與爲正統，是可以爲監也。金源氏起東北小夷，部曲數百人，渡鴨綠，取黃龍，便建位號，一用遼宋制度，收一國名士，設之近要。使藻飾王化，號十學士。至世宗與宋定盟，內外無事，天下晏然，法制修明，風俗完厚，眞德秀謂金源氏典章法度，在元魏右，天下亦至今稱爲賢君。燕都故老，語及先皇帝者，必爲流涕，其德澤在人之深如此，是又可以爲監也。……方今之勢，在於卓然有爲，斷之而已。去舊污，立新政，創法制，辨人才，縮結皇綱，藻飾王化，偃戈卻馬，文致太平，陛下今日之事也。毋以爲難而不爲，毋以爲易而不足爲，投機挈會，比隆前王，政在此時，毋累於宵人。不惑於群言，兼聽俯納，賁若一代，號爲英主，臣之所願也」。〔註37〕

〔註36〕宋濂：《元史》，卷102，北京：中華書局，1976年版，第2603頁。

〔註37〕郝經：「立政議」，《元代奏議集錄》，杭州，浙江古籍出版社，1988年版，第84頁。

在此，他建議忽必烈傚仿元魏及金世宗，以本族固有的成法和漢族自唐宋以降相沿襲的成熟封建法典相結合，「去舊污，立新政，創法制」。這個建議既考慮了以漢法治漢地的需要，又暗地裏切合了蒙古族統治者基於征服者自居，不願全盤否定自有的法律制度的微妙心態，故忽必烈深以爲然，在中統元年（1260 年）四月初六日發佈的《皇帝登寶位詔》確定了「祖述變通」的建國指針；同年五月《中統建元詔》又宣稱「稽列聖之洪規，講前代之定制」，〔註38〕表明忽必烈「祖述」與「變通」相結合的法制思想已經形成。

世祖至元八年禁行金律後，五刑制度逐漸發生了變化。但遲至世祖末年，才於至元二十八年（1291 年）五月頒佈了《至元新格》，其內容僅僅是格，基本上沒有《唐律》那樣的條文。尚未能制定出一部足以替代金《泰和律義》的一代之典，故至元時期刑制變化較小。以致至元二十九年二月，世祖仍敕令「申禁鞭背國法，不用徒、流、黥、絞之刑，惟杖臀，自十七分等加至百單七而止」。〔註39〕

成宗繼位伊始，在加速修律進程的同時，頒佈一系列單行條例，對刑制進行了重大變革。

元貞元年（1295 年）七月頒行《侵盜錢粮罪例》，規定：

「倉庫官吏人等盜所主守錢粮，一貫以下決三十七，至十貫杖六十七；每二十貫加一等，一百二十貫徒一年，每三十貫加半年，二百四十貫徒三年；三百貫處死。計贓以至元鈔爲則，諸物依當時估價。應犯徒一年杖六十七，每半年加杖一十，三年杖一百七，皆決訖居役」。〔註40〕

大德五年（1301 年）「欽依施行」的《強竊盜賊通例》更進一步明確規定：

「諸犯徒者，徒一年杖六十七，一年半杖七十七，二年杖八十七，二年半杖九十七，三年杖一百七」。〔註41〕

此二項「聖旨條畫」確立了一年至三年新的五等徒刑，並分別附加決杖

〔註38〕元末至順增修刻本《新編纂圖增類群書類要事林廣記》，《別集》卷三，中華書局 1963 年影印本。轉引自黃時鑒：《元代法律資料輯存》，杭州，浙江古籍出版社 1988 年版，第 43～44 頁。

〔註39〕畢沅：《續資治通鑒》，卷 190《元紀八》，北京，中華書局，1957 年版，第 2329 頁。

〔註40〕何榮祖等：《元典章》，卷 47《刑部九》，北京：中國廣播電視出版社，1998 年版，第 1733～1734 頁。

〔註41〕何榮祖等：《元典章》，卷 49《刑部十一》，北京：中國廣播電視出版社，1998 年版，第 1776 頁。

之制。從而恢復了唐、宋徒刑五等制，又沿襲了遼、金徒刑附加決杖的慣例，形成一種獨特的徒刑制度。

至於流刑，元初以徒及加杖折代執行流刑，但亦有實際執行流刑的少數案例。至大德五年頒行的《強竊盜賊通例》中，已普遍適用流刑。對於元代流刑的適用與制度，筆者將在後文詳細考證。

（二）至元新刑制的基本面貌

以下幾種典型資料描述了至元後新五刑的基本面貌：

其一，文宗天曆二年（1331年）五月成書的《經世大典》之《憲典總序》：

「國初立法以來，有笞、杖、徒、流、死之制，即後世之五刑也。凡七下至五十七用笞。凡六十七至一百七用杖。徒之法，徒一年杖六十七，一年半杖七十七，二年杖八十七，二年半杖九十七，三年杖一百七，此以杖麗徒者也。鹽徒、盜賊既決而又鐐之，使居役也。數用七者，考之建元以前，斷獄皆用成數，今匿稅者笞五十，犯私鹽茶者杖七十，私宰牛馬者杖一百，舊法猶有存者。大德中，刑部尚書王約數上言：『國朝用刑寬恕，笞杖十減其三，故笞一十減為七。今之杖一百者，宜止九十七，不當又加十也。』議者憚論變更，其事遂寢。流則南之遷者之北，北之遷者之南，大率如是。至於死刑，有斬無絞，蓋嘗論之，絞斬相去不至懸絕，鈞為死也，特有殊不殊之分耳，然已從降殺一等。論令，斬首之降即為杖一百七籍流，猶有幸不至死之理。嗚呼仁哉」。〔註42〕

其二，以《經世大典·憲典》為藍本的《元史·刑法一》載：

「其五刑之目：凡七下至五十七，謂之笞刑；凡六十七至一百七，謂之杖刑；其徒法，年數杖數，相附麗為加減，鹽徒盜賊既決而又鐐之；流則南人遷於遼陽迤北之地，北人遷於南方湖廣之鄉；死刑，則有斬而無絞，惡逆之極者，又有陵遲處死之法焉。蓋古者以墨、劓、荆、宮、大辟為五刑，後世除肉刑，乃以笞、杖、徒、流、死備五刑之數。元因之，更用輕典，蓋亦仁矣。世祖謂宰臣曰：『朕或怒，有罪者使汝殺，汝勿殺，必遲回一二日乃覆奏。』斯言也，雖古仁君，何以過之。自後繼體之君，惟刑之恤，凡郡國有疑獄，必遣官覆讞而從輕，死罪審錄無冤者，亦必待報，然後加刑。而大德間，王約復上言：『國朝之制，笞杖十減為七，今之杖一百者，宜止九十七，

〔註42〕蘇天爵：《國朝文類》，卷四二，《四部叢刊》本，轉引自黃時鑒：《元代法律資料輯存》，杭州，浙江古籍出版社1988年版，第90～91頁。

不當又加十也。』……此其君臣之間，唯知輕典之爲尚，百年之間，天下乂寧，亦豈偶然而致哉！然其弊也，南北異制，事類繁瑣，挾情之吏，舞弄文法，出入比附，用譎行私，而凶頑不法之徒，又數以赦宥獲免；至於西僧歲作佛事，或恣意縱囚，以售其奸宄，俾善良者喑啞而飲恨，識者病之。然而元之刑法，其得在仁厚，其失在乎緩弛而不知檢也。今按其實，條列而次第之，使後世有以考其得失，作《刑法志》。《名例》，五刑：笞刑，七下，十七，二十七，三十七，四十七，五十七。杖刑，六十七，七十七，八十七，九十七，一百七。徒刑，一年，杖六十七；一年半，杖七十七；二年，杖八十七；二年半，杖九十七；三年，杖一百七。流刑，遼陽，湖廣，迤北。死刑，斬，陵遲處死」。〔註43〕

其三，元末陶宗儀《南村輟耕錄》：

「國初立法，有笞、杖、徒、流、死之制。凡七下至五十七下用笞；凡六十七至一百七下用杖；徒之法，徒一年杖六十七，一年半杖七十七，二年杖八十七，二年半杖九十七，三年杖一百七，此以杖麗徒者也。鹽徒既決而又鐐之，使居役也。數用七者，建元以前皆用成數。今匿稅者笞五十，犯私茶者杖七十，私宰馬牛者杖一百，舊法猶有存者。大德中，刑部尙書王約數上言：『本國朝用刑寬恕，笞杖十減其三，故笞一十減爲七，今之杖一百者，宜止九十七，不當又加十也。』議者憚於變更，其事遂寢。流則南之遷者之北，北之遷者之南；死則有斬，有陵遲而無絞」。〔註44〕

陶氏此書撰於元末明初。查該段史料字句與《元史·刑法一》所記雷同。推測該書此段記載與其後明官修《元史·刑法一》，均抄自《經世大典·憲典》；或者《元史·刑法一》直接抄自《南村輟耕錄》。

其四，元代沈仲緯《刑統賦疏》（枕碧樓叢書本）：

「笞刑六等：七下、一十七下、二十七下、三十七下、四十七下、五十七下；杖刑五等：六十七下、七十七下、八十七下、九十七下、一百七下；徒刑五等：徒一年、一年半、二年、二年半、三年；流刑三等：流二千里，比移鄉連接，二千五百里，遷徙屯糧，三千里，流遠出軍；死刑二等：絞、

〔註43〕宋濂：《元史》，102，北京：中華書局，1976年版，第2603～2604頁。

〔註44〕李栻輯：《歷代小史》，卷73《南村輟耕錄》·江蘇廣陵古籍書印社，1989年版，轉引自曾代偉：「民族法文化與中華法系」，《現代法學》，2003年第5期，第172頁。

斬」。〔註45〕《刑統賦疏》徒刑五等，顯然漏記附加決杖。

其五，《新元史》：

「名例爲法之本：一曰五刑，笞刑六，自七下至五十七，每十爲一等加減；杖刑五，自六十七至一百七，每十爲一等加減；徒刑五，徒一年，杖六十七，一年半，杖七十七，二年，杖八十七，二年半，杖九十七，三年，杖一百七，每杖十及徒半年爲一等加減；流刑三，二千里比徒四年，二千五百里比徒四年半，三千里比徒五年；死刑二，斬、陵遲處死」。〔註46〕

《新元史》所記，惟流刑三等明確了道里，且列比徒之文。據元中後期適用流刑的實例考得，元代流刑律條的規定失之籠統，雖有流放方向和地點，但並無具體道里之制，迄今亦未檢得服役期限的記載。筆者蠡測，該書誤將元初據「舊例」變通的流刑之制，作爲有元一代之規。

要之，元新五刑應爲：笞刑六等，笞七，十七，二十七，三十七，四十七，五十七；杖刑五等，杖六十七，七十七，八十七，九十七，一百七；徒刑五等，徒一年杖六十七，一年半杖七十七，二年杖八十七，二年半杖九十七，三年杖一百七；流刑，無具體道里之制，遠流東西南北，甚至流高麗、流吐蕃等地；死刑，有斬無絞，重罪陵遲處死。至元八年後的元代新五刑制度見下表：

表七：至元八年後的元代新五刑制度

刑種		刑等及刑度					
笞刑		七	十七	二十七	三十七	四十七	五十七
杖刑		六十七	七十七	八十七	九十七	一百七	
徒刑	主刑	一年	一年半	二年	二年半	三年	
	附加刑	杖六十七下	杖七十七下	杖八十七下	杖九十七下	杖一百七下	
流刑	法定刑	二千里		二千五百里		三千里	
	執行刑	比徒四年		比徒四年半〔註47〕		比徒五年	
死刑		斬					

〔註45〕 沈仲緯，《刑統賦疏》，枕碧樓叢書本，轉引自黃時鑒：《蒙元法律資料輯存》，杭州，浙江古籍出版社，1988年版，第212頁。

〔註46〕 柯劭忞：《新元史》，卷102《刑法志上》，北京：中國書店，1988年版，第475頁。

〔註47〕 《元典章》上雖有比徒四年半的記載，但元代刑制中徒刑是否有四年半一等尚存疑問。筆者將在後文對此進行論述。

第三章　元代死刑考辨

一、古代死刑概說

　　死刑亦稱極刑，是剝奪犯人生命權利的刑罰，為刑罰中最嚴重、最高級的刑罰。古代中國的死刑不僅限於犯罪者一身，還及於其親族。在當時的傳統專制體制下，一人犯法，罪及他人的緣坐、族誅、連坐現象極為普遍。《尚書》中就有「罪人以族」的記載，但史有明載的族刑始於戰國時代的秦國。當時是夷三族。三族一說是父母、兄弟、妻子，一說是父族、母族、妻族。《漢書・刑法志》有載：「秦用商鞅，連相坐之法，造參夷之誅」；此後族誅之刑為前漢所繼承。《漢書・刑法志》中有「漢興之初，雖有約法三章，網漏吞舟之魚，然其大辟，尚有夷三族之令」。的記載。漢後族刑時廢時興，北魏有「門房之誅」；隋煬帝時開始夷九族（九族，指直系血親自高祖至玄孫的九代，亦株連旁系血親至從兄弟）。《隋書・刑法志》記載：「及楊玄感反，帝誅之，罪及九族」。〔註1〕明初「靖難之役」，著名謀臣方孝孺誓死效忠建文帝，甚至被燕王誅十族。因此，死刑從執行情況來看，又分兩種，一種是把犯罪者本人處死，這是一般所說的死刑；一種是把犯罪者和他的同宗族的親屬一起處死，這就是所謂族刑。

　　秦、漢以前的死刑叫「大辟」。執行方式有殺、烹（下油鍋）、肆（殺後暴屍）、醢（剁肉醬）、轘（用車裂人，俗稱「五馬分屍」或「五牛分屍」）、梟首（殺頭並把頭懸在木杆上示眾）。秦代死刑有五等，即車裂、腰斬、梟首、磔（裂人肢體）、棄市（在鬧市殺死並示眾）。漢代死刑有梟首、腰斬、棄市。

〔註1〕　魏徵：《隋書》，卷25《刑法志》，北京，中華書局，1973年版，第717頁。

魏、晉和漢代一樣。隋朝、唐朝死刑主要是絞、斬二種。五代、宋因襲隋、唐也是二種。遼朝死刑除絞、斬外，增加了陵遲（俗稱剮刑），另外還有投高崖、五車、梟、磔、生瘞、射鬼箭、炮擲、支解等殘酷方式。明、清主要是絞、斬。

歷代族刑也多有變遷，誅連的範圍漢、魏同秦，也是夷三族。隋始夷二族，「大逆謀反叛者父子、兄弟皆斬，家口沒官」。〔註2〕隋煬帝時開始夷九族（九族，指直系血親自高祖至玄孫的九代，亦株連旁系血親至從兄弟）。明朝甚至發展到夷十族。

在唐以後歷代刑制中，元代死刑制度獨具特色，與唐宋及明清均有較大差異。而其法定死刑之種類，傳世典籍的記載頗多歧異。曾代偉教授在《元代法定死刑考辨》一文中，曾就歷代典籍中對元代死刑的爭議焦點歸納於以下諸方面：絞刑是否存在、陵遲刑是否入律、元代「處死」之謎、「敲」刑的含義等。曾教授此文考證詳實，立論嚴謹，筆者在考證元代死刑制度的上述相關問題時已很難超越，故本文在論證上述相關問題時主要參考了曾教授的論據和論點。但筆者還需補充一點：曾教授以法定死刑爲考證範圍，故未將元代沒有曾列入律文的一些死刑制度列入考查對象之中。但筆者以爲，元代統治者建立起中國歷史上前所未有的死刑制度，並常以一己之好惡法外處死人犯，因此元代大部分非法定死刑執行方式並無制度上的考證意義，唯「賜死」作爲古代一脈相傳的一種死刑制度，是一種以習慣法形式運作的法定死刑，而元代在「賜死」的方式上有所創新，故亦當列入考辨範圍之中。歷代死刑制度見下表。

表八：戰國以來死刑制度一覽

朝代	常用死刑	族刑	備註
戰國及以前	殺、烹、肆、醢、轘、梟首	夷三族	統稱「大辟」
秦、漢	秦爲車裂、腰斬、梟首、磔、棄市；漢爲梟首、腰斬、棄市。	夷三族	
三國至南北朝	基本等同漢代	時廢時興	元魏稱族刑爲「門房之誅」

〔註2〕 同上注，第 717 頁。

隋、唐	絞、斬	文帝時夷兩族，煬帝時開始夷九族，唐無族刑	唐「謀反」、「大逆」兩罪，父、子年十六以上一同處死
五代、宋、遼、金	絞、斬	基本等同唐代	陵遲成爲遼、金、南宋法定刑

二、元代基本死刑制度考辨

（一）元代絞刑存廢考辨

1. 記載法定死刑「有斬無絞」說的材料如下：

其一，《經世大典·憲典總序》有載：

「至於死刑，有斬無絞，蓋嘗論之，絞斬相去不至懸絕，鈞爲死也，特有殊不殊之分耳。然已從降殺一等論令，斬首之降即爲杖一百七籍流，猶有幸不至死之理。嗚呼仁哉」。〔註3〕

其二，《元史·刑法一》有載：

「其五刑之目：凡七下至五十七，謂之笞刑；凡六十七至一百七，謂之杖刑；其徒法，年數杖數，相附麗爲加減，鹽徒盜賊既決而又鐐之；流則南人遷於遼陽迤北之地，北人遷於南方湖廣之鄉；死刑，則有斬而無絞，惡逆之極者，又有陵遲處死之法焉。蓋古者以墨、劓、荆、宮、大辟爲五刑，後世除肉刑，乃以笞、杖、徒、流、死備五刑之數。元因之，更用輕典，蓋亦仁矣」。〔註4〕

其三，《新元史·刑法志》：

「名例爲法之本：一曰五刑，笞刑六，自七下至五十七，每十爲一等加減；杖刑五，自六十七至一百七，每十爲一等加減；徒刑五，徒一年，杖六十七，年半，杖七十七，二年，杖八十七，二年半，杖九十七，三年，杖一百七，每杖十及徒半年爲一等加減；流刑三，二千里比徒四年，二千五百里比徒四年半，三千里比徒五年；死刑二，斬、陵遲處死。

至於死刑，有斬無絞，以絞斬相去不至縣絕，且從降一等言之，斬之降即爲杖一百七籍流，猶有幸不至死之理焉」。〔註5〕

〔註3〕蘇天爵：《國朝文類》，卷四二，《四部叢刊》本，轉引自黃時鑒：《元代法律資料輯存》，杭州，浙江古籍出版社1988年版，第90～91頁。

〔註4〕宋濂：《元史》，卷102，北京：中華書局，1976年版，第2604頁。

〔註5〕李栻輯：《歷代小史》，卷七十三《南村輟耕錄》，江蘇廣陵古籍書印社，1989年版，轉引自曾代偉：「民族法文化與中華法系」，《現代法學》，2003年第5

其四，元末陶宗儀《南村輟耕錄》：

「……國初立法，……死則有斬，有陵遲而無絞」。〔註6〕不過，陶氏此書撰於元末明初。查該段史料字句與《元史·刑法一》所記雷同。揣測該書此段記載與其後明官修《元史·刑法一》，均抄自《經世大典·憲典》；或者《元史·刑法一》直接抄自《南村輟耕錄》。

而斷言「法定死刑有絞」說也可得到以下材料的支持：

其一，《元典章》所引《五刑訓義》載：「死，義曰絞、斬之坐，刑之極也」。〔註7〕

其二，《元典章》所列判例、條格中時有絞刑。

例一，強奸无夫婦人案。至元二年十一月初三日夜，眞定路民李聚強奸未婚女子郭阿張。法司擬，「舊例，強奸者絞，无夫者減一等。其李聚合徒五年，決徒年杖一百。部擬決一百七下。行下本路斷遣去訖」。〔註8〕

例二，毆打女婿致死案。至元三年正月二十一日，濟南路民劉全支派女婿孫重二掃地篩穀。孫有怨氣並辱罵劉全之父。劉用棍棒拳腳將其毆傷致死。「法司擬即係因閑殺婿事理，舊例，『緦麻三月、爲妻之父母者一同』；又舊例，『若尊長毆卑幼折傷者，緦麻減凡人一等，死者絞。』其劉全合行處死，仍徵燒埋銀數。部准擬呈省斷，将刘全流去迤北鹰房子田地，仍於家属徵燒埋銀兩給主」。〔註9〕

例三，打死定婚夫還活案。濟南路棣州民靳留住與孫歪頭定婚妻慈不揪通姦。靳說要打死孫與慈不揪做夫妻，慈不揪未持異議。至元四年三月八日，靳將孫騙到城上推下未死，又用磚棒打死。但孫次日還活。「法司擬，即係謀殺人巳傷事理。舊例謀殺人巳傷者絞，靳留住合行處死。部准擬呈，省准呈，斷訖。又依舊例，今慈不揪係孫歪頭定婚妻，合同凡人謀殺人為從不行事理。

期，第 172 頁。

〔註6〕 李栻輯：《歷代小史》，卷七十三《南村輟耕錄》，江蘇廣陵古籍書印社，1989年版，轉引自曾代偉：「民族法文化與中華法系」，《現代法學》，2003 年第 5期，第 172 頁。

〔註7〕 何榮祖等：《元典章》，卷 39《刑部一》，北京：中國廣播電視出版社，1998年版，第 1452 頁。

〔註8〕 何榮祖等：《元典章》，卷 45《刑部七》，北京：中國廣播電視出版社，1998年版，第 1653 頁。

〔註9〕 何榮祖等：《元典章》，卷 42《刑部四》，北京：中國廣播電視出版社，1998年版，第 1585 頁。

巳上謀殺人者徒三年，巳傷者絞，巳殺者斬，從而加工者絞，不加工者徒五年；又為從不行行減行者一等。其慈不揪從而不行減行者一等，合於絞罪者上類減二等，合徒四年」。〔註10〕

例四，驅奴砍傷本使案。曹州民吉四兒，被本管頭目余洪賣與陳百戶為驅，遭受陳百戶之弟陳二打罵，遂於至元四年七月十二日夜用斧頭將陳二砍傷。「法司擬議得，吉四兒所招，元係好投拜人戶，被余主簿作驅口轉賣與陳百戶為驅。今本人謀殺陳百戶弟陳二巳傷，理同謀殺凡人定罪。舊例謀殺人巳傷者絞，其吉四兒合行处死。部准擬呈省斷訖」。〔註11〕

例五，奴殺本使案。「西京路申婦問到路驢兒招伏，至元四年八月將本使忽林察用刀子扎死，嚇要本使妻唆魯忽論在逃通奸罪犯。取到本婦招伏相同路驢兒。法司擬，舊例奴婢殺主者皆斬，其路驢兒合行处死。部准擬，呈省准擬。唆魯忽論，法司擬：舊例奴奸主者絞，〔註12〕 婦女減一等，合徒五年；又招之奴殺夫不告罪犯，舊例祖父母父母及夫為人所殺私和者徒四年，虽不私和，知殺期以上親經三十日不告者，減二等徒二年。二罪俱有從重者論。唆魯忽論合徒五年杖八十下，去衣受刑。部擬，既是主被殺害，隨從在逃通奸。前准法司所擬似為尤重，止拠不行首告罪犯，量情六十七下呈。奉省剳：除路驢兒待報外，唆魯忽論不合與賊為妻，諸处藏躲半年不首罪犯，杖一百七下」。〔註13〕

例六，踢打致死案。「順天路申曲陽縣弓手張七於至元四年九月二十五日因差史義伏道口拿賊，為是不伏，因鬥將本人踢打身死罪犯。法司擬，舊例鬥毆殺人者絞，合处死。部准擬處死，省准施行」。〔註14〕

例七，翁奸男婦已成案。至元五年，順天路祁州深澤縣民魏忠，因素次奸淫媳婦張瘦姑被拘押。其供述與張瘦姑告狀相同。「法司擬，舊例奸子孫之

〔註10〕 何榮祖等：《元典章》，卷 42《刑部四》，北京：中國廣播電視出版社，1998年版，第 1596 頁。

〔註11〕 何榮祖等：《元典章》，卷 41《刑部三》，北京：中國廣播電視出版社，1998年版，第 1537 頁。

〔註12〕 前引《元典章》中舊例當為元代法例。元史中也有類似記載，《元史》卷 104《刑法三·大惡》：「諸奴殺傷本主者處死」、「諸奴故殺其主者陵遲處死。」《元史》卷 104《刑法三·奸非》：「諸奴奸主女者處死」。

〔註13〕 何榮祖等：《元典章》，卷 41《刑部三》，北京：中國廣播電視出版社，1998年版，第 1539 頁。

〔註14〕 何榮祖等：《元典章》，卷 42《刑部四》，北京：中國廣播電視出版社，1998年版，第 1571 頁。

婦者絞，其魏忠合行處死，部准擬呈訖，省准訖。張廈姑，法司擬，舊例和
奸本保无夫（婦夫）人罪名者，与男子同，准上合得絞罪；〔註 15〕又雖因本
婦人告首到官，舊例若越度関及奸並不在自首之例，張廈姑亦合處死。部擬，
本婦既是在先魯向伊夫孝說，及今日自首到官，量情擬杖七十七下，從婦歸
宗。呈省准訖」。〔註 16〕

例八，殺死盜奸寢婦奸夫案。至元五年七月十二日晚，冠民縣民張記住因喂
驢宿於驢舍，其妻王師姑在臥室被表兄楊重二「盜奸」。王師姑發覺被騙後即告
訴婆母。張記住聞訊大怒，用刀將楊重二殺死。案發後，法司擬，舊例強奸有夫
婦人者絞，〔註 17〕今被張記住用刀子扎死，即是殺死應死人，捕罪人已就拘收。
及不拒捍而殺，各從鬥殺傷法，用刃者以故殺傷論。罪人本犯應死而殺者，徒五
年。其張記住合徒五年。決徒年杖一百。部擬杖一百七下，省准」。〔註 18〕

其三，《春明夢餘錄》：「元世祖定天下之刑，笞、杖、徒、流、絞五等。
天下死囚，審讞已定，亦不加刑，皆老死於圄圄。自後惟秦王伯顏出天下死
囚，始一加刑，故七八十年之中，老稚不曾覩斬戮，及見一死人頭，輒相驚
駭，可謂勝殘去殺，黎元在海涵春育中矣」。〔註 19〕

元末人葉子奇《草木子》卷三下《雜制篇》亦有類似記載。

其四，《事林廣記》所載《大元通制》（節文）記：「死刑：絞刑、斬刑」。
〔註 20〕

〔註 15〕 前引《元典章》中舊例當爲元代法例。元史中也有類似記載，《元史》卷 104
《刑法三·奸非》：「諸翁欺奸男婦，已成者處死，未成者杖一百七，男婦歸
宗。和奸者皆處死。男婦虛執翁奸已成，有司已加翁拷掠，男婦招虛者，處
死；虛執翁奸未成，已加翁拷掠，男婦招虛者，杖一百七，發付夫家從其嫁
賣。婦告或翁告同。若男婦告翁強姦已成，卻問得翁欲欺奸未成，男婦妄告
重事，笞三十七，歸宗。」

〔註 16〕 何榮祖等：《元典章》，卷 41《刑部三》，北京：中國廣播電視出版社，1998
年版，第 1548 頁。

〔註 17〕 前引《元典章》中舊例當爲元代法例。元史中也有類似記載，《元史·刑法三·
奸非》：「強姦有夫婦人者死，無夫者杖一百七，未成者減一等，婦人不坐。」

〔註 18〕 何榮祖等：《元典章》，卷 42《刑部四》，北京：中國廣播電視出版社，1998
年版，第 1599 頁。

〔註 19〕 沈家本：《歷代刑法考·刑法分考四·絞》，北京：中華書局，1985 年版，第
137 頁。

〔註 20〕 元泰定二年（1325 年）刻本《重刊群書類要事林廣記》別集卷三壬集卷之一。
轉引自黃時鑒：《元代法律資料輯存》，杭州，浙江古籍出版社 1988 年版，第
43～44 頁。

2. 元朝法定死刑「有斬無絞「考證

上述材料多爲經過歷史驗證的元代當時當代或較接近之歷史時期的記載，其眞實性疑義不大。然而，皆爲眞實的材料卻可得出完全相反的兩種結論，元代絞刑之存廢仍舊無法認定。對這個問題，曾代偉教授有極爲精闢的認識。他認爲，「考辨此一問題的關鍵在於認識以下一個事實：元代死刑體制並非一成不變。在元代的不同階段，死刑中或包括絞刑或不包括絞刑，若混淆這些歷史階段則無法得窺元代死刑體制的眞面目」。〔註21〕曾教授的主要觀點有四，滋枚舉如下：

（1）至元八年前司法判例中曾沿用金律適用絞刑的律條

「元興，其初未有法守，百司斷理獄訟，循用金律」。〔註22〕蒙古入主中原漢地後，大量利用金朝降官舊吏治理中原居民，故沿用《泰和律義》處理當地刑名之事也在情理之中。各地官府或法司在審理案件時，通常是按「舊例」即金律之規定進行判決，或提出處理意見報上級有關部門核准、裁決。前述第二組資料引《元典章》所載的 6 件案例，均屬於後者。這些涉及死刑的案件，因案情重大，超出地方司法機關權限，須報經中央刑部直至中書省（一度爲尙書省）裁定核准。由於前揭案例均發生在至元八年之前沿用金律時期，而金代死刑有絞、斬、陵遲等。〔註23〕故法司所引「舊例」律條出現絞刑，就毫不足奇了。

（2）元一代之律中死刑無絞刑之規定

元朝廷長期未能制定出一部足以替代金《泰和律義》的法典，故在司法實踐中，地方官吏或沿用《泰和律義》中關於絞刑的條文，或大量運用「舊例」作爲法司斷獄量刑直接根據，這導致了元初絞刑的適用。但元初曾沿用金律適用絞刑的律條，並不意味著作爲一代之律的元律早先曾規定有絞，後來經過爭論，最後拋棄了絞刑。〔註24〕事實上，細繹《元典章》所載案例，即使援引金律舊例應判決絞刑的案件，也只是將舊例作爲判決的依據。除朝

〔註21〕 曾代偉：「蒙元法定死刑考辨」，《法學家》，2004 年第 5 期，第 60～69 頁。以下對曾先生的觀點的引用一併出自此文，謹此說明。

〔註22〕 宋濂：《元史》，卷 102，北京：中華書局，1976 年版，第 2603 頁。

〔註23〕 參見曾代偉：《金律研究》，臺北：臺灣五南圖書出版公司，1995 年版，第 45 頁。

〔註24〕 參見韓玉林主編：《中國法制通史》，元代卷，北京：法律出版社，1998 年版，第 391 頁

廷裁定減刑者外，其具體執行的死刑，並未明確爲絞刑，而用「處死」以代之。而《元史・刑法志》在「名例・五刑」目中明確「死刑：斬，陵遲處死」之後，與金律舊例相類似的法律條文，都將絞換成了「處死」。

那麼，前引《五刑訓義》、《春明夢餘錄》、《事林廣記》、《草木子》等關於絞刑的記述又作何解？曾教授認爲，上述著作均非元代官修律典，而是當時之人對當時之事的記錄。至元八年之前元司法官吏確實在判例中實施過絞刑，因此這個事實被他們以耳聞目睹觀察到並記載於著作之中，均可能是反映元初沿用金律的史實，但不足以證明元律典中有關於絞刑的法令。

（3）至元八年禁行金律後，絞刑不再適用

至元八年十一月，元世祖敕：「泰和律義令不用者，休依著行者。欽此」。〔註25〕詔令禁行金律。此後，儘管元朝廷長期未能制定出一部足以替代金《泰和律義》的法典，但在司法實踐中，大量運用「舊例」作爲法司斷獄量刑直接根據的情況不再出現，法司斷案不再列具金律條文。稽諸《元典章》，引用金律舊例判決絞刑的案件，皆發生在至元八年以前。此後的案例未見「舊例」字樣，亦未再見適用絞刑的律條。從《元史》中檢得，凡提及「舊例」，多爲本朝慣例和事例。有關適用死刑的詔敕、律條和案例，多用「處死」、「斬」、「陵遲」。如《元史》卷18《成宗一》：大德元年中書省、御史臺臣言：「阿老瓦丁及崔彧條陳臺憲諸事，臣等議，乞依舊例，御史臺不立選，其用人則於常調官選之，惟監察御史首領官，令御史臺自選」。《元史》卷157《劉秉忠傳》：「天下之民未聞教化，見在囚人宜從赦免，明施教令，使之知畏，則犯者自少也。教令既設，則不宜繁，因大朝舊例，增益民間所宜設者十數條足矣」等，只有「劉太平等謀反」案一例用絞。而此案發生在中統元年（1260年）六月，亦在沿用金律期間。

（4）「有斬無絞」說出自信史，其可靠程度較高

從前述第一組資料的載體分析，《經世大典》是元後期一部官修政書，《元史》則是明初據元歷朝《實錄》和《經世大典》編纂的一部官修正史，皆具有較高的史料價值。《新元史・刑法志》所記顯然以《經世大典・憲典》和《元史》爲本。故前三束史料如出一轍，俱可採信；又得元末明初陶宗儀《南村輟耕錄》之佐證，故從狹義上講，忽必烈至元八年正式建立「大元」後，法定死刑的確有斬無絞。

〔註25〕宋濂：《元史》，卷7，北京：中華書局，1976年版，第138頁。

筆者認爲，以上論點是對已有史料全面總結分析後得出的科學結論，還原了元代斬、絞等死刑制度的眞相，是對此問題上史料衝突的合理解釋。然而，曾教授可能忽略了一個因素：元代司法具有很大的隨意性。前文枚舉的案例有可能是遵循法令條文所決，但元時期一則粗糙的法律條文體系遜於唐宋相對完備的制度，二則由於不行科舉隨意選拔司法官吏，其司法官員素質也遠遜前代，故元代的司法斷案有很大的隨意性。可能部分判決是司法官吏有意無視甚或無意疏漏的情況下違背了法律的規定而爲之。故元代有斬無絞誠屬事實，但至元八年以後執行的死刑案例未必無絞，然即或有絞，也對元代刑制有斬無絞並不構成反證。

（二）元代典籍中的「處死」、「死」考辨

如前所述，就法定死刑而言，宋、遼、金均以斬、絞爲主，唯獨元朝是「有斬無絞」。《元史‧刑法一》中關於死刑執行方式有如下記載：「名例……死刑，斬，陵遲處死」。陵遲乃極其慘酷的刑罰手段，歷代皆適用於罪大惡極者，且通常於律條中予以明確。因此從「名例」爲統率律典眾篇之總則的地位，及法律典籍行文邏輯推斷，元代典籍中至元八年以後法律條文的「處死」、「死」，除沒有明文規定爲陵遲的，均應認定爲斬。從《元史‧刑法志》所列1105 條律文檢得，其 135 條死罪條文中，除 9 條規定陵遲外，其餘大多用「處死」、「死」，只有 6 條重罪特地明確用斬，〔註26〕即：

諸方面大臣，受金縱賊成亂者斬，僚佐受金，或阿順不能匡正，並坐罪，會赦仍除名。

諸處斷重囚，雖叛逆，必令臺憲審錄，而後斬於市曹。

諸防戍軍人於屯所逃者，杖一百七，再犯者處死。若科定出征，逃匿者，斬以徇。諸僞造鹽引者斬，家產付告人充賞。

諸茶法，……其僞造茶引者斬，家產付告人充賞。

諸僧道僞造經文，犯上惑眾，爲首者斬，爲從者各以輕重論刑。

另《元史》卷 98《兵一》載有一條軍法：

至元二十年十月，定出征軍人亡命之罪，爲首者斬，餘令減死一等。

《元史》其他紀、傳、志等亦然，涉及死罪的詔敕、案例皆用「處死」、「死」字樣。除縱軍騷擾百姓、權臣濫施淫威等少數事例，用斬作爲非常情況下的臨時處置外，僅從《元史》、《新元史》檢得數件適用斬的案例：

〔註26〕參見曾代偉：「蒙元法定死刑考辨」，《法學家》，2004 年第 5 期，第 64 頁。

《新元史》卷102《刑法志》載，大德五年，河南民殷醜廝等詐稱神靈，扇惑人眾。殷醜廝所及信從、知情不舉者，皆處斬，沒其妻子。而《元典章》卷四一《刑部三·諸惡·大逆》「妖言虛說兵馬」條，記爲段醜廝，未知誰是。

《元史》卷125《忽辛傳》載，大德九年，馬龍州酋謀叛，陰與外賊通，持所受宣敕納賊以示信，事覺，宗王爲左右所蔽，將釋不問，忽辛與劉正反覆研鞫，反狀盡得，竟斬之。

《新元史》卷10《刑法志》載，英宗時，斡魯思訐其父母，又駙馬許納子速怯訐其父謀叛，其母私從人。帝曰：「人子事親，有隱無犯，今有過不諫，復訐於官，豈人子所忍爲」。命斬之。

以上案例雖爲特例，但構成了對前述觀點的反證，對此應當作何理解？筆者認爲，法律用語應當具有嚴謹性。從邏輯而言，如前所述至元八年以後世祖廢除金《泰和律義》，元代死刑中不復出現絞刑，除法定加重的陵遲處死外常態死刑執行方式唯有斬刑一種。因陵遲刑均有明文規定，則官修典章文書中的「處死」、「死」應爲斬，而上述法律條文及案例明確用斬，就屬「多此一舉」。那麼，這個多此一舉是不是史料作者的疏忽或無心之文字編排造成的呢？眾所周知，《元史》是明初根據元歷朝《實錄》和《經世大典》編纂的一部官修正史，《新元史·刑法志》所記顯然以《經世大典·憲典》和《元史》爲本。《實錄》是元代史官所記錄之元代歷朝檔案，《經世大典》是元後期一部官修政書，在這種官修檔案及政書中，對於文字的斟酌是非常嚴肅慎重的，而在《元史·刑法志》所列1105條律文檢得，其135條死罪條文中，除9條規定陵遲外，其餘大多用「處死」和「死」，只有6條重罪特地明確用斬，如此巨大數量的文字上的一致，僅以疏忽或無意來解釋實屬勉強。因此，曾教授認可了元代官修史籍的評論和闡釋：「有斬無絞」，乃在法制上用輕典、行仁政使然，指出：「元廢止絞的初衷，是將死刑（斬）減一等的生命刑，用杖一百七流遠代之。有元一代，此項立法初衷在司法實踐中得到較好的貫徹，從而保全了部分犯人的生命。故留斬去絞看似令刑制更加酷重，而實爲用輕典、行仁政之法」。〔註27〕

筆者認同曾教授的結論。但對其論證過程，筆者認爲尚可用它方式予以完善。如所周知，王國維先生運用現代考古學的成果，結合《史記》、《漢書》等文獻史籍資料，對漢代邊塞和烽燧的考實、玉門關址、樓蘭及海頭城位置

〔註27〕曾代偉：「蒙元法定死刑考辨」，《法學家》，2004年第5期，第67頁。

的確定，西域絲綢之路的探索以及漢代邊郡都尉官僚系統的職官制度的排列等漢晉木簡所涉及的一系列相關問題，逐一做了詳盡的考釋，博大精深，對後人裨益極大。由此他創立的「二重證據法」，即「紙上之材料」與「地下之新材料」相互印證的研究方法，對 20 世紀中國學術研究產生了巨大的影響。以出土文物與史籍記載相比以辯析眞僞也是我們首選的研究方法。然而，對於元代死刑制度中是否有「斬」，如何分析《元史‧刑法志》「處死」、「死」與「斬」並存的矛盾這一問題，尚無出土文獻可堪證明。因史料尚不足以明確作答，筆者認爲，可求助於邏輯學以爲辯析的手段。

讓我們借助邏輯學術語「概念」對此進行分析。傳統邏輯認爲，詞項的內涵是它的含義即概念，是事物的特有屬性的反映。詞項的外延是詞項所指的事物所組成的那個類。近代作爲邏輯教本之一的《波爾—羅亞爾邏輯》，第一次提出了內涵和外延的區別。後來的邏輯學家對這種區別的合理性雖然意見不一，但內涵和外延這兩個術語卻沿用至今。

傳統邏輯由於不考慮空類，因而對於任意兩個可作直言命題主、謂項的詞項「S」和「P」的外延類 S 和類 P 而言，有且只有 5 種可能的關係。它們可用歐拉圖解表示如下：1、S 與 P 有全同（重合）關係，即凡 S 是 P 並且凡 P 是 S。2、S 眞包含於 P，或 P 眞包含 S，即凡 S 是 P 並且有 P 不是 S。3、S 眞包含 P，或 P 眞包含於 S，即有 S 不是 P 並且凡 P 是 S。4、S 與 P 有交叉（部分重合）關係，即有 S 是 P，有 S 不是 P 並且有 P 不是 S。5、S 與 P 有全異關係，即沒有 S 是 P。以上 5 種關係是傳統邏輯討論直言命題的對當關係的基礎。全同關係和眞包含關係都是包含關係，S 包含於 P，或 P 包含 S，即凡 S 是 P。前 4 種關係又合稱相容關係，即有 S 是 P。沒有 S 是 P 又叫做不相容關係。S 眞包含於 P，P 就叫做屬，而 S 則叫做種。一個屬包含有若干個不相容的種，這些種之間相對於該屬的關係叫做並列關係；而每兩個種之間是對立關係；一個屬包含有且只有兩個不相容的種，這兩個種就是矛盾關係。

設 P 是屬，S 是種。這樣，P 的外延就比 S 的外延廣，而 S 的外延就比 P 的外延窄；P 的內涵比 S 的內涵淺，而 S 的內涵則比 P 的內涵深。這就是傳統邏輯所謂詞項的內涵和外延間的反變關係。但這不是一條嚴格的數學規律。在傳統邏輯裏，減少一個詞項的內涵以擴大它的外延，從而過渡到外延較廣的詞項，就叫做概括，一個詞項的內涵以縮小它的外延，從而過渡到外延較窄的詞項，叫做限制。

以上述理論，我們來對《元史‧刑法志》「處死」、「死」與「斬」及「陵遲」進行如下分析：

1.《元史‧刑法一》中關於死刑執行方式有如下記載：「名例，……死刑，斬，陵遲處死」。這個記載用現代漢語可解讀為：死刑包括斬和陵遲處死。這個記載說明，在這裡，以死刑為主項詞項「死刑」S，「斬和陵遲處死」共同為謂項P，二者的外延類S和類P的關係屬於前述歐拉圖解的第一種：S與P有全同（重合）關係，即凡S是P並且凡P是S。也就是說，所有的死刑就是斬刑和陵遲刑，所有的斬刑和陵遲刑都是死刑。在這裏，我們用同義詞「只有」替換「所有的……就是」，則上述主謂項的關係也可描述為：死刑只有斬刑和陵遲刑，只有斬刑和陵遲刑是死刑。

2.《元史‧刑法志》所列1105條律文中的135條死罪條文中，除9條規定陵遲外，其餘大多用「處死」和「死」，只有6條重罪特地明確用斬。在這裡，我們可以1105條律文為主項詞項S，135條死罪條文為謂項詞項P，則二者的關係是S真包含P，或P真包含於S，即有S不是P並且凡P是S。也就是說，《元史‧刑法志》律文包括135條死罪條文，135條死罪條文包括於《元史‧刑法志》律文中，但《元史‧刑法志》中尚有一部分不在135條死罪條文之內。同樣，135條死罪條文中S與9條陵遲條文P1、6條用斬條文P2及其餘用「處死」和「死」的條文P的關係也是真包含關係：S真包含P1、P2、P3，或P1、P2、P3真包含於S，即有S不是P1、P2、P3，並且凡P1、P2、P3都是S。

通過對上述史料的解讀，在這裡主謂項的關係用現代漢語可作如下解讀：死刑包括陵遲；死刑包括「處死」或「死」；死刑包括斬；陵遲是死刑（的一種）；斬是死刑（的一種）；「處死」或「死」是死刑（的一種）。在這裡，死刑是屬，「處死（或死）」、「斬」、「陵遲」是種，是死刑之下的二級概念。

3.「處死」或「死」與「斬」的關係。陵遲作為特別的明定法定死刑，其與其他死刑的全異關係已為典籍載明，無需驗證。「處死」或「死」與「斬」的關係怎麼認定呢？這裡，我們以「處死」或「死」為主項詞項S「斬」為謂項詞項P，如前所述，詞項的內涵是它的含義即概念，是事物的特有屬性的反映。詞項的外延是詞項所指的事物所組成的那個類。在這裡，因為現有資料缺乏和含義不明確，我們無法考證「處死」或「死」與「斬」在內涵上的區別，但是由前述的律文中「處死、死」、「斬」、「陵遲」的各自注明的情況來

看，我們可以這三個詞項各有其所指的事物所組成的那個類，而這三類又共同構成一個大的概念即死刑，而邏輯學告訴我們，在每次劃分後各子項外延之間應當是全異關係，違反這一規則就會犯「子項相容」的邏輯錯誤。正如我們不能說「這裡的西瓜可按重量分成五公斤以下的、四至十公斤的、十公斤以上的」，因爲這將導致同樣的西瓜在分類時置於不同類型之中。因此，在這裡，以「處死」或「死」爲主項詞項 S「斬」爲謂項詞項 P，S 與 P 有全異關係，即沒有 S 是 P。也就是說，「斬」不是「處死」或「死」，「處死」或「死」也不是「斬」。

　　由以上分析，筆者得出的合乎邏輯學的結論是：元代的死刑制度包括三種：作爲特別加重刑的陵遲、作爲較重刑的斬、作爲常用死刑的「處死」或「死」。需要特別強調的是：邏輯學的概念的定義和規則，依如黑格爾等西方哲學家而言，是一種無需後天學習即自在的存在於人類普遍思維模式之中的先驗理性。故筆者以爲，以邏輯方式來思維和考辨是研究學理問題的前提，若以「元代立法者以無邏輯思維的方式來立法」之類的偏見爲分析學術問題之前提，雖可於某一點上作強詞之辯，但用之以解釋普遍現象是則必使學術研究無以爲繼。

三、元代其他法定死刑執行方法

（一）「敲」是元中期的一種法定死刑方法

1.「敲」的立法目的

　　元代的「敲」作爲一種死刑方法，類似前世之棒殺，如隋文帝「嘗發怒，六月棒殺人」；仁壽中，因細故將鴻臚寺官員「皆於西市棒殺，而榜捶（鴻臚寺少卿）陳延，殆至於斃」，〔註 28〕有的棒殺亦稱杖殺，如唐代「德宗性猜忌少恩，然用刑無大濫。刑部侍郎班宏言：『謀反、大逆及叛、惡逆四者，十惡之大也，犯者宜如律。其餘當斬，絞刑者，決重杖一頓處死，以代極法』。故時，死罪皆先決杖，其數或百或六十，於是悉罷之」。〔註 29〕類似記載，史不絕書。可見，棒殺、杖殺的適用，有的屬法外濫用刑，有的出發點則是意圖減輕死刑的殘酷程度。

〔註 28〕魏徵：《隋書》，卷 25《刑法志》，北京，中華書局，1973 年版，第 714 頁。
〔註 29〕歐陽修等：《新唐書》，卷 56《刑法志》，北京，中華書局，1975 年版，第 1417頁。

　　至元八年以後的法律、法規，如大德五年（1301 年）十二月《強竊盜賊通例》等正式斷例彙編，涉及死罪的條文多用「死」或「處死」。因當局怕被後世譏爲「恐涉太重」，在其後的法律文書開始出現「敲」。

　　因此元代的敲、杖殺當屬後者，其意圖是用以代替斬首的處死方法，從而減輕死刑的殘酷性。

2.「敲」的應用

　　元代多有「敲」的應用的記載。例如，至元二十四年十一月揚州路泗州五河縣千戶張應夘，倚仗崔姓達魯花赤權勢，賄賂趙姓禁子，趁本縣吳縣尹熟睡之機，將其殺死。朝廷裁定張千戶等「敲了」。「省府差官与中書省差來官將張應夘等再三審問，已招是實，別無冤抑。於至元二十四年十二月二十四日將各人押赴市曹，明正典刑訖」。〔註30〕

　　《元典章》中此類記載還有很多。如卷 41《刑部三‧諸惡‧大逆》「僞寫国號妖說天兵」條：江浙行省溫州路平陽州「陳空崖坐闡說法，豎立旗號，偽寫羅平國正治元年，妖言惑衆，稱說天兵下降，書寫善慧大言等事。問了招伏，大德元年十月二十四日奏過，將陳空崖爲頭來的四個人敲了」。〔註31〕

　　卷 42《刑部四‧諸殺‧殺奴婢倡優》「打死同驅敲了者」條：至元三十年正月，「廣平路帰勘到打死同驅劉狗兒犯人路黑廝理合處死，燒埋銀即係同居相犯不須追理，都省准擬於至元二十九年十二月初三日奏奉，聖旨節該敲了者，欽此」。〔註32〕

　　卷 49《刑部十一‧強竊盜》「舊賊再犯出軍」條：武宗至大四年七月二十五日聖旨：「今後豁開車子的，初犯呵追了賠贓打一百七下，再犯呵追了賠贓，打一百七下流遠，又三犯呵敲了者。又怯烈司偷盜駱駝、馬匹、牛隻，初犯呵追九個賠贓打一百七流遠者；再犯呵敲了者。又外頭偷盜駱駝、馬匹、牛隻的，初犯呵追九個追贓，打一百七下者，內若有舊賊每呵，數他每先做來的次數，依已定來的例，合配役的交配役，合出軍的交出軍者，不曾做賊的每開讀聖旨之後，再犯呵追了賠贓打一百七流遠者，三犯呵敲了者。偷盜錢

〔註30〕何榮祖等：《元典章》，卷 42《刑部四》，北京：中國廣播電視出版社，1998 年版，第 1567 頁。

〔註31〕何榮祖等：《元典章》，卷 41《刑部三》，北京：中國廣播電視出版社，1998 年版，第 1529 頁。

〔註32〕何榮祖等：《元典章》，卷 42《刑部四》，北京：中國廣播電視出版社，1998 年版，第 1593 頁。

物羊口驢畜的，依先已定來的例，要罪過者，殺了人的敲了者」。〔註33〕

此外還有卷 41《刑部三·諸惡·不睦》「胡參政殺弟」條、卷 49《刑部十一·強竊盜》「拯治盜賊新例」條、卷 49《刑部十一·強竊盜》「盜賊各分首從」條等等，不一而足。

我國古代歷來有因案制法、因人制法的判例法傳統。春秋時期，晉國叔向抨擊鄭國子產「鑄刑書」時所就曾指出：「昔先王議事以制，不為刑辟」。此後雖然以成文法斷案成為立法、執法的基本方式，但因案立法的傳統也未被放棄，故晉代的劉頌在上惠帝疏中明確提出了因事議制的權限和施用範圍：「法欲人奉，故令主者守之；理有窮塞，故使大臣釋滯；事有時立，故人主權斷」，肯定了在特殊情況下重臣和君主突破法律的明文規定處理案件的合理性和正當性。作為一種獨特的死刑執行方式，「敲」也有因人成事的記載。如發佈於延祐四年的《元典章》卷 49《刑部十一·強竊盜》的「處斷盜賊斷例」條規定：延祐四年賊人王留住入官庫行竊，依律當斷一百七下徒三年，但中書省認為，「豁了庶民的房車，剜開窟有定例，偷盜官庫錢物的無定例。有漢人伴當每只說例，有皇帝聖旨了呵便是例也者。俺商量來，入官庫去偷了物的人，難同其餘賊盜，有若斷了罪過交配役呵不中也者。如今將那賊人典刑了誡諭眾人。各处行將文書去，今後以這那入官倉庫去偷錢物的賊，根底敲了作通例」。〔註34〕皇帝准奏後依議施行。此案中王留住如以偷盜論只當徒三年杖一百七下，但中書省以官庫不同私人財物，且皇帝有權以聖旨立斷例為由判其死刑，因此決定「入官倉庫偷錢物的敲了」。這是一件典型的以案定例的造法事例。這裡對「敲」的應用還帶有立法創新的性質。

除了散見於上述記載的關於「敲」的斷例之外，延祐元年十二月二十一日聖旨頒行的《元典章》卷 49 記載的《刑部十一·強竊盜》「處斷盜賊斷例」中對諸盜罪犯如何適用「敲」作了系統的規定。其中相關內容如下：

「強盜持杖傷人的，雖不得財皆死；不曾傷人，不得財斷一百七徒三年，但得財斷一百七交出軍；至二十貫，為首的敲，為從的杖一百七教出軍。

〔註33〕何榮祖等：《元典章》，卷 49《刑部十一》，北京：中國廣播電視出版社，1998年版，第 1778 頁。

〔註34〕何榮祖等：《元典章·典章新集·刑部》，北京：中國廣播電視出版社，1998年版，第 2363～2367 頁。

不待杖傷人，造意為首下手的敲；不曾傷人，不得財斷八十七徒二年，十貫以下斷九十七徒二年半，至二十貫斷一百七徒三年，至四十貫為首的敲余人斷一百七出軍。

因盜而奸同強盜傷人敲，余人依例斷罪。

兩遍作賊的，敲；始謀而未行与不曾得財，減等斷罪；又豁卓子剜房子的賊每傷事主的、起意的、下手的敲，為從的斷一百七出軍；於內有舊賊呵，敲，不曾舊賊呵，出軍。

又初犯怯列司裏偷盜馳馬牛賊每，為首的敲，為從的斷一百七出軍；於內在先作賊，第二遍於怯列司裏偷大頭口的敲。

又初犯偷盜馳馬牛賊每，為首的斷一百七出軍，為從的斷九十七徒三年；於內若有旧賊呵敲。

……

又曾出軍配役來的再做賊呵，敲……」。〔註35〕

此後的延祐六年三月經中書省諮行的《盜賊通例》（載於《元典章新集·刑部·諸盜》「總例」中）主要內容基本上沿襲了《處斷盜賊斷例》，僅用詞有部分修正，不再贅述。

據此似可分析，敲作為斷例中規定一種死刑方法，曾通行於元代中期大德、延祐年間。自至元八年絞刑退出法定死刑後，統治者鑒於斬刑的普遍適用「恐涉太重」，欲以敲刑作為緩衝。因此，雖現有文獻不足以證實，但筆者在此猜度，「敲」可能是「處死」的硬譯公牘字？這似可以合理的解釋上文所考之《元史·刑法一》中「斬」與「處死」並存的矛盾，但尚有待進一步的證據證實。

（二）作為法定加重刑的陵遲

「陵遲」本意指山丘的緩延的斜坡。荀子說：「三尺之岸而虛車不能登也，百仞之山任負車登焉，何則？陵遲故也」。〔註36〕意思是指，三尺高的陡坎，車子便拉不上去，但百仞高的大山因為有平緩的斜坡，車子可以一直拉到山頂。後世將陵遲用作刑罰的名稱，僅取它的緩慢之義，即是說以很慢的速度把人處

〔註35〕何榮祖等：《元典章》，卷49《刑部十一》，北京：中國廣播電視出版社，1998年版，第1784～1785頁。

〔註36〕荀況著，章詩同注：《荀子簡注》，上海：上海人民出版社，1974年版，第320頁。

死。陵遲正是要體現這種慢的意圖，如沈家本《歷代刑法考》所言：「陵遲之義，本言山之由漸而高，殺人者欲其死之徐而不速也，故亦取漸次之義」。〔註37〕

　　陵遲的具體執行方法與斬而磔屍之刑有別。陵遲是生前就一刀一刀地割受刑人身上的肉，直到差不多把肉割盡，才剖腹斷首，使犯人畢命。所以，陵遲也叫臠割、剮、寸磔等，所謂「千刀萬剮」指的就是陵遲。這種把活人零刀割死的做法早已有之，史載宋後廢帝劉昱曾親手將人臠割。北齊文宣帝高洋也常常用臠割的手段來殺人。唐中期安史之亂時，顏杲卿抗擊安祿山兵敗被俘，與袁履謙等人同時被零割。不過，以上案例均為統治者以一己好惡為之，並非執行法定之刑。

　　將陵遲作為正式的刑罰始於五代。但在五代時，已有人意識到陵遲之刑過於殘酷，主張廢棄不用，北宋開國之初，力糾五代弊政，禁止陵遲之刑。宋太祖時頒行的《刑統》，規定重罪應使用斬或絞，沒有陵遲。宋真宗時，內宦楊守珍巡察陝西，督捕盜賊，捕獲賊首數人，他請示朝廷，擬將他們陵遲處死，用以懲戒兇惡的人。真宗下詔，命令將俘虜轉送有司衙門依法論處，不准使用陵遲。到了神宗熙寧、元豐年間，才正式將陵遲列為死刑之一。故《文獻通考・刑制考》說：「陵遲之法，昭陵（宋仁宗陵號）以前，雖凶強殺人之盜，亦未嘗輕用，熙豐間詔獄繁興，口語狂悖者，皆遭此刑」。〔註38〕如熙寧八年（1075 年），沂州百姓朱唐告越州餘姚縣主簿謀反，李逢在被捕後受審時，供詞中牽連了秀州團練使世居和醫官劉育等，朝廷詔令有司審理，結果，李逢、劉育和河中府觀察推官徐革都被陵遲處死。到了南宋，《慶元條法事例》更明確地把陵遲和斬、絞同列為死刑名目。與北宋對峙的遼代也出現了關於陵遲的記載，「死刑有絞、斬、陵遲之屬」。〔註39〕陵遲在遼已為法定刑。遼、宋陵遲刑幾經反覆，至元代終成一代之制，並延續至明清。

　　元代法律規定的死刑有斬首而無絞刑，但陵遲一如前代，成為死刑的一種加重處理方式，法律明文規定對那些惡逆大罪規定可以陵遲處死。元制，「死刑，則有斬而無絞，惡逆之極者，又有陵遲處死之法焉」。「名例，五刑，……死刑：斬，陵遲處死」。〔註40〕查《元史・刑法志》，所載死罪律文凡 135 條，

〔註37〕沈家本：《歷代刑法考・刑法分考二》，北京：中華書局，1985 年版，第 111 頁。
〔註38〕馬端臨：《文獻通考》，卷 166，杭州：浙江古籍出版社，第 1328 頁。
〔註39〕脫脫：《遼史》，卷 61，北京，中華書局，1974 年版，第 936 頁。
〔註40〕宋濂：《元史》，卷 102，北京：中華書局，1976 年版，第 2213 頁。

其中適用陵遲刑 9 條，約占 7%。即《大惡》之「諸謀反已有反狀，爲首及同情者陵遲處死，爲從者處死，知情不首者減爲從一等流遠，並沒入其家」。「諸子孫弒其祖父母、父母者，陵遲處死，因風狂者處死」。「諸因奸毆死其夫及其舅姑者，陵遲處死」。「諸父子同謀殺其兄，欲圖其財而收其嫂者，父子並陵遲處死」。「諸奴故殺其主者，陵遲處死」。「諸以奸盡殺其母黨一家者，陵遲處死」。「諸採生人支解以祭鬼者，陵遲處死，仍沒其家產。其同居家口，雖不知情，並徙遠方。已行而不曾殺人者，比強盜不曾傷人、不得財，杖一百七，徒三年。謀而未行者，九十七，徒二年半。其應死之人，能自首，或捕獲同罪者，給犯人家產，應捕者減半」。《奸非》之「諸婦人爲首，與眾奸夫同謀，親殺其夫者，陵遲處死，奸夫同謀者如常法」。《盜賊》之「諸圖財謀故殺人多者，陵遲處死，仍驗各賊所殺人數，於家屬均徵燒埋銀」。因此，元代陵遲執行時的情形與宋代相似，在其他反映元代社會生活的資料中也有記載。如元雜劇《感天動地竇娥冤》中，竇娥的父親竇天章複審冤案，宣判說：張驢兒「毒殺親爺，奸占寡婦，合擬陵遲，押赴市曹中，釘上木驢，剮一百二十刀處死」。

值得注意的一點是：元代法律條文規定了陵遲刑，但實際案例中並沒有出現執行陵遲刑的記載。這是因爲陵遲又可被稱爲寸磔，而元代的語言習慣使然，在實際執行陵遲刑案例中，刑罰名均被稱爲磔或磔裂，無一處稱陵遲。如至元二十二年正月，「西川趙和尚自稱宋福王子廣王以誑民，民有信者；眞定民劉驢兒有三乳，自以爲異，謀不軌；事覺，皆磔裂以徇」。〔註41〕大德十年三月「河間民王天下奴弒父，磔裂於市」。同年十二月，「磁州民田雲童弒母，磔裂於市」。〔註42〕至大三年二月，「以畏吾兒僧鐵里等二十四人同謀，或知謀不首，並磔於市；鞫其獄者，並升秩二等」。〔註43〕這些磔或磔裂就是法律條文中規定的陵遲刑。可見，元代無論在法律規定上，或在司法實踐中均有陵遲處死之刑。

四、「法酒」與賜死制度

除上述法定死刑制度外，史書中還枚舉了元代時期存在的大量法外死刑方法，例如，《續資治通鑑》卷 190《元紀八》記載：至元二十九年二月，「己

〔註41〕宋濂：《元史》，卷 13，北京：中華書局，1976 年版，第 269 頁。
〔註42〕宋濂：《元史》，卷 21，北京：中華書局，1976 年版，第 454 頁。
〔註43〕宋濂：《元史》，卷 23，北京：中華書局，1976 年版，第 521 頁。

已，申禁鞭背國法，不用徒、流、黥、絞之刑，惟杖臀，自十七分等加至百單七而止。然斬、剮之刑，則又往往濫用之，至其酷也，或生剝人皮；又有三段鏈殺法，未之除也」。〔註44〕

又如，《草木子》中有以下記載：「法酒，用器燒酒之精液取之，名曰哈刺基。酒極醲烈，其清如水，蓋酒露也。每歲於冀寧等路造葡萄酒，八月至大（太）行山中，辨其眞僞。眞者不冰，傾之則流注；僞者雜水即冰凌而腹堅矣。其久藏者，中有一塊，雖極寒，其餘皆冰而此不冰。蓋葡萄酒之精液也，飲之則令人透液而死。二三年宿葡萄酒，飲之有大毒，亦令人死。此皆元朝之法酒，古無有也」。〔註45〕在前文引述的元代各種法典條格之中均未見有關以「法酒」作爲死刑行刑工具的記錄。但是《元史》中確實有關於以毒酒賜死的記錄。

筆者認爲，以毒酒處死雖非元代見諸律文的法定死刑執行方式之一，但在習慣法層面上，它仍可算是一種法定死刑執行方式，是中國傳統的賜死在元代的延續。習慣法作爲不成文法的一種，是指由國家認可並賦予法律效力的習慣。正如美國當代比較法學者 H.W.埃爾曼教授論述：「把單純的習俗（habits）與習慣法區分開來的是後者背後的強制性力量」。〔註46〕元代的賜死制度即具備這一特點。

賜死制度是中國古代君主專制社會特有的一種對身份特殊的人（貴族、大臣、奴婢或妃嬪等）實施的死刑執行制度。因爲這些人與最高統治者的特殊關係，當他們觸犯刑法應當處以死刑時，君主經常允許他們以自殺的方式死於特定場所如家中或獄中，而不是到刑場公開執行死刑。賜死制度最早應該源於商代。

在商周社會獨特的宗法制度下，家國不分，最高統治者天子與各國封君，各級封君與其下級受封者通常在血緣上有密切的關係，即便是沒有血緣關係的封君與附庸之間也通過執行「同姓不婚」的婚姻指導原則建立了密切的姻親關係，最終形成了錯綜複雜的血緣關係。這樣很自然會導致形成君臣一體的和「刑不上大夫」的理念。而奴隸制刑法，死刑「大辟」的各種執行方式

〔註44〕畢沅：《續資治通鑒》，卷190《元紀八》，北京：中華書局，1957年版，第2329頁。

〔註45〕葉子奇：《草木子》，北京：中華書局，1959年版，第64頁。

〔註46〕〔美〕H.W.埃爾曼：《比較法律文化》第43頁，賀衛方、高鴻鈞譯，三聯出版社，1990年。

對犯人帶有強烈的侮辱性質。對具有特定身份的貴族（特別是與統治者有特定人身關係的貴族）執行「大辟」必不可少的會動搖統治者賴以統治的合法性根基。這就為獨立於已有刑律之外的賜死制度的出現提供了條件。

春秋戰國時期中國社會進入了前所未有的劇烈動盪的時代。秦逐一翦滅六國，重新統一中國後，總結各諸侯國變革的經驗，廢除封建制實行郡縣制，建立了全新的大一統的國家政權。此前的宗法制度逐漸發展成為了一種普遍存在的家族制度。在這種制度下，君臣一體的觀點仍然被廣泛認同，因此有明顯的禮遇大臣的性質賜死制度仍然被保留。此後隨著皇權的不斷加強，集權的程度不斷的提高，後代帝王發現了賜死制度的另一種用途：作為一種處死大臣的簡便手段，更有利於實現「君要臣死，臣不得不死」的政治目標。

作為生命刑罰的賜死從未被列入歷代朝廷的正式律典。其首要原因是律典必然要追求條文的精確性和內容的明晰性，如果將賜死列入法定刑罰，其適用將受到律條本身的限制，必然會在某種程度上束縛帝王使其無法隨心所欲的處死臣民。另則中國古代社會雖然以人治為傳統，但代表主流意識形態的歷代明君清官均提倡「王子犯法與庶民同罪」強調法律面前人人平等。基於這個原因，賜死如果列入律典，成為正式刑罰，由於其適用範圍主要限於朝廷重臣及親貴勳戚，必將破壞刑法表面上的平等性。

兩千多年以來，對賜死的記載史不絕書，賜死主要被廣泛的施用用於政治鬥爭的失敗者中，其次才被使用於各種刑事犯罪者之中。各種罪名重者如「謀反」、「穢亂後宮」，自可賜死，而輕者如「牟利營私」、「失職」、「爭權」等，也可賜死。元代關於賜死制度的記載頗多。如大德十一年（1307年）「乃廢皇后伯要眞氏出居東安州賜死，執安西王阿難答、諸王明里鐵木爾至上都，亦皆賜死」。〔註47〕至大二年（1298年）「越王禿剌有罪，賜死」；次年，寧王闊闊出謀為不軌，「事覺，闊闊出下獄，賜其妻完者死」。〔註48〕這些賜死事例中，多有以毒酒賜死的。因此，《草木子》中關於元代「法酒」的記載當有其現實源流，但這僅僅是元代賜死的執行方式之一，並不意味著元代存在一種與「絞」、「斬」性質等同的新的法定死刑。

〔註47〕宋濂：《元史》，卷22，北京：中華書局，1976年版，第478頁。
〔註48〕宋濂：《元史》，卷23，北京：中華書局，1976年版，第528頁。

第四章 元代流刑考辨

一、元代以前流刑的演變

「流」的本意是水流動的意思。東漢許慎在《說文解字》中對它的解釋是：「流，水行也」。先秦文獻中的「流」字多用其本意，如《詩‧大雅‧公劉》中的「觀其流泉」。〔註1〕《文選‧馬融‧長笛賦》中的「䫻淡湷流」。〔註2〕後來，古人創設了流刑這一刑罰，取的就是水流遠方之義。如《史學指南》中對流刑的解釋即為如此：流刑「謂不忍刑殺，宥而竄於邊裔，使其離別本鄉，若水流遠而去也」。〔註3〕

流刑是一種古老的刑罰。《唐律疏議》曰：「書云『流宥五刑。』謂不忍刑殺，宥之於遠也。又曰『五流三宅，五宅三居。』大罪投之四裔，或流之於海外，次九州之外，次中國之外。蓋始於唐虞。今之三流即其義也」。〔註4〕如此則流刑可上溯到傳說中的三皇五帝時代。但早期的流刑並非五刑之屬。明代邱濬考證：「自漢廢肉刑，劓及斬左止改為笞，笞數多者每至於死，少則不足以示懲，於是死罪以下不得不有以通其變，流所以通其變也」。〔註5〕則漢時流刑僅是作為笞之上死罪之下的一種刑罰的便通執行方式，並非法定刑

〔註1〕 朱熹：《詩集傳》，嶽麓書社：長沙，1989年版，第227頁。
〔註2〕 蕭統編，李善注：《文選》，嶽麓書社：長沙，1995年版，第644頁。
〔註3〕 徐元瑞：《吏學指南》，楊訥點校，杭州：浙江人民出版社，1988年版，第67頁。
〔註4〕 長孫無忌等：《唐律疏議》，卷1《名例》，北京：中華書局1983年版，第5頁。
〔註5〕 邱濬：《大學衍義補》，北京：京華出版社，1999年版，第173頁。

之一種。自南北朝流刑始入於律。北魏已有流刑律條，諸如：「賣子有一歲刑；賣五服內親屬，在尊長者死，期親及妾與子婦流」；《法例律》：「諸犯死罪，若祖父母、父母年七十已上，無成人子孫，旁無期親者，具狀上請。流者鞭笞，留養其親，終則從流。不在原赦之例」。「案《律》，公私劫盜，罪止流刑」〔註6〕等。《北齊律》刑名有五：曰死、流、刑、鞭、杖。「流刑，謂論犯可死，原情可降，鞭笞各一百，髡之，投於邊裔，以為兵卒，未有道里之差。其不合遠配者，男子長徒，女子配舂，並六年」。北周《大律》定五刑為杖、鞭、徒、流、死。其中「流刑五，流衛服，去皇畿二千五百里者，鞭一百，笞六十。流要服，去皇畿三千里者，鞭一百，笞七十。流荒服，去皇畿三千五百里者，鞭一百，笞八十。流鎮服，去皇畿四千里者，鞭一百，笞九十。流蕃服，去皇畿四千五百里者，鞭一百，笞一百」，〔註7〕始定道里之制，使流刑制度化。隋《開皇律》確立的笞、杖、徒、流、死五刑制為後世律典所沿襲。其流刑三等，「有一千里、千五百里、二千里。應配者，一千里居作二年，一千五百里居作二年半，二千里居作三年。應住居作者，三流俱役三年。近流加杖一百，一等加三十」。〔註8〕《唐律疏議》為流二千里、二千五百里、三千里，三流俱役一年；加役流則流三千里、役三年。〔註9〕《宋刑統》有所變化：「流刑：加役流決脊杖二十，配役三年。流三千里決脊杖二十，配役一年。流二千五百里決脊杖十八，配役一年。流二千里決脊杖十七，配役一年」。〔註10〕

　　但此後由北方游牧民族建立的遼、金、元諸朝，或因於傳統民族習慣，或宥於戰事頻仍的社會條件，在立法及司法實踐中對流刑作了較大的變通。

　　遼代刑制，「其制刑之凡有四：曰死，曰流，曰徒，曰杖。死刑有絞、斬、陵遲之屬，又有籍沒之法。流刑量罪輕重，置之邊城部族之地，遠則投諸境外，又遠則罰使絕域」。〔註11〕其實施對象多為貴族官僚，如史載，遼「流刑始於太宗，會同時，皇族錫里郎君謀毒通事嘉哩等，命重杖之，及其妻流於巨巴哩密河」。〔註12〕世宗天祿二年（948年）春正月，「天德、蕭翰、劉哥、

〔註6〕魏收：《魏書》，卷111《刑罰志》，北京：中華書局，1974年版，第2885頁。
〔註7〕魏徵：《隋書》，卷25《刑法志》，北京，中華書局，1973年版，第717頁。
〔註8〕魏徵：《隋書》，卷25《刑法志》，北京，中華書局，1973年版，第716頁。
〔註9〕長孫無忌等：《唐律疏議》，卷1《名例》，北京：中華書局，1983年版，第5頁。
〔註10〕竇儀：《宋刑統》，卷1《名例》，北京：中華書局1984年版，第8頁。
〔註11〕脫脫：《遼史》，卷61，北京，中華書局，1974年版，第936頁。
〔註12〕嵇璜等：《續文獻通考》，卷137，商務印書館十通影印本，轉引自曾代偉：曾代偉：《蒙元流刑考辨》，內蒙古社會科學，2004年第5期。

盆都等謀反。誅天德，杖蕭翰，遷劉哥於邊，罰盆都使轄憂斯國」。〔註13〕這是流刑中「罰使絕域」的實例。罪犯不僅免死，而且出使歸來，即除其罪，實乃一種特別的刑罰。興宗重熙七年（1038 年）「南面待御壯骨里詐取女直貢物，罪死；上以有吏能。黥而流之」。〔註14〕道宗大康二年（1076 年）十一月甲戌，「上欲觀《起居注》，修注郎不撅及忽突堇等不進，各杖二百，罷之，流林牙蕭岩壽於烏隗部」。〔註15〕大安二年（1086 年）秋七月「惠妃母燕國夫人剋古厭魅梁王事覺，伏誅，子蘭陵郡王蕭酬斡除名，置邊郡」。〔註16〕此皆爲流「邊城部族之地」的例證。

　　金代流刑仍爲法定刑之一，但實際上並未適用。《金史‧刑志》載，「明昌五年（1194 年），尚書省奏：『在制，《名例》內徒年之律，無決杖之文便不用杖。緣先謂流刑非今所宜，且代流役四年以上俱決杖，而徒三年以下難復不用。婦人比之男子雖差輕，亦當例減。』遂以徒二年以下者杖六十，二年以上杖七十，婦人犯者並決五十，著於《敕條》」。〔註17〕據此所載，金代以不便施行爲由並未實施流刑，在章宗明昌年間規範刑制以後，法定流刑三等，是用徒四年以上並附加決杖代替之。綜合《元典章》卷 39《五刑訓義》等記載，其具體規定是：二千里比徒四年加杖九十，二千五百里比徒四年半加杖九十，三千里比徒五年加杖一百。

　　稽諸《金史》，檢得三例涉及流刑的記述：

　　一是大定時，宋王宗望之子完顏京、完顏文皆以謀反誅。世宗盡以其家財產與其兄完顏齊之子咬住，詔齊妻曰：「汝等皆當緣坐，有至大辟及流竄者。朕念宋王，故置而不問，且以其家產賜汝子。宜悉朕意」。〔註18〕

　　二是章宗時，「適朝議以流人實邊，安仁言：『昔漢有募民實邊之議，蓋度地營邑，制爲田宅，使至者有所居，作者有所用，於是輕去故鄉而易於遷徙。如使被刑之徒寒餓困苦，無聊之心，靡所顧藉，與古之募民實塞不同，非所宜行。』上然之」。〔註19〕

〔註13〕脫脫：《遼史》，卷 5，北京，中華書局，1974 年版，第 64 頁。

〔註14〕脫脫：《遼史》，卷 18，北京，中華書局，1974 年版，第 221 頁。

〔註15〕脫脫：《遼史》，卷 23，北京，中華書局，1974 年版，第 278 頁。

〔註16〕脫脫：《遼史》，卷 24，北京，中華書局，1974 年版，第 292 頁。

〔註17〕脫脫：《金史》，卷 45《刑志》，北京：中華書局，1975 年版，第 1018 頁。

〔註18〕脫脫：《金史》，卷 74《宗望傳》，北京：中華書局，1975 年版，第 1707 頁。

〔註19〕脫脫：《金史》，卷 96《許安仁傳》，北京：中華書局，1975 年版，第 2132 頁。

三是宣宗貞祐二年（1214 年）十二月「登州刺史耿格伏誅，流其妻孥」。〔註20〕

前兩例僅提及律有流刑之罰，但均未實施。最後一例有流刑判決，然未知是否執行時折抵爲徒刑加杖。歷代流刑演變見下表。

表九：元以前流刑演變

朝代	刑等及刑度	附加刑	備註
漢代	笞之上死刑之下刑罰執行方式	無	非法定刑
北魏	無刑等劃分	無	正式入律成爲法定刑
北齊	無刑等劃分	鞭笞各一百，並髠之	論犯可死而原情可降時的替代刑
北周	從流二千五百里至四千五百里分五等，每五百里一等	按流刑等次各笞六十至一百	首次定道理之制，使流刑制度化
隋	分爲流一千里、千五百里、二千里三等	均配役三年，並按等加杖一百、一百三十、一百六十	另有應配者居作之規定
唐	分爲流二千里、二千五百里、三千里三等	均配役一年	加役流流三千里役三年
宋	分爲流二千里、二千五百里、三千里三等	均配役一年，另各決脊杖二十、十八、十七	加役流流三千里役三年並決脊杖二十
遼	分邊城部族之地、投諸境外、罰使絕域	無	並無系統化的刑等制度
金	二千里、二千五百里、三千里	分別比徒四年加杖九十、比徒四年半加杖九十、比徒五年加杖一百	僅爲名義上的刑罰，實際只執行所折比的刑罰，

二、元代初期「循用金律」廢棄流刑

（一）元代入主中原之前當無流刑

根據現有資料似可判斷，在蒙古早期習慣法中就有了流放之刑。《史集》載有成吉思汗的一道訓令：「我們的兀魯黑中若有人違反已確立的札撒，初次違反者，可口頭教訓；第二次違反者，可按必里克處罰；第三次違反者，即

〔註20〕脫脫：《金史》，卷 14《宣宗上》，北京：中華書局，1975 年版，第 306 頁。

將他流放到巴勒眞──古勒術兒的遙遠地方去。此後，當他到那裡去了一趟回來時，他就覺悟過來了。如果他還是不改，那就判他戴上鐐銬送到監獄裏。如果他從獄中出來時學會了行爲準則，那就較好，否則就讓全體遠近宗親聚集起來開會，以做出決定來處理他」。〔註21〕

《蒙古秘史》也有記載：乞顏貴族初立鐵木眞爲汗時，其誓詞稱：「在戰時廝殺之際，如果違背你的命令，可讓我們離開家業和妻兒，可把我們的頭顱丟棄而去！天下太平之時，如果違背你的成命，可讓我們離開家業和妻兒，可把我們拋棄到沒人煙的地方」。〔註22〕

但史籍中雖有上述關於刑制記載的文字，卻未有檢得蒙古人早期流刑實施的案例。而筆者以爲，僅對以上文字進行分析的話，上述文字中，第一例其適用對象僅指宗族（兀魯黑）內部，且未指明流放時間，並且將流放置於監禁之後，且流放後還可回來，再次犯錯才監禁，則這裡所指的流放範圍、幅度均不同於作爲五刑之一的流刑，不當被視爲流刑的習慣法表現形式。第二例作爲一種誓詞，更多的是文學性的表達方式，如「可讓我們離開家業和妻兒，可把我們的頭顱丟棄而去！可讓我們離開家業和妻兒，可把我們拋棄到沒人煙的地方」。根本無具體實施規程，較之第一例更不作符合流刑的表現形式，亦不當視作流刑。故入主中原之前的蒙古人當無流刑，至少在其立法中沒有系統性、規範化的流刑制度。

（二）至元八年之前廢止流刑

在入主中原過程中，元代仿唐宋金制，仍「以笞、杖、徒、流、死備五刑之數」，列流刑爲法定刑之一。但與金代基於類似的原因，元初亦未施行流刑，而以它刑取代之，實質上廢止了流刑。

中統二年（1261 年）八月，忽必烈頒佈《中統權宜條理詔》，其中稱：「據五刑之中，流罪一條，似未可用，除犯死刑者依條處置外，徒年杖數今擬遞減一等，決杖雖多，不過一百七下。著爲定律，揭示多方」。〔註23〕傳世的元代民間類書《事林廣記》（泰定本）收錄的《至元雜令》，其中「笞杖則例」

〔註21〕〔古波斯〕拉施特：《史集》，余大鈞、周建奇譯，北京，商務印書館，1983年版，卷 2，第 359～360 頁。

〔註22〕道潤梯步：新譯簡注《蒙古秘史》，呼和浩特：內蒙古人民出版社，1979 年版，第 88 頁。

〔註23〕王惲：《中堂事記》下，《秋澗先生大全文集》卷 82，《四部叢刊》本。轉引自曾代偉：「蒙元流刑考辨」，內蒙古社會科學，2004 年第 5 期，第 46 頁。

條下列「笞罪三等」,「杖罪」三等,「徒罪」五等,「絞罪至死」,共四種刑罰,沒有列出流刑。〔註24〕白鋼在其主編的《中國政治制度通史》元代卷將此作爲「忽必烈統治初期取消流刑的一個證據」。〔註25〕筆者認同這一觀點,認爲在這一歷史階段元朝實際上取消了流刑。

曾代偉教授以此說不確,並認爲元初並非取消流刑,只是因流刑不便執行而以其他刑罰代替。換言之,其法定刑仍爲流刑,執行刑爲其他刑罰。而《至元雜令》所記,實爲《五刑訓義》所揭元初「循用金律」期間,對金代刑制進行的折合變通,其中流罪分爲三等,折合處以徒刑並加杖。曾教授並列出了元、金流刑的折合變通關係如表十。〔註26〕

表十:金、元流罪刑等折算

金法定流刑	二千里	二千五百里	三千里
金流罪處罰	比徒四年 加杖90	比徒四年半 加杖90	比徒五年 加杖100
元初流罪處罰	徒四年 加杖97	徒四年半 加杖97	徒五年 加杖107

但筆者以爲,這個觀點似可商榷。元代的這一時期,應無流刑。《元典章》記載了至元初的以下三個案例:

例一:至元二年(1265年)四月,「濟南路歸問到韓進狀招:因与親家相爭,將棒於在旁馮阿蘭右肩上誤打一下,因傷身死。法司擬:即係因闘毆而誤殺傷論,致死者減一等合徒五年。部擬一百七下;省斷七十七下,徵燒埋銀」。〔註27〕

例二:至元四年(1267年)正月初二,中都路李三醜於酒後,与朋友騎馬相逐,不意將行人田快活撞倒身死。「法司擬:三丑所犯,即係於城內街上無故走馬,以故殺人情犯。舊例,於城內街巷無故走馬者,笞五十;以故殺

〔註24〕元泰定二年(1325年)刻本《重刊群書類要事林廣記》壬集卷之一。轉引自黃時鑒:《元代法律資料輯存》,杭州,浙江古籍出版社1988年版,第43～44頁。

〔註25〕參見白鋼主編《中國政治制度通史,第8卷《蒙元》,北京:人民出版社1993年版,第321頁

〔註26〕曾代偉:「蒙元流刑考辨」,內蒙古社會科學,2004年第5期,第46頁。

〔註27〕何榮祖等:《元典章》,卷42《刑部四》,北京:中國廣播電視出版社,1998年版,第1573頁。

傷人者，減鬥殺傷一等。其李三丑合徒五年。部擬量決七十七下准法擬追錢。
省斷準擬徵錢二百貫，与被死之家」。〔註28〕

　　例三：至元四年（1267年）七月初八，濮州館陶縣王狗兒在船上与翟二
相戲作耍，不意失手將其推下河裏淹死。「法司擬：王狗兒所犯，即係戲殺事
理。舊例，戲殺傷人者，減鬥殺傷人二等。謂以力共戲而致死傷者，雖扣以
刃若乘高履危及入水中以故燒傷者，准減一等。其王狗兒合徒五年，決徒年杖
一百，仍徵依例燒埋銀五十兩給付苦主，以充燒埋之費。部擬王狗兒決杖一
百七下，徵銀五十兩」。〔註29〕

　　上述三例發生在至元初循用金律時期。依金律，鬥毆殺人者絞，減死一
等的法定刑應爲流三千里。而據金比徒五年、杖一百的舊例，分別判處徒五
年加決杖一百七或徒五年。但在以上判決中，並未指出是依金例以流比徒，
而是直接判決徒刑，並均有大幅度減輕處罰的情況，且附帶有元代特色的燒
埋銀。以此而言，法無明文規定流刑，判決書中也無明文宣告徒刑是用以代
替流刑，則法定刑、宣告刑、執行刑中均無流刑之名，以此爲標準認定，刑
制中無流刑的判斷應當是符合事實的。

　　不過，在此期間還是有實際執行流刑的個別案例：如：

　　劉全毆打女婿致死案。至元三年（1266年）正月二十一日，濟南路民劉
全支派女婿孫重二掃地篩穀。孫有怨氣並辱罵劉全之父。劉用棍棒拳腳將其毆
傷致死。「法司擬即係因鬥殺婿事理，舊例，緦麻三月、爲妻之父母者一同；
又舊例，若尊長毆卑幼折傷者，緦麻減凡人一等，死者絞。其劉全合行處死，
仍徵燒埋銀數。部准擬呈省斷，將劉全流去迤北鷹房子田地，仍於家屬徵燒
埋銀給主」。〔註30〕

　　司都喜製造偽鈔案。至元七年（1270年）二月八日，德州民糾合蘇瘦兒
等共七人，印造偽鈔950貫。官府將蘇瘦兒等斷訖，擬定司都喜合行處死。「都
省議得：司都喜所招印造偽鈔，未曾使用紅印、墨條印，事發到官，罪犯即
係偽造未成。並部卷內該本處官司驗得，委的不似眞鈔，難以行使。爲此照

〔註28〕何榮祖等：《元典章》，卷42《刑部四》，北京：中國廣播電視出版社，1998
　　　年版，第1579頁。
〔註29〕何榮祖等：《元典章》，卷42《刑部四》，北京：中國廣播電視出版社，1998
　　　年版，第1577頁。
〔註30〕何榮祖等：《元典章》，卷42《刑部四》，北京：中國廣播電視出版社，1998
　　　年版，第1585頁。

得已前斷例，使僞鈔的斷一百七下。若依例杖斷，恐礙鈔法，擬將司都喜比其餘爲首印造僞鈔已成中使的人，減死一等，流入直北鷹房子種田處住坐。於至元七年閏十一月十六日聞奏過。奉聖旨：依著您的言語者。欽此」。〔註31〕

筆者以爲，這些案例其實是對當時通行的《泰和律義》的突破，體現了元代法制的不穩定性。在這裡，流刑應當是一種非法定刑罰，它其實反映了中國古代法制的一個典型現象，常以非法定刑懲戒罪犯，統治者的意志常凌駕於法令之上。

三、定型以後的元代流刑

至元八年十一月，忽必烈正式將國號「大蒙古國」改爲「大元」，爲彰顯新朝更始，萬象更新，遂詔令：「泰和律義令不用，休依著那者。欽此」。〔註32〕此後新的刑罰制度通過歷代皇帝的詔敕、中央政府制定的《至元新格》、《大元通制》、《至正條格》等法規的頒行而逐步形成，流刑亦開始實施。

（一）元代關於流刑的法律條文

《元史・刑法志》及《元典章》等元代史料收錄了據世祖以降歷代詔制、條格、斷例編纂的部分法律條文 1100 餘條，曾代偉教授《蒙元流刑考辨》一文中列舉了從中檢得直接涉及流罪的法條 47 條。茲引用如下：

《衛禁》：諸擅帶刀闌入殿庭者，杖八十七，流遠。

《職制》：諸毀匿邊關文字者，流。

諸有司各處遞至流囚，輒主意故縱者，杖六十七，解職，降先品一等敍，刑部記過。

諸捕盜官，輒受人遞至匿名文字，枉勘平人爲盜，致囚死獄中者，杖九十七，罷職不敍；正問官六十七，降先職二等敍；首領官笞四十七，注邊遠一任；承吏杖六十七，罷役不敍；主意寫匿名文書者，杖一百七，流遠；遞送匿名文書者，減二等；受命主事遞送者，減三等。

諸流囚，強盜持杖不曾傷人，但得財，若得財至二十貫，爲從；不持仗，不曾傷人，得財四十貫，爲從；及竊盜，割車剜房，傷事主，爲從；不曾傷

〔註31〕何榮祖等：《元典章》，卷 20《戶部六》，北京：中國廣播電視出版社，1998 年版，第 792 頁。

〔註32〕何榮祖等：《元典章》，卷 18《戶部四》，北京：中國廣播電視出版社，1998 年版，第 686 頁。

事主，但曾得財；不曾得財，內有舊賊；初犯怯烈司盜駝馬牛，爲從；略賣良人爲奴婢一人；詐雕都省、行省印；套畫省官押字，動支錢糧，干礙選法；或妄造妖言犯上：並杖一百七，流奴兒干。初犯盜駝馬牛，爲首；及盜財三百貫以上；盜財十貫以下，經斷再犯；發冢開棺傷屍，內應流者；挑剜裨湊寶鈔，以眞作僞，再犯；知情買使僞鈔，三犯，並杖一百七，發肇州屯種。

諸犯罪流遠逃歸，再獲，仍流。若中路遭亂而逃，不再犯，及已老病並會赦者，釋之。

諸流囚居役，非遇元正、寒食、重午等節，並勿給假。

諸應徒流，未行，會赦者釋之；已行未至，會赦者亦釋之。

諸有罪，奉旨流遠，雖會赦，非奏請不得放還。

諸徒罪，晝則帶鐐居役，夜則入囚牢房。其流罪發各處屯種者，止令監臨關防屯種。

諸流遠囚徒，惟女直、高麗二族流湖廣，餘並流奴兒干及取海青之地。

諸獄具，枷長五尺以上，六尺以下，闊一尺四寸以上，一尺六寸以下，死罪重二十五斤，徒流二十斤，杖罪一十五斤，皆以幹木爲之，長闊輕重各刻誌其上。

《戶婚》：諸女子已許嫁而未成婚，其夫家犯叛逆，應沒入者，若其夫爲盜及犯流遠者，皆聽改嫁。已成婚有子，其夫雖爲盜受罪，勿改嫁。

《食貨》：諸私鹽再犯，加等斷徒如初犯，三犯杖斷同再犯，流遠，婦人免徒，其博易諸物，不論鉅細，科全罪。

諸犯私鹽，被獲拒捕者，斷罪流遠，因而傷人者處死。

《大惡》：諸大臣謀危社稷者誅。諸無故議論謀逆，爲倡者處死，和者流。

諸謀反已有反狀，爲首及同情者陵遲處死，爲從者處死，知情不首者減爲從一等流遠，並沒入其家。其相須連坐者，各以其罪罪之。

諸因爭移怒，戳傷其兄者，於市曹杖一百七，流遠。

諸妻魘魅其夫，子魘魅其父，會大赦者，子流遠，妻從其夫嫁賣。

《奸非》：諸與弟妻奸者，各杖一百七，奸夫流遠，奸婦從夫所欲。

另外，《元典章》卷49《刑部十一》記載了大德五年十二月二十六日後頒行的《強竊盜賊通例》。其中也有一系列適用流刑的規定：

1.《盜賊》：諸杖罪以下，府州追勘明白，即聽斷決。徒罪，總管府決配，仍申合干上司照驗。流罪以上，須牒廉訪司官，審覆無冤，方得結案，依例

待報。其徒伴有未獲，追會有不完者，如複審既定，贓驗明白，理無可疑，亦聽依上歸結。

諸強盜持仗但傷人者，雖不得財，皆死。不曾傷人，不得財，徒二年半；但得財，徒三年；至二十貫，為首者死，餘人流遠。

諸盜庫藏錢物者，比常盜加一等，贓滿至五百貫以上者流。

諸劇賊既款附得官，復以捕賊為由，虐取民財者，計贓論罪，流遠。

諸奴盜主財，應流遠，而主求免者聽。

諸守庫藏軍人，輒為首誘引外人偷盜官物，但經二次三次入庫為盜，又提鈴把門人，受贓縱賊者，皆處死。為從者杖一百七，刺字流遠。

諸掏摸人身上錢物者，初犯、再犯、三犯，刺斷徒流，並同竊盜法，仍以赦後為坐。諸略賣良人為奴婢者，略賣一人，杖一百七，流遠；

諸白晝剽奪驛馬，為首者處死，為從減一等流遠。

諸出軍賊徒在逃，初犯杖六十七，再犯加二等，罪止一百七，仍發元流所出軍。

2.《詐偽》諸偽造省府印信文字，但犯制敕者處死。若偽造省府箚付者，杖一百七，再犯流遠。

諸掾屬輒造省官押字，盜用省印，賣放官職者，雖會赦，流遠。

買使偽鈔者，初犯杖一百七，再犯加徒一年，三犯科斷流遠。

諸挑剜綳襻寶鈔者，不分首從，杖一百七，徒一年，再犯流遠。

《鬥毆》：諸豪橫輒誣平人為盜，捕其夫婦男女，於私家拷訊監禁，非理陵虐者，杖一百七，流遠。其被害有致殘廢者，人徵中統鈔二十錠，充養贍之貲。

諸尊長輒以微罪刺傷弟侄雙目者，與常人同罪，杖一百七，追徵贍養鈔二十錠給苦主，免流，識過於門；無罪者，仍流。

諸弟雖聽其兄之仇，同謀剜其兄之眼，即以弟為首，各杖一百七，流遠，而弟加遠。

諸卑幼挾仇，輒刺傷尊長雙目成廢疾者，杖一百七，流遠。

諸以刃刺破人兩目成篤疾者，杖一百七，流遠，仍徵中統鈔二十錠，充養贍之貲，主使者亦如之。

諸挾仇傷人之目者，若一目元損，又傷其一目，與傷兩目同論，雖會赦，仍流。

3.《殺傷》：諸部民毆死官長，主謀及下手者皆處死，同毆傷非致命者，杖一百七，流遠，均徵燒埋銀。

諸奴受本主命，執仇殺人者，減死流遠。

4.《禁令》：諸陰陽家者流，輒爲人燃燈祭星，蠱惑人心者，禁之。

諸亂製詞曲爲譏議者，流。

5.《雜犯》：諸頻犯過惡，累斷不改者，流遠。

諸凶人殘害良善，強將男子去勢，絕滅人後，幸獲生免者，杖一百七，流遠。

6.《捕亡》：諸已斷流囚，在禁未發，反獄毆傷禁子，已逃復獲者，處死；未出禁杖一百七，發已擬流所。

另見諸《元史》其他各篇及其他史籍的規定有：

《元史》卷8《世祖五》：至元十二年二月，「禁民間賭博，犯者流之北地」。

《元典章》卷57《刑部十九·諸禁·禁賭博》「抹牌賭博斷例」亦載：刑部「照得至元二十三年二月內欽奉聖旨，禁約諸人不得賭博錢物，如有違反之人，許諸人捉拿到官，將犯人流去迤北遠田地裏種田者。欽此。」後中書省擬定，賭博者各決杖七十七。

《元史》卷101《兵四》弓手：「元制，郡邑設弓手，以防盜也。內而京師，有南北兩城兵馬司，外而諸路府所轄州縣，設縣尉司、巡檢司、捕盜所，置巡軍弓手，而其數則有多寡之不同。職巡邏，專捕獲。官有綱運及流徙者至，則執兵仗導道，以轉相授受。外此則不敢役，示專其職焉。」

《元史》卷93《食貨一》：延祐經理法：其法先期揭榜示民，限四十日，以其家所有田，自實於官。或以熟爲荒，以田爲蕩，或隱占逃亡之產，或盜官田爲民田，指民田爲官田，及僧道以田作弊者，並許諸人首告。十畝以下，其田主及管幹佃戶皆杖七十七。二十畝以下，加一等。一百畝以下，一百七；以上，流竄北邊，所隱田沒官。郡縣正官不爲查勘，致有脫漏者，量事論罪，重者除名。此其大略也。

其他見諸史籍的案例有：

至元二十年（1283年）正月，和禮霍孫言：「自今應訴事者，必須實書其事，赴省、臺陳告。其敢以匿名書告事，重者處死，輕者流遠方；能發其事者，給犯人妻子，仍以鈔賞之」。皆從之。〔註33〕

〔註33〕宋濂：《元史》，卷12，北京：中華書局，1976年版，第249～250頁。

　　大德七年（1303 年）正月，有人在御史臺殿中司門前放了一件匿名文書。御史臺奏稱，世祖時中山府曾發生薛寶仁投無頭文字案。當時有聖旨：「撒無頭文字的人根底，任誰拏住呵，若是他寫的言語重呵，將本人敲了，將他底媳婦孩兒斷与拿住的人更与賞分銀二十定；若寫底輕呵，將本人流遠，拿住的人根底，將犯人媳婦孩兒斷与，更与賞錢一十定。如今依在先聖旨体例裏，若是寫的重呵，將本人敲了，將他的媳婦孩兒拿住的人根底斷与，更他的賞錢与二十定的，与一百定；若寫的輕呵，將本人流遠，他的媳婦孩兒拿住的人根底斷与，更他的賞分与十定的与五十定。省官人每根底說与交行榜文呵，怎生奏呵，那般者麼道聖旨了也。」〔註34〕

　　大德九年（1305 年）五月，諸處罪囚淹繫五年以上，除惡逆外，疑不能決者釋之。流竄遠方之人，量移內地。〔註35〕

　　武宗至大四年（1311 年）十二月，曲赦大都大辟囚一人，並流以下罪。〔註36〕

　　延祐元年（1314 年）正月，詔改元延祐。釋天下流以下罪囚。〔註37〕

　　延祐七年（1320 年）三月，徵諸王、駙馬流竄者，給侍從，遣就分邑。〔註38〕

　　大德五年（1301 年）十二月《強竊盜賊通例》：「諸盜經斷後仍更為盜，前後三犯杖者徒，三犯徒者流，又而再犯者死。強盜兩犯亦死」。〔註39〕

　　《刑統賦疏》：「司天臺執事者，恐泄天文，不可流之遠方。」〔註40〕

　　可見，與唐宋刑制不同，元法律條文設定的流刑是籠統的，通常用「流遠」、「杖一百七，流遠」、「流」表示，並未標明道里遠近，除兩處之外，也未指定流放地點。這一點其實已被當時的司法官員所察覺。例如《元典章》所載，大德十一年正月，有行御史臺反映流遠賊人「常有逃逸回而再犯」的

〔註34〕 何榮祖等：《元典章》，卷53《刑部一五》，北京：中國廣播電視出版社，1998年版，第1951～1952頁。
〔註35〕 宋濂：《元史》，卷21，北京：中華書局，1976年版，第437頁。
〔註36〕 宋濂：《元史》，卷24，北京：中華書局，1976年版，第495頁。
〔註37〕 宋濂：《元史》，卷25，北京：中華書局，1976年版，第501頁。
〔註38〕 宋濂：《元史》，卷27，北京：中華書局，1976年版，第539頁。
〔註39〕 何榮祖等：《元典章》，卷49《刑部十一》，北京：中國廣播電視出版社，1998年版，第1733頁。
〔註40〕 沈仲緯《刑統賦疏》，第90頁，《枕碧樓叢書》本。轉引自黃時鑒：《蒙元法律資料輯存》杭州，浙江古籍出版社，1988年版，第212頁。

情況；認爲其原因是「緣奏准明文不曾定到里數，並合流去處何他（地），所是何官司交割，別無所守通例」〔註41〕這就爲當權者適用流刑的隨意性留有餘地。

（二）元代適用流刑的具體案例舉要

在《元史》、《新元史》和《元典章》等文獻中，檢得至元八年以後具體適用流刑的部分案件，按年代爲序羅列如次〔註42〕：

至元十二年（1275年）二月，洺磁路總管姜毅捕獲農民郝進等四人，造妖言惑眾，敕誅進，餘減死流遠方。〔註43〕

至元十二年十二月西川滄溪知縣趙龍遣間使入宋，敕流遠方，籍其家。〔註44〕

至元二十二（1285年）年正月，流征占城擅還將帥二十三人於遠方。〔註45〕

至元二十八年（1291年）七月，給還行臺監察御史周祚妻子。祚嘗劾行尚書省官，桑哥誣以他罪，流祚於憨答孫，妻子家貲入官，及是還之。〔註46〕

元貞元年（1295年）五月，流別閣於江西，從月的迷失討賊自效。〔註47〕

大德七年（1303年）正月，流硃清、張瑄子孫於遠方，仍給行費。〔註48〕

大德七年十月，太原路賀來福偷盜本使耿忠銀物，議得計贓例應流遠。既本主告免，斷九十七下，分付本主。都省准擬。〔註49〕

大德八年（1304年）三月十六日奏過事內一件案例：「去年冬間有一起賊人，將百姓每的媳婦孩兒，掠將去那个城子裏買做奴婢的吳馬兒等一起賊人拿住，取了招伏，上位奏過，名正典刑的正典刑了，合杖斷一百七下下流遠

〔註41〕 何榮祖等：《元典章》，卷49《刑部十一》，北京：中國廣播電視出版社，1998年版，第1779頁。

〔註42〕 以上案例部分爲曾代偉教授所整理，參見曾代偉：「蒙元流刑考辨」，內蒙古社會科學，2004年第5期，第47～48頁。

〔註43〕 宋濂：《元史》，卷8，北京：中華書局，1976年版，第161頁。

〔註44〕 同上注，171頁。

〔註45〕 宋濂：《元史》，卷13，北京：中華書局，1976年版，第272頁。

〔註46〕 宋濂：《元史》，卷16，北京：中華書局，1976年版，第349頁。

〔註47〕 柯劭忞：《新元史》，卷13《成宗上》，北京：中國書店，1988年版，第52頁。

〔註48〕 柯劭忞：《新元史》，卷14《成宗下》，北京：中國書店，1988年版，第56頁。

〔註49〕 何榮祖等：《元典章·典章新集·刑部》，北京：中國廣播電視出版社，1998年版，第2384頁。

的流遠了的，合配役的交配役了來。因着這的每俺商量來，若不嚴切禁治呵，賊人每日漸的多去也。今後諸掠誘良人為奴婢者，畧賣一个人斷一百七下流遠；二人巳上処死；為自巳妻妾子孫者斷一百七下徒三年」。〔註50〕

大德八年六月十七日，陝西行省安西路李保「偷盜訖本使蠻子回：中統鈔六十定、金一十一兩。贓滿五百貫，罪該流遠。本部议得，李保盜本使蠻子回：金子、鈔定，令人捉獲，欲將李保貨賣。弓手告發到官，估計所盜贓物已該流罪。緣奴盜主財，兼本使不曾申官，以此叅詳，擬合比例免流，依上斷決九十七下，分付本使收管。相應都省准擬施行」。〔註51〕

大德八年十月，杖流吳祈、石天補等於安西。〔註52〕

武宗至大二年（1309年）二月，部檢舊例，流刑有三，皆以里數定立程限，限內遇赦則原。無故違限則不原。今遼陽離大都一千五百餘里，其流囚別無素定程限。賊人吳喜兒等至行省遇赦，未及流所，欽依免放流囚中途遇革放退。〔註53〕

至大二年十月，杖流洪重喜於潮州。〔註54〕

至大二年十一月，諸王孛蘭奚以私怨殺人，當死，大宗正也可札魯忽赤議，孛蘭奚貴為國族，乞杖之，流北鄙從軍，從之。〔註55〕

仁宗皇慶二年（1313年）三月，杖流高麗陪臣事思溫、金深於臨洮。〔註56〕

延祐五年（1318年）七月，諸王不里牙敦之叛，諸王也舍、失列吉及衛士朵帶、伯都坐持兩端，不助官軍進討，敕流也舍江西，失列吉湖廣，朵帶衡州，伯都潭州。〔註57〕

延祐七年（1320年）六月，流徽政院使米薛迷幹於金剛山。十二月，流

〔註50〕 何榮祖等：《元典章》，卷57《刑部十九》，北京：中國廣播電視出版社，1998年版，第2041～2042頁。
〔註51〕 何榮祖等：《元典章·典章新集·刑部》，北京：中國廣播電視出版社，1998年版，第2384頁。
〔註52〕 柯劭忞：《新元史》，卷14《成宗下》，北京：中國書店，1988年版，第56頁。
〔註53〕 沈仲緯：《刑統賦疏》，枕碧樓叢書本。轉引自黃時鑒《蒙元法律資料輯存》第190頁。浙江古籍出版社1988年版。
〔註54〕 柯劭忞：《新元史》，卷15《武宗》，北京：中國書店，1988年版，第60頁。
〔註55〕 宋濂：《元史》，卷23，北京：中華書局，1976年版，第519頁。
〔註56〕 同上注，第64頁。
〔註57〕 宋濂：《元史》，卷26，北京：中華書局，1976年版，第585頁。

前高麗王謜於吐蕃撒思結之地。〔註58〕

延祐七年八月，脫思馬部宣慰使亦憐眞坐違制不發兵，杖流奴兒干之地。〔註59〕

英宗至治元年（1321年）二月，殺監察御史觀音保、鎖咬兒哈的迷失，杖流監察御史成圭、李廉亨於奴兒干。三月，宦者孛羅鐵木兒坐罪，流奴兒干地。〔註60〕

至治二年（1322年）正月，流徽政院使羅源於耽羅。五月泰符、臨邑二縣民謀逆，其首王驢兒伏誅，餘杖流之。諸王阿馬、承童坐擅徙脫列捏王衛士，並杖流海南。〔註61〕

至治三年（1323年）八月，將作院使哈撒兒不花坐罔上營利，杖流東裔，籍其家。〔註62〕

泰定二年（1325年）十一月，「息州民趙醜廝、郭菩薩妖言彌勒佛當有天下，有司以聞，命宗正府、刑部、樞密院、御史臺及河南行省官雜鞫之。郭菩薩伏誅，杖流其黨」。〔註63〕

文宗天曆元年（1328年），御史臺臣言：「也先捏將兵擅殺官吏，俘掠子女貨財。」詔刑部鞫之，籍其家，杖一百七，流南寧府。後復爲御史所劾，以不忠、不敬，伏誅。〔註64〕

天曆元年九月，殺兀伯都剌、鐵木哥，流朵朵、王士熙、伯顏察兒、脫歡等於遠州，並籍其家。〔註65〕

天曆元年十二月，中書省臣言：「陝西行省、行臺官，焚棄詔書，坐罪當流，雖經赦宥，永不錄用爲宜」。制可。〔註66〕

文宗至順元年（1330年）二月，流王禪子帖木兒不花於吉陽軍。〔註67〕

〔註58〕柯劭忞：《新元史》，卷18《英宗》，北京：中國書店，1988年版，第68頁。

〔註59〕宋濂：《元史》，卷27，北京：中華書局，1976年版，第603頁。

〔註60〕同上注，第605頁。

〔註61〕宋濂：《元史》，卷28，北京：中華書局，1976年版，第619頁。

〔註62〕同上注，第633頁。

〔註63〕柯劭忞：《新元史》，卷103《刑法志下》，北京：中國書店，1988年版，第478頁。

〔註64〕柯劭忞：《新元史》，卷103《刑法志下》，北京：中國書店，1988年版，第478頁。

〔註65〕柯劭忞：《新元史》，卷21《文宗上》，北京：中國書店，1988年版，第76頁。

〔註66〕宋濂：《元史》，卷32，北京：中華書局，1976年版，第722頁。

〔註67〕柯劭忞：《新元史》，卷22《文宗下》，北京：中國書店，1988年版，第78頁。

至順元年閏 7 月，行樞密院言：「征戍雲南軍士二人逃歸，捕獲，法當死。」詔曰：「如臨戰陣而逃，死宜也。非接戰而逃，輒當以死，何視人命之易耶？其杖而流之」。〔註68〕

至順二年七月，監察御史張益等劾四川行省平章政事欽察臺反覆不可信任，流欽察臺於廣東，同妻孥禁錮。〔註69〕

至順三年（1332 年）七月，燕鐵木兒言：「諸王徹徹禿、沙哥，昔坐罪流南荒，乞賜矜閔，俾還本部」。從之。〔註70〕

順帝後至元元年（1335 年）十月，流諸王晃火帖木兒及答里、唐其勢子孫於北邊。癸亥，流御史大夫完者帖木兒於嶺南。〔註71〕

後至元元年閏十二月，流徹里帖木兒於南安。〔註72〕

（三）元代流放地範圍

關於元代的流放地，元代史料有以下記載。

《元史》：「流則南人遷於遼陽迤北之地，北人遷於南方湖廣之鄉」；「流刑：遼陽，湖廣，迤北」；「諸流遠囚徒，惟女直、高麗二族流湖廣，餘並流奴兒干及取海青之地」。〔註73〕

延祐六年七月，「命分簡奴兒流囚罪稍輕者，屯田肇州。」〔註74〕

泰定五年（1328 年）九月，御史言：「廣海古流放之地，請以職官贓污者處之，以示懲戒」。從之。〔註75〕

《元典章》：延祐六年八月《塩法通例》：「私塩事發，到官取訖招伏，合以赦後為坐。其三犯者与再犯一体斷罪，蒙古、邑目人發付兩廣、海南，漢人南人發付遼陽屯田」。〔註76〕

《元典章新集》：延祐七年三月，中書省議得：「諸処合流遼陽行省罪囚，无分輕重，一槩發付奴兒干地面。緣彼中別无種養生業，歲用衣粮，站赤重

〔註68〕 宋濂：《元史》，卷 34，北京：中華書局，1976 年版，第 763 頁。

〔註69〕 柯劭忞：《新元史》，卷 22《文宗下》，北京：中國書店，1988 年版，第 80 頁。

〔註70〕 宋濂：《元史》，卷 36，北京：中華書局，1976 年版，第 805～806 頁。

〔註71〕 柯劭忞：《新元史》，卷 23《惠宗一》，北京：中國書店，1988 年版，第 82 頁。

〔註72〕 宋濂：《元史》，卷 38，北京：中華書局，1976 年版，第 831 頁。

〔註73〕 宋濂：《元史》，卷 102，北京：中華書局，1976 年版，第 2603 頁。

〔註74〕 宋濂：《元史》，卷 26，北京：中華書局，1976 年版，第 590 頁。

〔註75〕 宋濂：《元史》，卷 30，北京：中華書局，1976 年版，第 681 頁。

〔註76〕 何榮祖等：《元典章》，卷 22《户部八》，北京：中國廣播電視出版社，1998 年版，第 903 頁。

加勞費。即目肇州現有屯田，今後若有流囚，照依所犯，分揀重者，發付奴兒干，輕者於肇州從宜安置，屯種自贍，侶爲便益」。〔註77〕

上述元流放地分佈地區具體如下：

（1）北方：所謂遼陽迤北之地，指遼陽行中書省屬地，其地西起灤河、遼河、嫩江，南及朝鮮東北部地區，東到大海，包括今烏蘇里江以東和黑龍江以北的大片地區。其中的奴兒干（今俄羅斯黑龍江口一帶）、肇州（今黑龍江省肇源縣），是元代北方主要流放地。

（2）西北：包括甘肅行省屬地（今甘肅西部、寧夏北部、內蒙古西部、新疆東部和青海湟源以東地區）和陝西行省屬地（今陝西省及內蒙古河套南部、甘肅省的東南部和寧夏回族自治區的南部），其中主要流放地是肅州路（今甘肅酒泉）、臨洮府（今甘肅岷縣）、蘭州（今甘肅蘭州）、安西路（後改奉元路，今西安）。以上屬陝西等處行中書省。

（3）南方：包括江浙行省屬地（今浙江、福建兩省及江蘇、安徽兩省長江以南和江西省的東北部）、江西行省屬地（今江西省大部和廣東省東、中部）、湖廣行省屬地（今湖南、廣西兩省和湖北南部、貴州東部、廣東西部），元代南方流放地包括了這幾個行省在大部分州縣。

（4）西南：主要包括四川行省的雅州（今四川雅安、碯門），雲南行省的鎮西路，（今雲南盈江），另外，宣政院直轄地「吐蕃等處宣慰司都元帥府」（今西藏自治區）的一些地方也成爲元代流放地。

由此，我們認爲，元代流刑基本上遵循了「流則南人遷於遼陽迤北之地，北人遷於南方湖廣之鄉」的規定。

除了上述地點外，元代的一個重要流放地是高麗。元朝對高麗的經營自蒙古帝國時就開始了，但成效一直不大。中統元年，忽必烈聽從趙良弼、廉希憲的建議，以武力衛送入覷蒙古的高麗世子懊歸國即位，其意「彼必懷德於我，是不煩兵而得一國也」。〔註78〕此後，元朝封附馬，設行省，派駐達魯花赤，對高麗的控制日甚一日。通元一代，高麗國王的廢立也莫不由元。與這種態勢相應，這一時期，兩國經濟文化的交流也達到了空前的程度。附屬國的地位及其在中國本土以外的地理位置，使高麗因之成爲元代帝國流放罪人的固定地區。

〔註77〕何榮祖等：《典章新集‧刑部‧刑法》，北京：中國廣播電視出版社，1998 年版，第 2351 頁。

〔註78〕宋濂：《元史》，卷 4，北京：中華書局，1976 年版，第 66 頁。

　　起初，元朝向高麗投放罪人的規模很大，高麗實際被作爲容納流囚的集散地。元朝首次將犯人流放高麗是在忠烈王元年，即至元十二年（1275 年）夏四月，「元流盜賊百餘人於耽羅」。其後，流囚接連被遣送而來，三年三月，「元流盜賊四十人於德州。」五月，「元流罪人三十三人於耽羅」。八月，「元流罪人四十於耽羅」。〔註79〕

　　這種狀況很快引起高麗的抵拒。經高麗國王數度上書元中書省併懇求，此後，雖然不再有元大規模向高麗遣送流囚的記錄，但高麗作爲元朝流放諸王大臣等上層人物的地方，卻一直延續到元末。

　　高麗用子安置罪人的地方主要是分佈在朝鮮半島西海岸的諸島嶼，如楊廣道仁州的紫燕島、靈光島、人物島，江華縣的仇音島，洪州的高鶩島，全羅道羅州牧的黑山島、莞島等等，這些島又有無人島與有人島的區別。其中最著名者當屬大青島和耽羅。耽羅即濟州島。

　　據馮修青考證，先後被流放至大青島的有以下諸王：元世祖第六子愛牙赤，第七子闊闊歹，大王闊闊歹，世系不詳，仁宗兄魏王阿木哥耽羅，尋遷大青島，十年（至治三年）詔還。孛剌太子，妥歡帖睦爾，即元順帝，西北諸王昔里吉等。〔註80〕

　　另需特別指出的是：元代流刑囚犯之流放地又有「輕重地面」之分。這裡所指的「輕重」並不與距離遠近等同，而是主要指當進生活條件和開發程度之區別。在執行流放刑的時候，對於同等級的流刑犯，據罪犯所犯罪刑之輕重，重者流放於荒涼未關的條件較艱苦處，輕者流放於開發日久的條件較優越處。史載：延祐六年七月（1319），「命分簡奴兒干流囚罪稍輕者，屯田肇州」。〔註81〕次年七月，中書省規定：「今後若隱若現有流囚，照依所犯者分揀重者發付奴兒干，輕者於肇州從宜安置屯種自贍」。〔註82〕在這裡，奴兒干與肇州均屬離京三千里之遠的流遠之地，但相對於偏僻荒涼的奴兒干，經過遼金二代初步開發的肇州即爲輕地。而同一等級中流刑犯中情節相對較輕的就被安置於肇州，較重者即被安置於奴兒干。

〔註79〕參見馮修青：「蒙元帝國在高麗的流放地」，《內蒙古社會科學》，1992 年第 3 期，第 63 頁。

〔註80〕同上注。

〔註81〕宋濂：《元史》，卷26，北京：中華書局，1976 年版，第 590 頁。

〔註82〕何榮祖等：《典章新集・刑部・刑法》，北京：中國廣播電視出版社，1998 年版，第 2351 頁。

（四）元代流刑的等級

如依《刑統賦疏通例編年》載，元代「流刑三等：流二千里，比移鄉接連；二千五百里，遷徙屯糧，三千里，流遠出軍」。則元代流刑可分為三等：流三千里、流二千五百里、流二千里。現有的元代法律史著作多有採納此說的。〔註83〕

但筆者認為，上述史料記載中的流三千里的「流遠出軍」規定又將流三千里分成流遠和出軍。「出軍」是指強迫犯人充當兵卒的刑罰，與「充軍」、「謫戍」同義。在元代，「出軍」並非獨立刑罰，而是流刑的一個附加刑，或者說是執行流刑的一種方式。元代的出軍之制始於大德八年（1304），該年十一月詔：「內郡，江南人凡為盜黥三次者，謫戍遼陽；諸色人及高麗三次免黥，謫戍湖廣」。這是元朝史料中最早出現的「充軍」。至大德十一年（1307）中書省就「舊賊出軍」做出了進一步的規定：「舊賊每再作賊呵，驗著徑刺來的前後理算定奪，色目人做了幾遍麼道，問了招了呵，在先不曾拿獲，依著他招了的理算。除漢兒、高麗、蠻子人處，俱係色目人。有合出軍的賊根底不刺，斷交出軍有來。如今依先例，合出軍的明白問了，無隱諱呵，令各路官司依例發遣：漢兒、蠻子人申解遼陽省發付大貼木兒出軍，色目人、高麗人申解湖廣省發付二拔都出軍。交出軍出了的罪囚數，發訖月日申解也可札魯花赤。配役的罪囚依例刺斷了交配役者」。〔註84〕這就明確了出軍與流遠的區別：出軍的流放到遠方之外還要交付給當地的負責將領導充作士卒，而流遠的除流放遠方外無需充任軍伍。但基於元代統治者重視武功，鄙薄文事的心理，對於充任軍伍的犯人，出於「欲其自效」的目的，當局不再對其施以刺字之刑，而流遠的罪犯尚需刺字。

另外，元代對三千里之流作了如下規定：「初犯偷盜駱駝馬牛賊每，為首的斷一百七，出軍：偷財物三百貫以上，一百七，出軍：經斷放偷盜十貫以下的再作賊呵，為首出軍；諸發冢開棺傷屍賊徒，同強盜，於內合該出軍；挑剜褙卷寶鈔，以真作偽，再犯斷罪流遠；知情分買行使偽鈔，三犯科斷流遠」。〔註85〕進一步明確了流刑中出軍與流遠的區別。據此可以斷言，元代法

〔註83〕參見韓玉林主編：《中國法制通史》，元代卷，北京：法律出版社，1998 年版，第 387 頁。

〔註84〕何榮祖等：《元典章新集・刑部・發付流囚輕重地面》，北京：中國廣播電視出版社，1998 年版，第 2351 頁。

〔註85〕何榮祖等：《元典章新集・刑部・肇州屯種》，北京：中國廣播電視出版社，1998 年版，第 2352 頁。

律規定流三千里其實再分二等，出軍是較重的一等。這樣，元代的三等流刑其實是四等：流三千里出軍、流三千里流遠、流二千五百里、流二千里。

雖然法律條文中有以上規定，然而稽諸《元典章》、《元史》等官修史籍，除元初沿用金律期間，在《五刑訓義》中出現流刑道里之制外，有元一代，未見任何一例明確道里遠近的流刑案例。而前已述及，連元初事實上也是用其他刑罰代替流刑。似可蠡測，《刑統賦疏通例編年》所記，實乃宋金舊制，元代流刑雖有「流遠」、「出軍」之分，但似無道理遠近之別，對此還需進一步的材料以求證。

（五）元代流刑適用對象

元代流刑適用對象大體上可劃分為兩類：一為普通百姓。普通平民百姓則多因犯盜賊、私鹽等刑事重罪而被處以流刑。但是，由於正如梁啓超在其《中國之舊史》一文中所言：「二十四史非史也，二十四姓之家譜而已」。官方文書很少關注此類實例，故傳世文獻中不多見。但由前述的元代流罪法條可以合理推知，流刑既普遍適用於諸盜、諸殺等普通刑事犯罪，則觸犯這些罪名的平民百姓應當是被適用流刑的最主要群體。元代被適用流罪的另一類重要對象是貴族官僚，特別是與「黃金家族」有血緣關係的宗親貴族。元代沒有歷代漢族王朝那樣穩定的皇位繼承制，故新君常於激烈的權力鬥爭後登基，繼位後首先就要清算那些與其竟爭帝位的皇族親貴。但如前所述，成吉思汗曾在其《大札撒》之中訓令道：「我們的兀魯黑中若有人違反已確立的札撒，初次違反者，可口頭教訓；第二次違反者，可按必里克處罰；第三次違反者，即將他流放到巴勒真——古勒術兒的遙遠地方去。此後，當他到那裡去了一趟回來時，他就覺悟過來了。如果他還是不改，那就判他戴上鐐銬送到監獄裏。如果他從獄中出來時學會了行為準則，那就較好，否則就讓全體遠近宗親聚集起來開會，以做出決定來處理他」。〔註86〕因此，依照這個訓令，對於宗室貴族可以流放但不能隨意處死，這樣以流放方式迫使政敵遠離國家最高權力中心，削弱其政治上的影響；或迫使其遠離苦心經營的老巢，使其喪失復辟的實力基礎。就成為很自然的選擇，而既然首惡未誅，對於作為其黨羽的其他貴族官僚流竄遠邊，「以杜奸萌」也符合刑罰內在的輕重邏輯，因此，較之前後諸朝，流刑在元朝更常被施用於政治鬥爭的失敗一方。

〔註86〕〔古波斯〕拉施特：《史集》，余大鈞、周建奇譯，北京，商務印書館，1983年版，卷2，第359～360頁。

四、元代流刑制度的特色

綜上，元代流刑制度與唐宋流刑之制比較，具有如下特色：

首先，流刑雖然是法定刑種之一，但實際存在時間較短，在元代初期並沒有發揮重大的作用。僅元後期方付諸實施。元承金制，金代由於中國處於分裂狀態之中，以較遠距離為較高懲罰之流刑無法實施，故代以徒杖。元前期與金代類似，因戰亂頻仍疆域未不穩定而無法實際執行，因此元初流刑被執代實施為徒刑。故元前期的刑罰體系中實際上沒有流刑。直到元世祖滅亡南宋混一宇內後，流刑才真正得到適用。

其次由於元代疆域廣闊，流放地範圍超過前代。正如《元史·地理志》所載：「自封建變為郡縣，有天下者，漢、隋、唐、宋為盛，然幅員之廣，咸不逮元。漢梗於北狄，隋不能服東夷，唐患在西戎，宋患常在西北。若元，則起朔漠，並西域，平西夏，滅女真，臣高麗，定南詔，遂下江南，而天下為一，故其地北逾陰山，西極流沙，東盡遼左，南越海表」。這個歷史上前所未有的廣大版圖，為元代流刑提供了廣闊的流放地。如前引史料，吐蕃、嶺北、高麗均包括在元流放地範圍之內，這在中國古代實施流放的歷史上堪稱前所未有。

三是元代流刑立法和執行失之籠統，遠沒有唐宋流刑制度的精細準確。唐宋流刑有明確的道里和服役期限，而如前所述，元代流刑律條的規定，雖有流放方向和地點及道里之制，但沒有明確的關於服役期限的記載，而道理之制也未見精確執行。另外，唐宋有類似流刑的移鄉制度，但移鄉與流刑不一樣，遇赦不免，而元代的移鄉制度在文宗後即可赦還家鄉，失去了唐宋移鄉制度的本意，也變相的成為了一種較輕的流放刑，這也說明了元代立法的粗略。

四是元代流刑的區別適用。元代實施公開的民族歧視制度，故流適用因四等人的民族身份而不同，這是元代各項刑制的共有特點。另外，元代法律規定，對於流刑犯人，視其犯罪行為的輕重不同令其在不同的流放地區服刑，或令其有不同或相同的流放地區服軍役、勞役、屯墾等不同種類的役種，這些方面的差別卻是各朝流刑共有之特點，非元代一代之制也。

第五章　元代徒刑考辨

一、歷代徒刑的演變與發展

徒的本意是徒步行走。《說文解字》訓「徒」曰：「徒，步行也」。先秦以前的文獻中，多有用其本意的詞句。例如《詩經》中的「我徒我御」、《禮記》中的「耆老不徒行」、《莊子》中的「徒遽來告」、《國語》中的「無徒驥於錙壇之宮」等。

「徒」還有「服徭役的人」的意思，如漢賈誼在《過秦論》中所言「遷徙之徒」即指去遠方服徭役之人。可能是基於這個意思，後來「徒」成爲一種刑罰的名稱，即徒刑。作爲刑罰的徒刑，即指對犯人罰勞役，並限制人身自由。

徒刑的歷代名稱不盡相同，有作刑、年刑、徒刑、居作、輸將、當差等名。《春秋》載：「僖公五年，晉人執虞公」。《左傳》載：「襄三年，會於商任，錮欒氏也」。「執」與「錮」都有徒拘的意思。秦代徒刑被稱爲「鬼薪」與「城旦」。鬼薪是三歲徒刑，取柴薪，供宗廟作鬼火。城旦是四歲徒刑，輸邊築長城，白天伺寇虜，夜裏築長城。秦時：「隱宮徒刑者七十二萬餘人」。〔註1〕可見徒刑應用很廣。

在古代關於徒刑的種種用詞中，「徒」是最爲標準化的稱呼，以至於作爲中華法系典範的《唐律疏議》還專門對「徒」這一術語進行了解釋：「徒者，奴也，蓋奴辱之」。〔註2〕這說明徒刑是一種奴役、侮辱性質的刑罰。它的起

〔註 1〕　司馬遷：《史記》，第 6 卷，長沙：嶽麓書社，1988 年版，第 62 頁。
〔註 2〕　長孫無忌等：《唐律疏議》，卷 1《名例》，北京：中華書局，1983 年版，第 5 頁。

源很早。據甲骨文記載，中國商代就有牢獄「圉」，用以拘禁罪犯，限制其自由。而據《周禮‧禮官‧司刑》記載，周代除死刑外，其他處肉刑的罪犯，都須服勞役，「墨者使守門，劓者使守關，宮者使守內，刖者使守圉，完者使守積」。因此，當時的徒刑成了墨、劓、荆、宮等刑的附加刑。秦、漢徒刑根據勞役的性質、期限和有無附加刑，分徒刑為若干等級，並各有專門名稱。些名稱包括：

「城旦舂」。秦、漢時強制男犯修築城牆，叫做「城旦」，強制女犯舂米，叫做「舂」。〔註3〕城旦舂按附加刑的不同，分為3類：第1類，完城旦舂。「完」的意思是保留罪犯的頭髮，僅剔去鬢鬚，不再施加其他肉刑。第 2 類，刑城旦舂。「刑」指施加肉刑。按施加的肉刑不同，刑城旦舂又分5種：黥城旦舂（面部刺記塗墨）；黥劓城旦舂（面部刺記塗墨，割鼻），斬（或刖）左趾城旦（砍左足）；斬（或刖）左趾黥城旦；斬（或刖）右趾城旦舂。第3類，髡鉗城旦舂（剔髮，頸項帶刑具鐵鉗）。漢文帝時除肉刑，以髡鉗城旦舂代黥刑。關於城旦舂的刑期，眾說不一。東漢衛宏認為，漢時刑城旦舂為五歲刑；完城旦舂為四歲刑。應劭、魏如淳則認為城旦舂純為四歲刑。秦、漢時城旦舂不限於築城、舂米，也從事其他勞動。秦簡中的《倉律》規定，城旦舂幹輕活與幹築城之類的重活時，糧食供給標準不同，說明城旦舂被使役從事各種勞動。出土秦戈上有表示鑄造者的銘文「工城旦」，證實秦城旦也可充當鑄造兵器的工匠。

「鬼薪白粲」。秦、漢時，強制男犯入山採薪供祭祀鬼神用，謂之「鬼薪」；強制女犯為祭祀神鬼擇米，謂之「白粲」。據東漢衛宏載，秦制「鬼薪者，男當為祠祀鬼神伐山之薪蒸也；女為白粲者，以為祠祀擇米也，皆作三歲」。〔註4〕事實上，鬼薪、白粲不只是從事採薪、擇米勞動，據秦簡《倉律》規定：白粲還從事土工或其他勞動。出土秦銅戈見有「工鬼薪」銘文，表明鬼薪可充當鑄造兵器的工匠。

「隸臣妾」。秦、漢時強制罪犯服勞役的一種刑罰，男犯稱做「隸臣」，女犯稱做「隸妾」。秦制，刑為隸臣妾或耐為隸臣妾無刑期，乃是確定為一種

〔註3〕 《漢書‧惠帝紀》應劭注：「城旦者，旦起行治城」；「舂者，婦人不豫外徭，但舂作米」。參見中華書局 1962 年版，第 85～94 頁。

〔註4〕 本文所引衛宏《漢舊儀》，均轉引於清代孫星衍輯《漢官六種》，北京：中華書局，1990 年版，謹此說明。

官奴婢身份，此種身份只可以下述方法贖免：以人贖替；由親屬戍邊贖免母親或姐妹的隸妾身份；用戰爭中獲得的軍功爵贖免本人或親屬的隸臣妾身份。到了漢時規定了刑期，耐爲隸臣妾爲二歲刑；隸臣妾爲一歲刑。秦時除犯罪判處爲隸臣妾外，還有以下情形可爲隸臣妾：因親屬犯罪被籍沒爲隸臣妾；戰爭中逃兵定爲隸臣；投降了的俘虜爲隸臣；沒收私家奴婢爲隸臣妾；官奴婢的子女仍爲隸臣妾。秦時隸臣妾並未規定固定的勞動，可被使役種地、放牧、修築城牆及官府的房屋，充當官營手工作場的工匠、士兵、獄卒、看管刑徒勞動等。秦律規定，小隸臣妾身高五尺二寸，就應服勞役。隸臣身高六尺五寸、隸妾身高六尺二寸就算大隸臣妾。達到一定年齡可以「免老」，稱做「免隸臣妾」。秦律中還有一種「更隸妾」，爲定期爲官府服役的奴婢，除爲官府服勞役外，有一定時間爲自己幹活。

「司寇」。秦、漢時強制罪犯到邊遠地區禦外寇或看管刑徒的一種刑罰。《漢舊儀》載：「罪爲司寇，男備守，女爲作如司寇（類似司寇的勞役），皆作二歲」。〔註5〕據秦律，秦時司寇負責看管刑徒勞動，每二十名城旦春派司寇一人看管。不得任用司寇充當趕車的「僕」、烹炊的「養」、看守官府或其他事情。如有上級命令任用他們作其他事，必須請示。秦律還規定，「城旦春三歲以上者」，可以減爲城旦司寇。秦簡中有城旦司寇、春司寇、城旦春司寇等名稱。作爲徒刑的一種，司寇輕於隸臣。《秦簡・法律答問》：「當耐爲司寇而以耐隸臣誣人，可（何）論？當耐爲隸臣」。〔註6〕漢以後無此刑罰名。

「候指斥候」。這是秦時強制罪犯伺察敵情的一種刑罰。「斥候」原爲邊塞上專門伺察、瞭望敵情的人。《尚書・禹貢》疏爲：「斥候謂檢行險阻，伺候盜賊」。秦時定爲較輕的一種徒刑，如《秦簡・法律答問》載：「當耐爲侯（候）罪誣人，可（何）論？當耐爲司寇」。秦律規定，不准任用候爲官府的佐、史及禁苑憲盜（巡捕盜賊的士卒）。秦以後無此刑名。

「罰作、復作」。秦、漢時強制罪犯服勞役的一種輕微的刑罰。「罰」字從刀、從詈，持刀而罵，令服勞役，故名「罰作」。《漢舊儀》卷下：秦制，「有

〔註5〕　本文所引衛宏《漢舊儀》，均轉引於清代孫星衍輯《漢官六種》，北京：中華書局，1990年版，謹此說明。
〔註6〕　本文秦簡所載，均引自王煥林：《里耶秦簡校詁》，北京：中國文聯出版公司，2007年版，謹此說明。

罪各盡其刑⋯⋯男爲戍罰作，女爲復作，皆一歲到三月」。「復作」是經赦免解去「鉗赭衣」的刑徒，又犯罪不再加刑，只需再爲官府服勞役，滿其本罪年月，稱爲「復作」。

魏晉徒刑已不用「城旦」、「鬼薪」等名稱。但保留以「髡」、「耐」做爲徒刑附加刑的制度，並以此作爲徒刑名稱。《晉書・刑法志》載，魏徒刑分髡刑、完刑、作刑三種。髡刑分爲四等，完刑、作刑各分三等。晉時徒刑稱做「髡刑」，亦名「耐罪」。至北魏時，徒刑始稱「徒」。「徒」按勞役年限分爲各種等級，因此又稱「年刑」。北齊時徒刑稱做「刑罪「，由於有附加刑「耐」，所以也稱「耐罪」。當時除「耐」以外，還附加鞭、笞。不加「髡」又無保的，須帶刑具「鉗」。男犯交左校服勞役。女犯春米和遣送到掖庭紡織，均准許交納絹贖刑。北周開始正式稱做「徒刑」，並附加鞭、笞。《隋書・刑法志》載：「徒刑五，徒一年者鞭六十笞十，徒二年者鞭七十笞二十，徒三年者鞭八十笞三十，徒四年者鞭九十笞四十，徒五年者鞭一百笞五十」。〔註7〕

隋唐徒刑作爲五刑之一，亦分爲五等，但刑期有所縮短，最低爲一年，最高爲三年，每等之間相差半年，並且不附加笞、杖，准許以銅贖刑。唐代法律規定，凡處徒刑者，「著鉗若校，京師隸將作，女子隸少府縫作」。〔註8〕

五代、宋代徒刑基本沿用唐制，但恢復了加杖制，實際上是一罪兩刑。宋代實行折杖制度，即折減笞杖的數目，並且杖後不再服勞役，即所謂「徒罪決而不役」。《宋刑統・名例律》載：「徒三年，決脊杖二十，放；徒二年半，決脊杖十八，放；徒二年，決脊杖十七，放；徒一年半，決脊杖十五，放；徒一年，決脊杖十三，放」。

與宋並立的遼代徒刑較前代重，分爲三等，並有從刑。《遼史・刑法志》載：「徒刑一曰終身，二曰五年，三曰一年半。終身者決五百，其次遞減百」。〔註9〕終身徒刑，不僅加杖，還須「黥面」，所謂「犯一罪而具三刑。」不過，在遼興宗重熙二年，改「黥面」爲「刺頸」。

金代徒刑制度與唐、宋同，唯將五等改爲七等，增加四年、五年兩等。歷代徒刑的演變見下表。

〔註7〕 魏徵：《隋書》，卷25《刑法志》，北京，中華書局，1973年版，第714頁。
〔註8〕 歐陽修：《新唐書》，卷56，北京：中華書局，1975年版，第1411頁。
〔註9〕 脫脫：《遼史》，卷61，北京，中華書局，1974年版，第936頁。

表十一：元以前歷代徒刑一覽表

朝代	刑名及刑等	附加刑	備註
秦、漢	城旦舂、鬼薪白粲、隸臣妾、司寇、候指斥候、罰作、復作	附有黥、劓、刖、髡、耐等刑	沒有系統化、規範化的徒刑體系
魏	分髡刑、完刑、作刑三種	附有髡、完等刑	髡刑分為四等，完刑、作刑各分三等
晉	稱做「髡刑」，亦名「耐罪」「髡刑有四，一曰髡鉗五歲，笞二百；二曰四歲刑；三曰三歲刑；四曰二歲刑」。	重者附有髡鉗、笞	——————
北周	始名「徒刑」，並分一年、二年、三年、四年、五年五等	鞭、笞按流刑等次各笞六十至一百	允許以金贖罪
隋、唐	分為五等，最低為一年，最高為三年，每等之間相差半年	不附加笞、杖	准許以銅贖刑
唐	分為流二千里、二千五百里、三千里三等	均配役一年	加役流流三千里役三年
宋	沿用唐制	杖後不再服勞役	適用拆杖法，杖後釋放」
遼	「徒刑一曰終身，二曰五年，三曰一年半。	終身者決五百，其次遞減百	終身徒刑，不僅加杖，還須「黥面」
金	沿用唐宋制度，但分為七等	——————	增加四年、五年兩等

二、元代徒刑源流考

（一）繼承金《泰和律義》的徒刑制度

　　如前所述，元統治者在進入中原攻滅夏金後統治中原漢地時起初採納了金《泰和律義》作為基本律典。因此金《泰和律義》是元代徒刑的主要源流。與唐、宋刑制相比較，金代徒刑之制變化較大。

　　一是刑等增加，刑期延長。章宗定律，將金初以來徒罪之罰制度化，在《泰和律義》中，以唐宋律典規定的徒一年至三年共五等徒刑為基礎，「增徒至四年、五年為七」。〔註10〕即徒一年、一年半、二年、二年半、三年、四年、五年共七等。而在此以前，太宗天會七年（1129 年）曾參照遼代刑制，「詔竊

〔註10〕脫脫：《金史》，卷45《刑志》，北京：中華書局，1975 年版，第 1024 頁。

盜……三十貫以上徒終身，」〔註11〕採用過唐宋刑制所沒有的無期徒刑。

二是徒刑附加決杖。金沿襲遼制，規定判處徒刑者，須同時附加決杖。這不同於《宋刑統》所規定的「折杖法」，而是加重犯徒罪者的懲罰。附加決杖之數時有變化，金初實行重法，附加決杖之數較大。史稱：「徒者，非謂杖脊代徒，實拘役也……徒五年則決杖二百，四年百八十，三年百六十，二年百四十，一年百二十……拘役之處，逐州有之，曰（都）作院。」〔註12〕

此後，徒刑附加決杖數逐步減少。大定十七年（1177年），濟南尹梁肅上疏：「今取遼季之法，徒一年者杖一百，是一罪二刑也。刑罰之重，於斯爲甚。今太平日久，當用中典，有司猶用重法，臣實痛之，自今徒罪之人，止居作，更不決杖」。〔註13〕但朝廷以爲「今法已輕於古，恐滋奸惡」，〔註14〕未予採納。

明昌五年（1194年），尚書省奏：「在制，名例內徒年之律，無決杖之文便不用杖。緣先謂流刑非今所宜，且代流役四年以上俱決杖，而徒三年以下難復不用。婦人比之男子雖差輕，亦當例減。」章宗遂詔：「徒二年以下者杖六十，二年以上杖七十，婦人犯者並決五十，著於《敕條》」。〔註15〕從而完善了徒罪附加決的制度。

三是在特定的條件下，對某些特定的對象，可以決杖代徒。如大定二十五年（1185年）二月，世宗「以婦人在因，輸作不便，而杖不分決，與殺無異。遂命免死輸作者，決杖二百而免輸作，以臀、背分決」。〔註16〕還有一種情況是：「家無兼丁，加杖准徒」。〔註17〕即應處徒刑者，若家中另無成年男丁，則可用決杖代替徒刑居作，使之在家奉養親老。

這些規定大部分爲元代刑制所沿用，構成了元代徒刑制度的最主要源流。

（二）蒙古族傳統習慣法中的徒刑制度

蒙古社會是游牧經濟，蒙古族的法律有著鮮明的游牧經濟特點。在蒙古社會的家庭和氏族部落時代，沒有成文法規，但有習慣生活規範。蒙古人在

〔註11〕脫脫：《金史》，卷45《刑志》，北京：中華書局，1975年版，第1015頁。
〔註12〕宇文懋昭：《歷代小史》，卷六十二《金志》（M）·江蘇廣陵古籍書印社，1989年版，轉引自曾代偉：「民族法文化與中華法系」，《現代法學》，2003年第5期，第172頁。
〔註13〕脫脫：《金史》，卷89《梁肅傳》，北京：中華書局，1975年版，第1984頁。
〔註14〕脫脫：《金史》，卷45《刑志》，北京：中華書局，1975年版，第1017頁。
〔註15〕脫脫：《金史》，卷45《刑志》，北京：中華書局，1975年版，第1018頁。
〔註16〕脫脫：《金史》，卷89《梁肅傳》，北京：中華書局，1975年版，第1986頁。
〔註17〕脫脫：《金史》，卷89《梁肅傳》，北京：中華書局，1975年版，第1986頁。

日常的勞動生產、生活中，敬仰長生天和自己的祖先，在規定的日子裏他們要共同進行祭祀。久而久之，他們形成了自己勞動生產、生活中的一整套習俗慣例，成爲人們的習慣行爲規範。這些習慣具有普遍的約束力。到 11 世紀末的時候，蒙古社會形成了早期奴隸制，從此遠古時代就已形成了習慣行爲規範，經早期奴隸主階級即各部首領的選擇、增補予以肯定，便演變爲代表早期奴隸主階級意志的「約孫」即蒙古習慣法（yosun）。公元 1206 年，成吉思汗統一了蒙古各部，建立了軍事封建制的蒙古大帝國。成吉思汗在繼承約孫的基礎上，頒佈了舉世聞名的《成吉思汗大札撒》。這部大箚撒後來經過多次增補，在成吉思汗西征花剌模前被完善、鞏固下來，成爲有元一代具備最高法律效力的「祖宗法度」。《成吉思汗大札撒》是在承認習慣法的基礎上頒行的一部內容詳備的帝國根本大法。元代時期的各項法律制度均受到以大札撒爲代表的蒙古族傳統習慣法的影響，徒刑制度自不例外。

　　從現今發現的史料來看，蒙古人在入主中原前應當已有類似徒刑的刑罰，並已被記載於《成吉思汗大札撒》之中。例如，《史集》載有成吉思汗的一道訓令：「我們的兀魯黑中若有人違反已確立的札撒，初次違反者，可口頭教訓；第二次違反者，可按必里克處罰；第三次違反者，即將他流放到巴勒眞——古勒術兒的遙遠地方去。此後，當他到那裡去了一趟回來時，他就覺悟過來了。如果他還是不改，那就判他戴上鐐銬送到監獄裏。如果他從獄中出來時學會了行爲準則，那就較好，否則就讓全體遠近宗親聚集起來開會，以做出決定來處理他」。〔註 18〕

　　但是，這種徒刑如同蒙古人其他的刑罰一樣，處於萌芽時期，原始、簡單，沒有系統性，在處理以游牧經濟爲基礎的要對簡單的草原牧民生活時尚可敷使用，但不能有效的處理高度複雜的農業、商業社會的社會生活。因此蒙古征服了中原地區後出現了一個問題：該如何治理這個文化先進的地區？故名臣耶律楚材上奏說：「天下雖得之馬上，不可以馬上治」。〔註 19〕他深知要統治中原非用中原的制度不可，這也是元代統治者被迫「祖述變通」，採用金律的原因。因爲元代統治者將「祖宗成法」和被後人稱爲「蒙古的機密大事記」的《蒙古秘史》及《成吉思汗大札撒》藏於宮廷秘而不宣，保持蒙古

〔註 18〕〔古波斯〕拉施特：《史集》，余大鈞、周建奇譯，北京，商務印書館，1983
　　　　年版，卷 2，第 359～360 頁。
〔註 19〕宋濂：《元史》，卷 146，北京：中華書局，1976 年版，第 3458 頁。

貴族的絕對尊嚴；其箚撒只在宴會上指定人員宣讀，既「凡大宴，世臣掌金匱之書（者），必陳祖宗大箚撒以為訓」，〔註20〕因此，蒙古習慣法中的徒刑制度是否有如同中原般紛繁複雜刑等、執行方式，時人不得而知。但應可推測，元代刑罰制度應當受到過本民族習慣法的影響，蒙古習慣法中的徒刑制度是元代徒刑制度有影響力的淵源之一。

三、元代徒刑制度之演變

（一）元代統治者入主中原之初對金《泰和律義》進行變通的徒刑制度

關於元初適用金制中徒刑的相關資料，從傳世文獻中檢得如下幾束：

其一，《元典章》卷三九《刑部一‧刑制‧刑法》所引《五刑訓義》的表述最為完整：

徒義曰：徒者，奴也，蓋奴辱之。《周禮》云：「其奴，男子入於罪隸，又任之以事，實以圜土而收教之。」令一年至五年並徒刑也。

一年一年半，決六十七下；二年二年半，決七十七下；三年，決八十七下；（按：此處缺「四年，決九十七下」？）五年，決一百七下。

其二，元泰定本《重刊群書類要事林廣記》所載《至元雜令‧笞杖則例》：

徒罪：一年至一年半，決六十七下；二年至二年半，決七十七下；三年，決八十七下；四年，決九十七下；五年，決一百七下；右徒罪止五年。〔註21〕

上述兩個文獻相較，對徒刑的描述與二者是一致的。但是在後者的未記載流刑，而是以流刑拆代之。這正是元初沿用金「舊例」例證。金以「流刑非今所宜」為由，用二千里比徒四年加杖九十，二千五百里比徒四年半加杖九十，三千里比徒五年加杖一百，代替流刑的執行。」〔註22〕元初基於與金代類似的原因，亦未施行流刑，而以它刑取代之。中統二年（1261年）八月，忽必烈頒佈《中統權宜條理詔》，其中稱：「據五刑之中，流罪一條，似未可用，除犯死刑者依條處置外，徒年杖數今擬遞減一等，決杖雖多，不過一百

〔註20〕宋濂：《元史》，卷26，北京：中華書局，1976年版，第582頁。

〔註21〕元泰定二年（1325年）刻本《重刊群書類要事林廣記》壬集卷之一。轉引自黃時鑒：《元代法律資料輯存》，杭州，浙江古籍出版社1988年版，第43～44頁。

〔註22〕參見白鋼主編《中國政治制度通史》第八卷《蒙元》，人民出版社1993年版第315頁。

七下。著爲定律，揭示多方。」〔註23〕《新元史·世祖一》記爲：中統二年八月「乙巳，頒《中統權定條法》，詔曰：『事匪前定，無以啓臣民視聽不惑之心；政豈徒爲，必當奉帝王坦白可行之制。我國家開建之始，禁網疏闊，雖見施行，不免闕略。或得於此，而失於彼，或輕於昔，而重於今。以茲姦猾之徒，得以上下其手。朕惟欽恤，期底寬平，乃立九章，用頒十道。據五刑之內，流罪似可刪除。除犯死罪者，依條處置外，其餘遞減一等。決杖不得過一百七。著爲令。」故元初法定刑取消流刑，而以徒刑代之。

其三，元至順本《事林廣記》所載《五刑》：

五刑：……徒刑，一年一年半，決六十七下；二年二年半，決七十七下；三年，決八十七下；四年，決九十七下；五年，決一百七下。諸犯罪人，年七十歲以上十五歲以下，及篤廢殘疾不任責者，每杖一下贖至元鈔貳佰文。」〔註24〕與前兩個文獻中記載的徒刑制度也完全一致。

由此可見，在元初援用金律的階段，徒刑制度在刑等、刑制上與金制相似而刑度不同。具體而言，元初徒刑立法依金朝刑制而稍加變通而成，等級仍爲與金制相同的七等，即徒一年、一年半、二年、二年半、三年、四年、五年。但在附加決杖方面，如前所述，金代在明昌五年（1194年）後將附加決杖分爲兩等三種情況，徒二年以下杖六十，徒二年以上杖七十，婦女無論徒刑期限長短均犯杖五十，而元初的附加決杖則分五等：一年一年半，決六十七下；二年二年半，決七十七下；三年，決八十七下；四年，決九十七下；五年，決一百七下。金刑制與元初刑制徒刑比較見下表。

表十二：金徒刑與至元八年前元徒刑比較表

金徒刑	一年	一年半	二年	二年半	三年	四年	五年
金附加杖刑	杖六十（婦女五十）			杖七十（婦女五十）			
元徒刑	一年	一年半	二年	二年半	三年	四年	五年
元附加杖刑	杖六十七		杖七十七		杖八十七	杖九十七	杖一百七

〔註23〕王惲：《中堂事記》下，《秋澗先生大全文集》卷八二，《四部叢刊》本。轉引自曾代偉：「蒙元流刑考辨」，內蒙古社會科學，2004年第5期，第46頁。

〔註24〕元泰定二年（1325年）刻本《重刊群書類要事林廣記》壬集卷之一。轉引自黃時鑒：《元代法律資料輯存》，杭州，浙江古籍出版社1988年版，第43～44頁。

這種刑制變化反映了金、元法制承襲親緣關係新朝更始，刑用輕典的特點。但是從徒刑附加決杖數而言，元初徒刑附加的決杖數目較之金前期數減省，但較之金後期相對為增加。這在一定程度上反映了蒙古統治者立法的隨意性。不過，置諸五刑體系整體中考察，元代的徒刑適用較之金代仍為較輕，比較突出的理由是，流刑也用徒刑折代執行。而在此間司法實踐中，甚至有按「舊例」應處死刑者，減為徒五年或徒五年加決杖一百的案例。

（二）成宗繼位以後改訂的新徒刑制度

1. 成宗對徒刑的修訂

世祖至元八年禁行金律後，五刑制度逐漸發生了變化，徒刑自不例外。但遲至世祖末年，才於至元二十八年（1291 年）五月頒佈了《至元新格》，其內容僅僅是格，基本上沒有《唐律》那樣的條文，尚未能制定出一部足以替代金《泰和律義》的一代之典，故至元時期刑制變化較小。以致至元二十九年二月，世祖仍敕令「申禁鞭背國法，不用徒、流、黥、絞之刑，惟杖臀，自十七分等加至百單七而止。」〔註 25〕直至成宗繼位伊始，在加速修律進程的同時，頒佈一系列單行條例，對刑制進行了重大變革。其中與徒刑相關的內容如下：

元貞元年（1295 年）七月頒行《侵盜錢糧罪例》：

「應犯徒一年杖六十七，每半年加杖一十，三年杖一百七，皆決訖居役。」〔註 26〕

大德五年（1301 年）「欽依施行」的《強竊盜賊通例》更進一步明確：

「諸犯徒者，徒一年杖六十七，一年半杖七十七，二年杖八十七，二年半杖九十七，三年杖一百七。」〔註 27〕

此二項「聖旨條畫」確立了一年至三年新的五等徒刑，並分別附加決杖之制，廢止了四年、五年兩等徒刑。從而恢復了唐、宋徒刑五等制，又沿襲了遼、金徒刑附加決杖的慣例，形成一種獨特的徒刑制度。

〔註 25〕畢沅：《續資治通鑒》，卷 190《元紀八》，北京：中華書局，1957 年版，第 2329 頁。

〔註 26〕何榮祖等：《元典章》，卷 47《刑部九》，北京：中國廣播電視出版社，1998 年版，第 1733～1734 頁。

〔註 27〕何榮祖等：《元典章》，卷四九《刑部十一》，北京：中國廣播電視出版社，1998 年版，第 1776 頁。

文宗天曆二年（1331 年）五月成書的《經世大典》之《憲典總序》對徒刑有以下描述：

「國初立法以來，有笞、杖、徒、流、死之制，即後世之五刑也。凡七下至五十七用笞。凡六十七至一百七用杖。徒之法，徒一年杖六十七，一年半杖七十七，二年杖八十七，二年半杖九十七，三年杖一百七，此以杖麗徒者也。鹽徒、盜賊既決而又鐐之，使居役也。數用七者，考之建元以前，斷獄皆用成數，今匿稅者笞五十，犯私鹽茶者杖七十，私宰牛馬者杖一百，舊法猶有存者。大德中，刑部尚書王約數上言：「國朝用刑寬恕，笞杖十減其三，故笞一十減為七。」」〔註28〕

以《經世大典·憲典》為藍本的《元史·刑法一》載：

「其徒法，年數杖數，相附麗為加減，鹽徒盜賊既決而又鐐之；

南北異制，事類繁瑣，挾情之吏，舞弄文法，出入比附，用譎行私，而凶頑不法之徒，又數以赦宥獲免；至於西僧歲作佛事，或恣意縱囚，以售其奸宄，俾善良者暗啞而飲恨，……今按其實，條列而次第之，使後世有以考其得失，作《刑法志》。……《名例》，五刑：……徒刑，一年，杖六十七；一年半，杖七十七；二年，杖八十七；二年半，杖九十七；三年，杖一百七。……」〔註29〕

元末陶宗儀《南村輟耕錄》也有相同的描述：

「國初立法，有笞、杖、徒、流、死之制。……徒一年杖六十七，一年半杖七十七，二年杖八十七，二年半杖九十七，三年杖一百七，此以杖麗徒者也。鹽徒既決而又鐐之，使居役也」。〔註30〕

陶氏此書撰於元末明初。查該段史料字句與《元史·刑法一》所記雷同。推測該書此段記載與其後明官修《元史·刑法一》，均抄自《經世大典·憲典》；或者《元史·刑法一》直接抄自《南村輟耕錄》。

其四，元代沈仲緯《刑統賦疏》（枕碧樓叢書本）：

「徒刑五等：徒一年、一年半、二年、二年半、三年；」〔註31〕這裡對

〔註28〕蘇天爵：《國朝文類》，卷四二，《四部叢刊》本，轉引自黃時鑒：《元代法律資料輯存》，杭州：浙江古籍出版社，1988 年版，第 90～91 頁。

〔註29〕宋濂：《元史》，卷 102，北京：中華書局，1976 年版，第 2603 頁。

〔註30〕李栻輯：《歷代小史》，卷 73《南村輟耕錄》，江蘇廣陵古籍書印社，1989 年版，轉引自曾代偉：「民族法文化與中華法系」，《現代法學》，2003 年第 5 期，第 172 頁。

〔註31〕沈仲緯，《刑統賦疏》，枕碧樓叢書本，轉引自黃時鑒：《蒙元法律資料輯存》，杭州，浙江古籍出版社，1988 年版，第 212 頁。

徒刑刑等的描述與其他史料無異，但《刑統賦疏》的徒刑五等，顯然漏記附加決杖。

要之，成宗改定後並執行至終元之世的徒刑共分五等，徒一年附杖六十七，一年半杖七十七，二年杖八十七，二年半杖九十七，三年杖一百七，並且杖後皆服勞役如期。至成宗改定後的徒刑與此前徒刑的對比見下表。

表十三：成宗定制後的元徒刑與至元八年前元徒刑比較

成宗時徒刑	一年	一年半	二年	二年半	三年		
附加杖刑	杖六十七	杖七十七	杖八十七	杖九十七	杖一百七		
至元徒刑	一年	一年半	二年	二年半	三年	四年	五年
附加杖刑	杖六十七		杖七十七		杖八十七	杖九十七	杖一百七

2. 徒刑與流刑的分離

金代以「流刑非今所宜」，不便施行為由，並未實施流刑。金章宗明昌年間規範刑制以後，法定流刑三等，是用徒四年以上並附加決杖代替執行的，因此，金代的法定刑流刑的執行刑是徒刑。

基於類似的原因，元初將五刑體系中的流刑以徒刑取代之。中統二年（1261 年）八月，忽必烈頒佈《中統權宜條理詔》，其中稱：「據五刑之中，流罪一條，似未可用，除犯死刑者依條處置外，徒年杖數今擬遞減一等，決杖雖多，不過一百七下。著為定律，揭示多方」。不過，這一政令只執行到至元八年。此後，世祖以新朝當有新氣象，詔令廢止金《泰和律義》，重新建立元代的刑制體系，經過一段時間的摸索和磨和，元刑制恢復了流刑作為一種執行刑罰的適用。此後的法律文書大量出現了關於流刑的條文記載，判例中亦多有執行流刑的規定，流刑從徒刑中分離出來。對此，筆者已在前文「流刑的考辨」一章中詳加辯析，在此不復贅言。

四、元代徒刑刑等考辨

（一）史料的衝突與問題的提出

如前所述，筆者同意以下觀點，即元初（至元八年前）徒刑承襲金制，共分七等，即徒一年、一年半、二年、二年半、三年、四年、五年。至成宗改定後執行至終元之世的徒刑共分五等，即徒一年，一年半，二年，二年半，

三年。這本是史學界的通論，對於成宗後的五等徒刑，學界也無爭議。然對於至元八年前的七等徒刑，則現有史料存在與這一觀點不一致的記載。

這一記載見於前文所引載於《元典章》之《五刑訓義》。在《五刑訓義》中對於徒是這樣解釋的：「徒者，奴也，蓋奴辱之。《周禮》云：『其奴，男子入于罪隸，又任之以事，寘以圜土而收教之。』令一年至五年並徒刑也。一年一年半，決六十七下；二年二年半，決七十七下；三年，決八十七下；五年，決一百七下。」〔註32〕

這裡面對徒刑刑度的描述從三年直接過渡到五年。三年和五年之間還存在幾個等級？是依舊像一年到三年之間那樣以半年為級差劃分標準還是繼承金制直接以一年為級差劃分標準？如以前者為標準，則尚有三年半、四年、四年半三個等級，元初徒刑就應當共分為九等。即從一年到五年，每增加半年為一等。如以後者為標準，則三年與五年之間僅有一個刑等即四年，則元初徒刑就當如前所述共分七等。

對於這一問題，學界前賢有兩種觀點。一種觀點認同前述第二種說法，即元初徒刑繼承金制，三年之後一等級為四年，四年之後一等級為最高徒刑五年。此處少記了一等級，即「四年，決九十七下」。

筆者認可這一觀點。但筆者認為，以漏記為由解釋這一問題過於簡單，因為《五刑訓義》中隨後又有如下記載：「流義曰：《書》云：「流宥五刑」，謂不忍刑殺，宥於遠也。二千里（比徒四年），二千五百里（比徒四年半），三千里（比徒五年）。〔註33〕這裡明確的提出了，在流二千里比徒四年到流三千里比徒五年之間，還有一個刑等即流二千五百里比徒四年半。如前所述，元代前期實際並沒有執行流刑，而是以相應的徒刑拆代。即然折代流刑時有「比徒四年半」，那麼依常情不論三年半的徒刑是否存在，四年半的徒刑存在當為史實，拿這一史實與前述《五刑訓義》對徒刑的描述相印證，是否《五刑訓義》對徒刑的描述確實存在漏記，且所漏的不僅是徒四年一等，還包括了徒四年半一等，甚或有可能漏記了徒三年半一等？

對此學界的另一種觀點認為，中統、至元之初，當時政府頒佈了《五刑訓義》，在形式上採用了類似拆杖法的辦法，將金的笞、杖刑各折為三等笞刑，

〔註32〕何榮祖等：《元典章》，卷39《刑部一》，北京：中國廣播電視出版社，1998年版，第1452頁。

〔註33〕同上注。

將原徒刑折爲五等杖刑，將原流刑三等則分別比徒四年、四年半、五年。〔註34〕易言之，這種觀點認爲《五刑訓義》記載屬實，當時確實存在徒四年半這一等級的徒刑。對這種觀點筆者不敢苟同。筆者認爲，解決這一問題必需考慮下文所提出的幾個因素。

（二）解決問題的思路

1. 刑罰制度的繼承性的要求

元初沿用金《泰和律義》爲不爭之史實，並已成爲學界之通論。如前文所述，金制徒刑七等，即徒一年、一年半、二年、二年半、三年、四年、五年，三年至五年之間只有四年一等，並無三年半及四年半之刑等。元初立法在徒刑方面是金朝刑制而稍加變通而成，既然是繼承金制，其刑等當不會出現與金制不同的規定，刑罰制度的繼承性要求元初徒刑刑等保持穩定。以此理由可認定其等級仍與金相同爲七等，這也被前引的元泰定本《重刊群書類要事林廣記》所載《至元雜令・笞杖則例》、元至順本《事林廣記》所載《五刑》中對徒刑制度的描述所證實。

2. 刑罰體系的邏輯性的要求

與人類的認識能力和對事物進行分類時的思維習慣相對應，刑罰各刑等之間的劃分應當大致均衡，各刑等之間應當形成有序排列的數列，但這一數列並非絕對平衡，有時還要考慮到歷史因素和社會背景。這是刑罰體系的邏輯性對刑等劃分的客觀要求。元代的刑等制度自不例外。筆者以爲，以下兩點可以證明前述七等刑制符合上述要求。

其一：《五刑訓義》中「一年一年半，決六十七下；二年二年半，決七十七下；三年，決八十七下；五年，決一百七下」的描述雖然留下了空白，然從決杖次數來看，徒刑的不同刑等中決杖數隨刑等的增加而遞增十下。三年決杖八十七下到五年決杖一百七下中間應當只剩一等。而從三年到五年的過渡，不論是以三年半還是五年半爲分界點都會使相鄰兩等之間輕重失衡，故以「四年，決九十七下」爲中間刑等當爲最合理的劃分方式。

其二：前引注 109 中的奴殺本使案可作一例證。在該案中，法司引用舊例：「祖父母父母及夫爲人所殺私和者徒四年，雖不私和，知殺期以上親經三

〔註34〕 參見韓玉林主編：《中國法制通史》，元代卷，北京：法律出版社，1998 年版，第 381 頁。

十日不告者，減二等徒二年。」該案給我們提供了兩個信息：第一，徒四年減二等爲徒二年，中間所減去之二等當爲三年、二年半，而如果四年與三年之間尚有三年半一等，則減二等當爲二年半；其二，該案發生在至元四年，而法司猶言引用舊例，則舊例當爲至元四年之前法例，故元初刑制中徒刑無三年半一等更無疑義。

3. 稽諸史料無案例可以實證

稽諸史料，元代實行徒刑的案例中，適用刑罰或所引法例規定刑期爲三年、四年、五年的除了前引案例外，還有以下頗多：

（1）《元典章》刑部卷之三「打死侄」條，「毆兄之子死者徒三年」，〔註35〕「居喪爲嫁娶者」條，「舊例，居父母及夫喪而嫁娶者徒三年」。〔註36〕

（2）《元典章》刑部卷之四「打死妻」條，「舊例，毆傷妻者減凡人二等，死者以凡人論，即先不安諧因有罪而毆死者徒四年」，〔註37〕刑部卷之三「誣告道大言語」條，「舊例，口陳欲反之言，心無眞實之計，而無狀可尋者徒四年」。〔註38〕

（3）《元典章》刑部卷之四「反獄劫囚」條，「法司擬徒五年，部擬九十七下，省准斷訖」。〔註39〕「打死同驅」條，「法司擬，同主奴婢相犯致死，而主求免者，聽減本罪一等，合徒五年決徒年杖一百」。〔註40〕

但整部《元典章》中，未見有徒三年半或四年半的記載。其他如《元史》等史料中也無此類記載。

（三）結論和可能的原因

綜上，元代徒刑無三年半和四年半一等的觀點，在沒有新的證據可推駁

〔註35〕何榮祖等：《元典章》，卷 41《刑部三》，北京：中國廣播電視出版社，1998年版，第 1521 頁。

〔註36〕何榮祖等：《元典章》，卷 41《刑部三》，北京：中國廣播電視出版社，1998年版，第 1539 頁。

〔註37〕何榮祖等：《元典章》，卷 42《刑部四》，北京：中國廣播電視出版社，1998年版，第 1539 頁。

〔註38〕何榮祖等：《元典章》，卷 41《刑部三》，北京：中國廣播電視出版社，1998年版，第 1152 頁。

〔註39〕何榮祖等：《元典章》，卷 42《刑部四》，北京：中國廣播電視出版社，1998年版，第 1572 頁。

〔註40〕何榮祖等：《元典章》，卷 42《刑部四》，北京：中國廣播電視出版社，1998年版，第 1593 頁。

前當可定論。然則，《五刑訓義》中的記載當爲何解呢？筆者在此蠡測，除了筆誤及漏記的可能性外，是否還有可能這是元初司法官員的一種制度設想，但因元初立法、行政的粗疏而怠於實施，或因時人對前朝刑制根深蒂固的記憶和習慣而有意無意的忽視，又或刑制頒行未久即被廢棄而未留下案例？以上事由，在無決定性的新證據出現前均無法絕對排除，筆者期待能在以後對元代刑制的研究中對此進行進一步的探索。

五、元代徒刑與恥辱刑關係考辨

（一）元代恥辱刑制度的歷史及社會基礎

恥辱刑是指以犯罪人人格爲主要毀損對象，使犯罪人感受到精神痛苦的刑罰總稱。其主要執行方式爲法律採用某種強制手段刻意將犯罪人的罪犯身份公之於眾，以達到鼓勵社會成員貶損罪犯人格，使其感受精神痛苦的目的。恥辱刑針對的主要對象是受刑者的人格而非其肉體、自由或財產，它使犯罪人在精神上感受到被社會唾棄的精神痛苦，這是恥辱刑區別於身體刑、自由刑、財產刑等刑罰的重要特徵。各國法律對以何種手段對犯罪人施以恥辱的規定不盡相同，但總的來說不外有遊街示眾，將犯人捆綁在恥辱柱上，在面部燙上印記或者把人的醜態及罪惡用文字公諸於世等方法。按這樣的標準去檢索我國古代的刑罰，象刑、明刑、墨刑（包括後世的黥刑、刺字刑）、耐刑、枷號、棄市等等，應屬於恥辱刑的範疇。這當中，象刑、明刑、髡刑、耐刑（完）、枷號是純粹的恥辱刑，墨刑等既是肉刑，也是恥辱刑；棄市則既是死刑，也是恥辱刑。

象刑是我國最早的恥辱刑。對於什麼是象刑，歷代論者說法不一，比較有代表性的觀點認爲象刑通過強迫罪犯穿上特殊的服飾以示懲罰的象徵性刑罰。《尚書大傳》說：「唐虞之象刑，上刑赭衣不純，中刑雜屨，下刑墨幪，以居州里，而民恥之」。《周禮》疏引《孝經》說：「畫像者上罪，墨蒙儲衣雜屨」。《白虎通義》中也有「犯惑者皂其衣，犯刻者丹其服，犯殯者墨其體，犯宮者錐其履，大辟之罪，則布其衣裾而無領緣」。荀子也說：「世俗之爲說者曰：『治古無肉刑，而有象刑。墨黥；草嬰；共，艾畢；菲，對屨；殺，儲衣而不純。治古如是」。〔註41〕這些記載略有出入而基本內容大同小異：頭戴

〔註41〕荀況著，章詩同注：《荀子簡注》，上海：上海人民出版社，1974 年版，第 190 頁。

黑巾表示應受墨刑，戴上用草作帽帶的帽子（另一種說法是讓其穿上褚色的衣服）表示應受劓刑，穿上麻鞋（另一種說法是在其腿上蒙上黑布）表明應受剕刑，割去犯人身前的護膝表明應受宮刑，穿上無領的布衣表明應受死刑。

　　一種刑罰是否是恥辱刑，首先得從它的刑罰目的來加以確認。那麼象刑的刑罰目的是什麼呢？

　　如前所述，象刑是一種象徵性刑罰，也就是說它是對五種肉刑的虛擬化。在象刑制度下，犯人可以說是毫髮不損，他們只是穿上與普通人有所區別的服飾，因而象刑剝奪的顯然不是人的身體健康權，不是人的自由權，更不是人的生命權。受象刑處罰的犯人沒有生命之憂，沒有肉體之痛，也沒有行動的不自由，那麼象刑的懲罰體現在什麼地方呢？讓犯人穿上有別於普通人的服飾，使之有別於普通人，在這種區別中感受到被社會群體所拋棄的極度恥辱、孤獨、恐懼。很顯然，象刑對犯人的懲罰不是體現在肉體上而是體現在精神上的。象刑的這種刑罰目的古人是認識得很清楚的。《尚書大傳》對象刑的注曰：「時人尚德義，犯刑但易之衣服，自為大恥」。這裡「民恥之」是別人以之為恥，而「自為大恥」則是自以為恥。不管哪種情況，讓犯罪人感到恥辱這一點是共同的。

　　再從象刑的刑罰方式來看。應該說，犯人穿上有別於普通人的特殊服飾，在最開始似乎並不具備醜化犯人的功能，而更多顯現出辨別功能，即區別犯人與普通人。隨著時間的推移，由於特殊服飾與犯人的固定聯繫，人們逐漸形成了這樣一種條件反射：這種特殊服飾意味著犯罪。於是人們在對犯罪行為表示道德譴責的同時，審美心理自然將這些昭示犯罪的服飾視為醜陋的東西，在這種心理成為社會成員的共識並不自覺地遠離這些服飾的時候，這些服飾已經被賦予了強烈的醜化功能。犯人在被迫穿上這些服飾的同時，人格尊嚴遭到了嚴重貶損。這意味著象徵性服飾的懲罰功能已經具備。

　　如前所述，古代的徒刑也除了服勞役之外，也具有象刑的意義，如是一種奴役、侮辱性質的刑罰。服刑者在不同的歷史時期要以不同的方式來表明其罪犯的身份，如剃去鬍鬚的髡刑、完刑，在身上刺字的刺配等。遼金宋之際，正是這種恥辱刑發展到較為嚴重程度的歷史階段。如宋的刺配，又例如前所述遼終身徒刑，不僅加杖，還須「黥面」，所謂「犯一罪而具三刑」等皆為明證。

　　蒙古人甫從較為質甫的原始部落時代過渡到國家政權時代，特別強調榮

譽，非常重視以法治理包括家庭問題在內的社會秩序等問題。比如，成吉思汗說：「凡一個民族，子不遵父教，弟不聆兄言，夫不信妻貞，妻不順夫意，公公不贊許兒媳，兒媳不尊敬公公，長者不保護幼者，幼者不接受長者的教訓……這樣的民族，竊賊、撒謊者、敵人和〔各種〕騙子將遮住他們營地上的太陽，這也就是說，他們將遭到搶劫，他們的馬和馬群得不到安寧，……」。〔註 42〕這成為元代刑制以恥辱刑和實刑相結合以實施刑罰的社會目的的社會心理基礎。從前述案例來看，這種恥辱刑往往是和徒刑結合實施的。可以說，元代徒刑有以恥辱刑作為其附加刑的。

（二）元代的恥辱刑立法

1. 元代關於恥辱刑的法律規定

元代關於恥辱刑的法律規定散見於各種律例、詔書、斷例之中。其中有作為常備制度執行於終元之世的，有因統治者臨時起意而判令的非法定恥辱刑，也有雖被作為法定制度然而在司法實踐中卻很少付諸實施的。概言之，見之於史料的元代恥辱刑立法有如下幾種。

（1）戮屍

戮屍是古代的一種酷刑。一般而言，犯罪的人如在事件揭發之前已死，其罪行多不會被追究，俗語謂「已死勿論」。但有時為懲罰死者生前的行為，挖墳開棺，將屍體梟首示眾。如《後漢書·靈帝紀中平元年》載，「皇甫嵩與黃巾賊戰於廣宗，獲張角弟梁。角先死，乃戮其屍」。《晉書·王敦傳》載王敦及其黨沈充死後，朝廷「發瘞出屍，焚其衣冠，跽而刑之。敦、充首同日懸於南桁，觀者莫不稱慶」。這種行為帶有鮮明的侮辱死者人格的性質，顯然屬於恥辱刑的一種。元代也有這種案例發生。例如，世祖曾經「追治阿合馬罪，剖棺戮其屍於通玄門外」，又曾「剖郝禎棺，戮其屍」。〔註 43〕泰定帝也曾下詔將誣陷他人後畏罪自殺的潮州判官錢珍「戮屍傳首」。通常情況下，戮屍不是正式刑罰，而是一種逞威洩憤行動。如前述幾個案例就是如此。但是，歷代也曾有對罪行較為嚴重的犯罪立法規定，即使在事件揭發時犯人已去世，當局亦可根據當時的法例，在犯人的屍體上施刑，是為戮屍。元代即有這種規定。《元史·刑法志》中就有」諸子弒其父母，雖瘐死獄中，仍支解其

〔註42〕〔古波斯〕拉施特：《史集》，余大鈞、周建奇譯，北京，商務印書館，1983年版，卷 1，第 354 頁。

〔註43〕宋濂：《元史》，卷 26，北京：中華書局，1976 年版，第 243 頁。

屍以徇」及「諸因爭虐殺其兄者，雖死，仍戮其屍」的記載。〔註44〕

（2）刺字刑

刺字刑即秦之前沿用已久的黥刑（墨刑）。漢文帝在位期間，先後廢除了肉刑中的墨、劓、斬左右趾（實即剕刑）和宮刑，被後人譽爲「千古之仁政」。自此以後，肉刑基本停用。魏、晉以後，雖屢有恢復肉刑的議論，但終未被採用。但五代以來流行刺配刑，實際復活了黥刑，元代也繼續沿用，並有了新的發展。元代黥刑主要針對「諸盜」即搶劫、盜竊、侵佔公私財物的犯罪份子實行。見之於法例的有以下記載：

《元典章》卷47《刑部》九中的「攬買盜糧等例」條規定：「諸倉官吏与府州司縣官吏人等，百姓合納稅粮通同攬納接受，輕賣飛鈔者十石以上，各刺面各杖一百七下……；江淮河海運粮官吏船戶梢工水手人等，妄稱風水渰沒船隻及車船人戶用水撹拌抪和糠塵因而盜用官糧者，十石以上刺面杖一百七下」；〔註45〕

《元典章》卷49《刑部》十一中的「強竊盜賊通例」條規定：「諸切盜初犯刺左臂（謂已得財者），再犯刺右臂，三犯刺項，強盜初犯刺項並充警跡人，官司拘檢関防一如舊法，其蒙古人有犯及婦人犯者不在刺字之例」；〔註46〕

《元典章》卷49《刑部》十一中的「偷頭口賊依強竊盜刺斷」條規定：「諸盜初犯刺左臂，再犯刺右臂，三犯刺頭並充警跡人，官司初檢関防一如舊法，其蒙古及婦人不在刺字之例」；〔註47〕

該條重申舊例，即對於應刺字的，初犯刺左臂，再犯刺右臂，三犯刺頭並擔任警跡人，但蒙古人和婦女不行刺字之刑。

《元典章》卷49《刑部》十一中專設「刺字」目，下分「僧人作賊刺斷」、「八刺哈赤人等作賊刺断」、「僧盜師伯物刺断」、「僧盜師叔物作刺字」、「遇赦依例刺字」、「再犯經革刺左項」、「女直作賊刺字」等條，除了一些具體的案例外，還規定了具體的操作規程。對僧人、女眞人等依例刺字。「八刺哈赤

〔註44〕宋濂：《元史》，卷104，北京：中華書局，1976年版，第52651頁。

〔註45〕何榮祖等：《元典章》，卷 47《刑部九》，北京：中國廣播電視出版社，1998年版，第1730頁。

〔註46〕何榮祖等：《元典章》，卷49《刑部十一》，北京：中國廣播電視出版社，1998年版，第1776頁。

〔註47〕何榮祖等：《元典章》，卷49《刑部十一》，北京：中國廣播電視出版社，1998年版，第1794頁。

人等作賊刺斷」一條中還強調「八刺哈赤等或係應當怯薛之人驅口，今後除正蒙古人外其餘色目、漢人，不以是何職役，但犯強竊盜賊俱各一體刺斷」，指明了不刺字的優待範圍僅限於蒙古人，不及於色目人、女眞人等其他少數民族及僧人。「遇赦依例刺字」條規定：「欽遇詔赦罪原既免，擬合刺字，相應已經付本臺依上施行」，對已經赦免徒流等本刑的罪犯仍當刺字，「再犯經革刺左項」條規定：「已於本賊左項上刺訖……今次再犯……依例刺項施行」，對於重犯者已刺過字的依舊按規定在當刺之部位再刺。〔註48〕

在「刺字」目之後，《元典章》卷49《刑部》十一中還專設了「免刺」目，計有「蒙古及婦人免刺」、「偷斫樹木免刺」、「知情不曾上盜免刺」、「子隨父上盜免刺」、「親屬相盜免刺」、「受雇人盜主物免刺」、「兩姨兄弟免刺」、「偷粟米賊人免刺」、「老幼篤廢疾免刺」、「父首子盜羊免刺」、「僧盜師祖物免刺」、「盜神衣免刺」、「主偷佃物免刺」、「從賊不得財免刺」、「刧族弟物免刺」等15條，〔註49〕規定了對一些物殊身份、特殊關係、特殊情形下的犯罪免除刺字如題。

（3）充警跡人

警跡人即需要特別監督的人。元代律學啓蒙讀物《吏學指南》的「賊盜」一條對「警跡」詞義作了如下解釋：「警，戒也；跡，蹤也。古曰景跡，謂顯人之行止也。」充警跡人是元代獨具特色的恥辱刑制度。元代對於「強竊盜賊」實施由鄰居、裏社及地方官府嚴加看管的充警跡人制度。

《元典章》卷49《刑部》十一專設「警跡人」目，下有「盜賊刺斷充警跡人」條，該條規定：強、竊盜依法律規定刺字後，「皆司縣籍記充警跡人，令村坊常切檢察，遇有出處經宿或移他處，報隣佑知，若經五年不犯者听主首与隣人保申除籍，如能告及捕獲強盜一名減二年，二名除籍，切盜一名減一年，其附籍後若有再犯，終身拘籍，應拠警跡人除緝捕外，官司不得追逐出入，妨碍營生，欽此」。〔註50〕

該條是對充警跡人制度較爲詳盡的描述。根據該條，將符合條件的犯人

〔註48〕 何榮祖等：《元典章》，卷49《刑部十一》，北京：中國廣播電視出版社，1998年版，第1803〜1808頁。

〔註49〕 何榮祖等：《元典章》，卷49《刑部十一》，北京：中國廣播電視出版社，1998年版，第1809〜1818頁。

〔註50〕 何榮祖等：《元典章》，卷49《刑部十一》，北京：中國廣播電視出版社，1998年版，第1829頁。

將犯人發付原籍登記，令鄰居、裏社及地方官府嚴加管束，五年不犯者即除籍，再犯者終身拘籍，警跡人可舉報或協助官府捕獲其他強、竊盜以減免在籍時間，警跡人違背監督規定在逃官府可緝拿，除此情形外的正常生活不應當受到官府的限制。

《元典章》卷 49《刑部》十一的「警跡人」目還有「警跡人拘檢關防」、「警跡人轉發元籍」、「警跡人獲賊功賞」、「拘鈴不令離境」等條，進一步對充警跡人制度進行了重申和細化的規定。特別是「警跡人轉發元籍」一條另行規定：「斷放強切盜賊發付元籍記充警跡人，門首置立紅泥粉壁，並寫姓名所犯，每上下半月赴官衙賀，令本處社長主首隣佑常加檢察」，〔註51〕加強了官府對警跡人的監督，其中立紅泥粉壁寫上姓名及所犯罪的規定進一步強化了這種制度的恥辱刑性質。

（三）元代恥辱刑與徒刑的關係

如前所述，古代的徒刑除了服勞役之外，也具有象刑的意義，是一種帶有濃厚侮辱刑性質的刑罰。服刑者在不同的歷史時期要以不同的方式來表明其罪犯的身份，如剃去鬍鬚的髡刑、完刑，在身上刺字的刺配等。遼金宋之際，正是這種恥辱刑發展到較為嚴重程度的歷史階段。宋的刺配刑，及如前所述遼終身徒刑，不僅加杖，還須「黥面」，所謂「犯一罪而具三刑」等皆為明證。

但元代這一情況出現了變化。前述元代見於史載的恥辱刑實施的案例中，戮屍刑針對的是死者，該種刑罰的性質次定了不可能再對其施加徒刑。除此以外的兩種刺字、充警跡人兩種恥辱刑都作為附加刑而存在，不是一種獨立的刑罰。

元代這兩種刑罰的實施主要是針對竊盜。對這兩種刑罰的比較系統的規定主要是載於《元典章》卷 49《刑部》十一中的「強竊盜賊通例」中。該「通例」第一條規定了對強盜的處罰：「諸強盜持杖但傷人者，虽不得財，皆死，不曾傷人者為首者死，餘人流遠，其不持杖傷人者惟造意及下手者死，不曾傷人者不得財徒一年半，十貫以下徒二年，每十貫加一等，至四十那貫為首者死，全各徒三年，謀而未行者於不得財罪上各減一等坐之」。〔註52〕第二條規

〔註51〕何榮祖等：《元典章》，卷 49《刑部十一》，北京：中國廣播電視出版社，1998年版，第 1830 頁。

〔註52〕何榮祖等：《元典章》，卷 49《刑部十一》，北京：中國廣播電視出版社，1998年版，第 1775 頁。

定了對竊盜的處罰：「諸切盜始謀未行者四十七，已行而不得財者五十七，十貫以下六十七，至二十貫七十七，每二十貫加一等，一百貫徒一年，每二百貫加一等，罪止徒三年〔註53〕與前引的該「通例」第五條「諸切盜初犯刺左臂（謂已得財者），再犯刺右臂，三犯刺項，強盜初犯刺項並充警跡人，官司拘檢關防一如舊法，其蒙古人有犯及婦人不在刺字之例」顯然是互相補充的關係。因此我們可以得出結論，根據以上法例的規定，對於諸盜，元律均是先執行與其本罪相對應的主刑，如笞、杖、徒、流、死等，再加以刺字及充警跡人。

前引的《元典章》49《刑部》十一「遇赦依例刺字」條也證實了這個結論。該條規定：「欽遇詔赦罪原既免，擬合刺字，相應已經付本臺依上施行」，對已經赦免徒流等本刑的罪犯仍當刺字。則本刑與附加刑的關係更加一目了然。

終上所述，有元一代，作為恥辱刑的刺字、充警跡人等仍為主刑的附加刑，而其作為附加刑適用的領域有所擴展。除原有的徒刑附加恥辱刑的做法被繼續尚用外，元代司法官員在原本不涉及恥辱刑的刑種上如笞、杖、流刑上也開始附加恥辱刑。這也是中國法制史上值得注意的一個新變化。

〔註53〕何榮祖等：《元典章》，卷49《刑部十一》，北京：中國廣播電視出版社，1998年版，第1775～1776頁。

第六章　元代笞杖刑考辨

一、元代「笞」、「杖」刑源流考

（一）「笞」、「杖」源流考

「笞」字的本義爲擊打。《說文解字》對其訓爲：「笞，擊也」。笞刑是用小竹板或小荊條打人的臀、腿或背的刑罰，這一刑罰在遠古先民建立刑制之初就有。《尙書》載：「撲作教刑」，〔註1〕記載的就是就遠古的笞刑。此後歷代史料中都有關於笞刑的記載。如《史記》有「共執張儀，掠笞數百，不服，釋之」〔註2〕；「魏齊使舍人笞擊睢，折脅摺齒」；〔註3〕這是戰國時已有笞刑的記載。《漢書》有「景帝六年詔曰：笞者，所以教之也。其定箠令。丞相劉舍請笞者，箠長五尺，其本大一寸，其竹之末薄半寸，皆平其節。當笞者笞臀，毋得更人」；〔註4〕這是漢代時關於笞刑的記載。《新唐書》有「斷獄之例有五，一曰笞。笞之爲言恥也，凡過之小者，捶撻以恥之。漢用竹，後世更以楚。《書》曰撲作教是也。太宗嘗覽《明堂針灸圖》，見人之五臟皆近背，詔罪人無得鞭背」。〔註5〕這是唐代關於笞刑的記載。

「杖」在古漢語中作爲名詞的本義是指手杖，即走路時手裏拄著的棍子，俗稱「拐杖」。如《禮記·曲禮》裏所載的「必操几杖以從之」即爲此意。後

〔註1〕 周秉鈞：《尙書易解》，長沙：嶽麓書社，1984年版，第18頁。
〔註2〕 司馬遷：《史記》，第70卷，長沙：嶽麓書社，1988年版，第541頁。
〔註3〕 同上注，第79卷，第593頁。
〔註4〕 班固：《漢書》，卷23，北京：中華書局，1962年版，第1098頁。
〔註5〕 歐陽修：《新唐書》，卷56，北京：中華書局，1975年版，第1409頁。

來演變爲用棍子擊打的意思。作爲一種刑罰的杖刑，是用大荊條做的杖（或大竹板）打人的臀、腿、背的刑罰。杖刑最初出現在東漢，當時還未法定爲刑罰，是皇帝偶然發怒時用的。杖刑是從南朝梁時正式列爲刑罰名稱之一。以後歷代都有杖刑。

　　杖刑與笞刑都是以刑具加於身體的懲戒刑，並且都是針對相對較輕的犯罪，故雖在古代的五刑體系中分屬不同刑種，但在適用對象、行刑方式等均相類似。因其與杖刑的功能作用大同小異，故笞刑出現後數百年才增設杖刑以作補充。古人也通常將笞、杖二種刑罰合稱爲「笞杖」。元承金制，而金代笞杖刑基本上沒有明確的區分，基於此，本文在考辨元代刑罰時將笞杖作爲一章加以論辯。

（二）金代的笞刑和杖刑

　　金代刑制最終定型於《泰和律義》，但原書今已不存。不過，唐代律典的編纂和成就，確立了此後各漢族及漢化皇朝律典內容和精神的基調，宋、金、明、清等各代相沿，除明律在形式上做了較大調整並爲清代所繼承以外，律典的主要風格和精神並無根本性改變。因此，元泰定年間（1324～1329）江西行省檢校官王元亮在元刻本《唐律疏議》中爲該書重編的釋文序裏說：「天厭前代，寶命我皇。聖慈惟刑是恤，冀同樂舉觴，遂詔刑官，刪修墜典，以寬猛相濟，以輕重隨時，一協公平，更無迷謬。然刑統之內，多援引典故及有艱字，法胥之徒，卒不能辨；又有新入仕員，素乖習熟，至臨斷案，事一決於胥，胥又無識，豈不有非聖慈者哉？且如問云：加杖二百比徒四年，部曲與奴婢不等，義服與正服有乖，若此之差，例皆多目。故此山賈冶子治經之暇，得覽金科，遂爲釋文，以辨其義，此蓋有志於民者也，又見不自誣舉仕。仍爲敍引，聯志歲時云爾」。〔註6〕他作爲具有執法權的司法官員，強調重刻《唐律疏議》對元代司法過程中法律解釋的意義，則《泰和律義》與唐律並無明顯不同其理甚明。從泰定本《唐律疏議》所撰纂例，我們仍能夠比較完全地獲得有關泰和律義刑制的訊息。茲將據影元泰定本刊印的《唐律疏議》卷六後所附王元亮撰「金五刑圖說」轉錄於下：

笞刑五

笞 10 20 30 40 50

〔註6〕 長孫無忌等著，劉俊文點校：《唐律疏議》，附錄，北京：中華書局，1983年版，第616頁。

贖銅（斤）2 4 6 8 10

杖刑五

杖 60 70 80 90 100

贖銅（斤）12 14 16 18 20。〔註 7〕

依上，沿襲唐宋律的金朝刑制仍爲而五刑二十二等，其中笞刑五等，笞
十、二十、三十、四十、五十；杖刑五等，杖六十、七十、八十、九十、一
百。

金代笞杖不分，稽諸《金史》，犯罪者被處以杖二十直至杖二百的事例，
處處可見。例如：海陵王貞元三年（1155 年）三月，「以左丞相張浩、平章政
事張暉每見僧法寶，必坐其下，失大臣體，各杖二十；僧法寶妄自尊大，杖
二百」。〔註 8〕杖刑是金代適用最廣泛的刑罰。海陵王曾向臣僚宣稱：「古者大
臣有罪，貶謫數千里外，往來疲於奔走，有死道路者，朕則不然，有過則杖
之，已杖則任之如初。如有不可恕，或處之死，亦未可知」。〔註 9〕如貞元二
年（1154 年）八月，左丞相（從一品職）完顏昂因「去衣杖其弟婦」，被海陵
王處杖刑。非但沒有撤職，反而在翌年二月晉升太尉（正一品職）兼樞密使。
世宗大定十四年（1174 年）二月，「以大興（府）尹（完顏）璋使宋有罪，杖
百五十，除名，仍以所受禮物入官」；〔註 10〕其副使高翊則杖一百，等等。

在行刑方法上，金初「罪無輕重悉笞背」，「又有一物曰沙袋，以革爲囊，
實以沙石，繫於杖頭，人有罪者，持以決其背，大率似脊杖之屬，惟數多焉」。
〔註 11〕直到熙宗時，杖脊之法才開始改革，「杖罪至百，則臀、背分決」。〔註
12〕海陵王又「以脊近心腹，遂禁之，雖主決奴婢，亦論以違制」。〔註 13〕但
禁止杖背後，反而發生了「杖不分決，與殺無異」〔註 14〕的後果。更爲甚者，

〔註 7〕 轉引自姚大力、郭曉航：「金泰和律徒刑附加決杖考——附論元初的刑政」，《復
　　　　旦學報社會科學版》，1999 年第 4 期，第 95 頁。

〔註 8〕 脫脫：《金史》，卷五《海陵王紀》，北京：中華書局，1975 年版，第 103～104
　　　　頁。

〔註 9〕 脫脫：《金史》，卷 76《蕭玉傳》，北京：中華書局，1975 年版，第 1735 頁。

〔註 10〕脫脫：《金史》，卷 7《世宗中》，北京：中華書局，1975 年版，第 160 頁。

〔註 11〕宇文懋昭：《歷代小史》，卷 62《金志》·江蘇廣陵古籍書印社，1989 年版，
　　　　轉引自曾代偉：「民族法文化與中華法系」，《現代法學》，2003 年第 5 期，第
　　　　172 頁。

〔註 12〕脫脫：《金史》，卷 45《刑志》，北京：中華書局，1975 年版，第 1020 頁。

〔註 13〕脫脫：《金史》，卷 45《刑志》，北京：中華書局，1975 年版，第 1021 頁。

〔註 14〕脫脫：《金史》，卷 45《刑志》，北京：中華書局，1975 年版，第 1012 頁。

有的地方官作威作福，「任情立威，所用決杖，分徑長短不如法式，甚者以鐵刃置於杖端，因而致死」。〔註15〕鑒於此，金統治者再次確定了法杖的規格和標準式樣，試圖進一步對決杖用法律加以規範。章宗承安四年（1199年）五月，「以法適平，常行杖樣多不能用。遂定分寸，鑄銅爲杖式，頒之天下」。〔註16〕

但這些措施收效甚微。地方官吏依然我行我素，有的「外官尚苛刻者，不遵銅杖式，輒用大杖，多致人死」。〔註17〕如單州刺史高閭山，公開蔑視朝廷關於禁止非法以杖決人的詔制，宣稱難以執行，制下當日即用大杖杖斃部民楊仙。僅被削官一階解職而已。

地方官吏漠視朝廷詔制和對違制官吏的寬縱，固然是「承安銅杖式」難於推行的原因之一。而銅杖式樣本身過於輕細，使決杖不能起到威懾罪犯的作用，也是「銅杖式」遭到地方抵制的重要原因。泰和元年（1201年）正月，尚書省奏稱，承安「銅杖式輕細，奸宄不畏」，〔註18〕章宗「遂命有司量所犯用大杖」，〔註19〕但法杖仍不准超過五分，承安銅杖式至此廢止。

金後期，決杖之制又趨濫酷。儘管宣宗貞元三年（1215年）三月敕令「禁州縣置刃於杖以決罪人」，〔註20〕但一紙禁令已無法約束酷吏的手腳。

二、元代十一等笞、杖刑制度的確定

（一）元初笞、杖刑刑制的發展與形成

如前所述，成吉思汗建政之初及其後一段時間裏，大蒙古國的刑罰體系以死刑爲主，間或有笞刑或贖刑，沒有合理的體系，原始且野蠻。爲了順應統治中原廣大漢地的需要，元統治者在進入中原之後很快採用了漢制，以基本遵循《唐律疏議》爲藍本而制訂的金《泰和律義》爲據，建立起了五刑制度，新的五刑制度中笞刑與杖刑成爲刑罰階梯的第一級。

關於元初過渡五刑中關於笞杖刑的資料，筆者從傳世文獻中檢得如下幾束：

其一，《元典章》卷三九《刑部一‧刑制‧刑法》所引《五刑訓義》：

〔註15〕脫脫：《金史》，卷99《貫鉉傳》，北京：中華書局，1975年版，第1996頁。
〔註16〕脫脫：《金史》，卷45《刑志》，北京：中華書局，1975年版，第1023頁。
〔註17〕同上注。
〔註18〕脫脫：《金史》，卷45《刑志》，北京：中華書局，1975年版，第1024頁。
〔註19〕同上注。
〔註20〕脫脫：《金史》，卷14《宣宗上》，北京：中華書局，1975年版，第315頁。

笞義曰：笞者，擊也；又訓爲恥，言人有小愆，法須懲戒，微加捶撻以恥之。

一十下決七下；二十至三十，決一十七下；四十至五十，決二十七下；

杖義曰：杖者，擊持也，而可以擊人也。《國語》云：「薄刑用鞭朴」；《書》云：「鞭作官刑」，猶今之杖刑也。

六十至七十，決三十七下；八十至九十，決四十七下；一百，決五十七下。

其二，元泰定本《重刊群書類要事林廣記》所載《至元雜令‧笞杖則例》：

五刑總序：昔唐太宗除鞭背刑，更以笞杖徒流絞，然罪輕者笞一十，笞乃夏楚，大元聖聰又減輕笞七下，且易楚用柳，可見愛民如子也。

笞罪：一十，決七下；二十至三十，決十七下；四十至五十，決二十七下。杖罪：六十至七十，決三十七下；八十至九十，決四十七下；一百，決五十七下。〔註21〕

其三，元至順本《事林廣記》所載《五刑》：

五刑：笞刑，一十下決七下；二十至三十，決一十七下；四十至五十，決二十七下；杖刑，六十至七十，決三十七下；八十至九十，決四十七下；一百，決五十七下。〔註22〕

其四，明代葉子奇著《草木子》所載：

元世祖定天下之刑，笞、杖、徒、流、絞五等。笞杖罪既定，曰：「天饒他一下，地饒他一下，我饒他一下」。自是合笞五十，只笞四十七；合杖一百十，只杖一百七。〔註23〕

此段史料顯示，元世祖早在適用金五刑時，即下令將笞杖刑每等減少三下，即笞杖數由整數變爲以七爲尾數。這與元初折代量刑的實施是合拍的。金與元初笞杖刑的折算關係見下表。由表中可見，與金代相比，元代初期確實做到了輕省刑法，故被時人稱之爲仁。

〔註21〕元泰定二年（1325年）刻本《重刊群書類要事林廣記》壬集卷之一。轉引自黃時鑒：《元代法律資料輯存》，杭州，浙江古籍出版社1988年版，第43～44頁。

〔註22〕元泰定二年（1325年）刻本《重刊群書類要事林廣記》，《別集》卷三。轉引自黃時鑒：《元代法律資料輯存》，杭州，浙江古籍出版社1988年版，第43～44頁。

〔註23〕葉子奇：《草木子》，北京：中華書局，1959年版，第64頁。

表十四：金、元笞杖罪刑等折算

	笞罪處罰					杖罪處罰				
金	10	20	30	40	50	60	70	80	90	100
元初	7	17		27		37		47		57

（二）至元八年後新刑制中的笞杖刑制度

世祖至元八年禁行金律後，五刑制度逐漸發生了變化。但遲至世祖末年，才於至元二十八年（1291 年）五月頒佈了《至元新格》，《至元新格》的特點是，「雖宏法大綱，不數千言」。因爲它無法把蒙古法和漢法兼容並蓄，故此在許多情況下猶如無法，造成了治理上的嚴重困難。可以說，《至元新格》不是一部足以替代金《泰和律義》的成熟法典，故至元時期刑制變化較小。以致至元二十九年二月，世祖仍敕令「申禁鞭背國法，不用徒、流、黥、絞之刑，惟杖臀，自十七分等加至百單七而止」。〔註24〕

世祖死後，太子眞金早逝，皇孫鐵木爾繼位，是爲元成宗。成宗繼位伊始，在加速修律進程的同時，頒佈一系列單行條例，對刑制進行了重大變革。其中關於笞杖刑制的主要立法是元貞元年（1295 年）七月頒行《侵盜錢糧罪例》。其中規定：

「倉庫官吏人等盜所主守錢粮，一貫以下決三十七，至十貫杖六十七；每二十貫加一等，一百二十貫徒一年，每三十貫加半年，二百四十貫徒三年；三百貫處死。計贓以至元鈔爲則，諸物以當時估價。應犯徒一年杖六十七，每半年加杖一十，三年杖一百七，皆決訖居役」。〔註25〕

這樣就在針對官吏貪污侵佔所管理之公共財產這一類特定罪行中進一步完善了徒刑制度，建立了從杖三十七直至死刑的徒刑體系。但這個立法僅是特別的單行刑法，對其他犯罪不具備普遍適用的效力。更加廣泛意義上對笞杖刑制度的完善，體現在至元後頒發的一系列其他法律文書之中。

關於至元後元代笞杖刑的描述，筆者檢得幾種典型資料：

其一，文宗天曆二年（1331 年）五月成書的《經世大典》之《憲典總序》：

〔註24〕畢沅，《續資治通鑒》，卷一九〇《元紀八》，北京，中華書局，1957 年版，第 2329 頁。

〔註25〕何榮祖等：《元典章》，卷 47《刑部九》，北京：中國廣播電視出版社，1998 年版，第 1733～1734 頁。

「國初立法以來，有笞、杖、徒、流、死之制，即後世之五刑也。凡七下至五十七用笞。凡六十七至一百七用杖。徒之法，徒一年杖六十七，一年半杖七十七，二年杖八十七，二年半杖九十七，三年杖一百七，此以杖麗徒者也。鹽徒、盜賊既決而又鐐之，使居役也。數用七者，考之建元以前，斷獄皆用成數，今匿稅者笞五十，犯私鹽茶者杖七十，私宰牛馬者杖一百，舊法猶有存者。大德中，刑部尚書王約數上言：「國朝用刑寬恕，笞杖十減其三，故笞一十減爲七。今之杖一百者，宜止九十七，不當又加十也」。議者憚論變更，其事遂寢。〔註26〕

其二，以《經世大典・憲典》爲藍本的《元史・刑法一》載：「其五刑之目：凡七下至五十七，謂之笞刑；凡六十七至一百七，謂之杖刑；……而大德間，王約復上言：「國朝之制，笞杖十減爲七，今之杖一百者，宜止九十七，不當又加十也」。今按其實，條列而次第之，使後世有以考其得失，作《刑法志》。《名例》，五刑：笞刑，七下，十七，二十七，三十七，四十七，五十七。杖刑，六十七，七十七，八十七，九十七，一百七。〔註27〕

其三，元末陶宗儀《南村輟耕錄》：

國初立法，有笞、杖、徒、流、死之制。凡七下至五十七下用笞；凡六十七至一百七下用杖；徒之法，徒一年杖六十七，一年半杖七十七，二年杖八十七，二年半杖九十七，三年杖一百七，此以杖麗徒者也。鹽徒既決而又鐐之，使居役也。數用七者，建元以前皆用成數。今匿稅者笞五十，犯私茶者杖七十，私宰馬牛者杖一百，舊法猶有存者。大德中，刑部尚書王約數上言：「本國朝用刑寬恕，笞杖十減其三，故笞一十減爲七，今之杖一百者，宜止九十七，不當又加十也。」議者憚於變更，其事遂寢」。〔註28〕陶氏此書撰於元末明初。查該段史料字句與《元史・刑法一》所記雷同。推測該書此段記載與其後明官修《元史・刑法一》，均抄自《經世大典・憲典》；或者《元史・刑法一》直接抄自《南村輟耕錄》。

其四，元代沈仲緯《刑統賦疏》（枕碧樓叢書本）：

〔註26〕蘇天爵：《國朝文類》，卷42，《四部叢刊》本，轉引自黃時鑒：《元代法律資料輯存》，杭州，浙江古籍出版社1988年版，第90～91頁。

〔註27〕宋濂：《元史》，卷102，北京：中華書局，1976年版，第2603頁。

〔註28〕李栻輯：《歷代小史》，卷七十三《南村輟耕錄》．江蘇廣陵古籍書印社，1989年版，轉引自曾代偉：「民族法文化與中華法系」，《現代法學》，2003年第5期，第172頁。

笞刑六等：七下、一十七下、二十七下、三十七下、四十七下、五十七下；杖刑五等：六十七下、七十七下、八十七下、九十七下、一百七下；〔註29〕

其五，《新元史》：

名例爲法之本：一曰五刑，笞刑六，自七下至五十七，每十爲一等加減；杖刑五，自六十七至一百七，每十爲一等加減。〔註30〕

要之，元新五刑中的笞杖刑應爲：笞刑六等，笞七，十七，二十七，三十七，四十七，五十七；杖刑五等，杖六十七，七十七，八十七，九十七，一百七。新的笞杖刑較之此前相比，刑度大大加強。其一是級差的變化。舊制笞刑一十下決七下；二十至三十，決一十七下；四十至五十，決二十七下；名爲五等，執行刑僅有三等；杖刑六十至七十，決三十七下；八十至九十，決四十七下；一百，決五十七下，同樣名爲五等，執行三等。二者實質共爲六等，而新制笞刑六等杖刑五等共計十一等，其二是笞杖數的增加。舊制笞刑上限止於五十七下，杖刑上限五十七下，而新制笞數上限五十七，杖數上限一百七，凡乎是舊制的兩倍。元後期與元前期笞杖刑刑等比較見下表：

表十五：至元八年前後笞杖罪刑等比較

	笞罪處罰						杖罪處罰				
元初	7	17	27				37	47			57
至元八年後	7	17	27	37	47	57	67	77	87	97	107

可見，改制後的元刑制，僅就笞杖刑而言，烈度超過了前朝歷代。其實元代司法官員也意識到了這一點，故大德中，刑部尚書王約才屢次上言，指出「本國朝用刑寬恕，笞杖十減其三，故笞一十減爲七，今之杖一百者，宜止九十七，不當又加十也」。然而，終因統治者疏於政事，王約的建言沒有被採納。因此，元代後期的笞杖刑雖爲輕刑種，但實際上執行時並不輕：「一個人犯了盜竊罪，法不當死，應受一定數目的杖責……有許多人死在這種杖責之下」。〔註31〕《元史·刑法志》所說「元興，其初未有法守，百司斷理獄訟，

〔註29〕沈仲緯，《刑統賦疏》，枕碧樓叢書本，轉引自黃時鑒：《蒙元法律資料輯存》，杭州：浙江古籍出版社，1988年版，第212頁。

〔註30〕柯劭忞：《新元史》，卷102《刑法志上》，北京：中國書店，1988年版，第475頁。

〔註31〕馬可波羅：《馬可波羅行記》，第一卷，呼和浩特：內蒙古人民出版社，2008年版，第78頁。

循用金律，頗傷嚴刻」。元統治者以金律嚴刻爲名義改革金律，但改革後的笞杖刑刑制卻嚴於金律，誠屬元史之一異事也。

三、元代笞杖刑制以七爲尾數之源流

元代笞、杖刑以七爲尾數在元代史書、法令條格、官修政書、刑事判例均有記錄，蓋已成爲定論，今人多無爭議。唯溯其源流，皆以世祖之言爲據。其主要依據來自明人筆記中關於元代刑制的記錄。

如前所述，明代葉子奇《草木子》在記載：「元世祖定天下之刑，笞、杖、徒、流、絞五等。笞杖罪既定，曰：『天饒他一下，地饒他一下，我饒他一下。』自是合笞五十，只笞四十七；合杖一百十，只杖一百七」。

這一記載與另一明代文人田藝蘅《留青日箚・大誥減等》：中的記載「元世祖笞杖之刑既定，曰：天饒他一下，地饒他一下，我饒他一下。自是合笞五十，止笞四十七；合杖一百，止杖九十七」〔註32〕相一致，二者互相印證，元代笞、杖刑以七爲尾似乎是出自世祖的以天、地自詡施恩於民的帝王心態。然筆者以爲，考諸史籍，至少有以下理由足堪對此置疑：

1. 正史中及其他文獻中並無相同記載

如前所述，《元史・刑法志》中有笞、杖刑數目的規定，但並無世祖的上述言論。據元人王惲記載，中統二年（1261 年）八月，忽必烈頒佈《中統權宜條理詔》，其中稱：「據五刑之中，流罪一條，似未可用，除犯死刑者依條處置外，徒年杖數今擬遞減一等，決杖雖多，不過一百七下。著爲定律，揭示多方」。〔註33〕

《新元史》對此事的記載與此基本相同：中統二年八月「乙巳，頒《中統權定條法》，詔曰：『事匪前定，無以啓臣民視聽不惑之心；政豈徒爲，必當奉帝王坦白可行之制。我國家開建之始，禁網疏闊，雖見施行，不免闕略。或得於此，而失於彼，或輕於昔，而重於今。以茲姦猾之徒，得以上下其手。朕惟欽恤，期底寬平，乃立九章，用頒十道。據五刑之內，流罪似可刪除。除犯死罪者，依條處置外，其餘遞減一等。決杖不得過一百七。著爲令』」。〔註34〕

〔註32〕田藝蘅：《留青日箚・大誥減等》，上海：上海古籍出版社，1985 年版，第 46 頁。

〔註33〕王惲：《中堂事記》下，《秋澗先生大全文集》卷八二，《四部叢刊》本。轉引自曾代偉：「蒙元流刑考辨」，內蒙古社會科學，2004 年第 5 期，第 46 頁。

〔註34〕柯劭忞：《新元史》，卷 7《世祖一》，北京：中國書店，1988 年版，第 32 頁。

其中並無世祖以天地自詡制定刑制的說法。

再考證上述文獻的作者，《元史》作為官定正史之一，其資料來源多為元代檔案典藏，其可靠性也當高於文人筆記。《新元史》的記錄與王惲的筆記相同，應當來源於此。王惲生於 1227 年，歿於 1303 年，恰逢世祖之世，且從他的經歷來看，中統元年（1260 年）姚樞宣撫東平，辟王惲為詳儀官，擢為中書省詳定官。二年春轉翰林修撰，同知制誥，兼國史院編修官。世祖至元五年（1268 年）遷御史臺，後拜監察御使，九年授承直郎，十四年除翰林待制拜朝列大夫，二十九年授翰林學士、嘉議大夫。元貞元年（1295 年）加通政大夫知制誥，同修國史。大德八年（1340 年）卒，贈翰林學士承旨資善大夫，追封太原郡公，謚文定。他是當時顯宦，又是當時名儒，與世祖有比較緊密的交往，如世祖有以上言詞，則他的文集中不因沒有記載。而與之形成對比的是，葉子奇元末明初在世，與青田劉基、浦江宋濂同為浙西著名學者。元至正十年（1350 年）署縣事。宋政權龍鳳八年（1362 年），府判葉淵薦試方州，中第四名，退隱不仕。葉子奇生活時間離至元之世既遠，亦非中朝顯宦，並無機會接觸到記載世祖言行的可信資料，而寫作《草木子》又躬逢明季，對前朝之「夷酋」難免會有調侃之意，世祖的上述言論有可能就是在此心態下的風聞言事，其可靠性堪疑。

而田藝蘅生卒年間今已不考，唯其父田汝成史有記載，生於 1503 年，卒於 1557 年，故時人推斷田藝蘅約公元一五七零年前後在世。田藝蘅乃明代中後期文人，最終以歲貢生為徽州訓導（一說以貢教授應天），根本無從得見元世，亦沒有機會接觸到保留在明宮庭中的元代檔案，其言可信程度更低於葉，故世祖是否有此狂言，僅以葉、田二人筆記而無正史及世祖時人記載，無從確定。

2. 世祖以天地自擬的心態不符合其作蒙古帝王的思維模式及當時的政治形勢

自董仲舒「天人感應」的宗天神學確定其在政治意識形態領域的統治性地位後，漢族封建王朝如元之前的唐宋、元之後的明，漢化較深的少數民族政權如遼、金等，其至高無上的皇權觀點已經深入人心，天子代天牧民，與天地並列的神化地位已無人置疑。故此百姓乃至群臣嘗以天地類比天子，帝王既以天子自命，亦嘗以天地自詡。故《草木子》、《留青日箚》中世祖「天饒他一下，地饒他一下，我饒他一下」的言論一經散佈及廣為傳播，蓋時人皆

以為此當為帝王之語也。但此種言論恰好與蒙古族帝王的思維模式不相吻合。

蒙古族在長期的共同生活中形成了民族習慣法「約孫」，後來成吉思汗又以《大札撒》的方式對其中許多內容予以法典化。其中，與汗位及汗權繼承相關的主要是「忽里勒臺」制。

「忽里勒臺」係蒙古語，漢語意為「會議或族眾會議」。蒙古習俗凡氏族內部有重大事項，要召開全體氏族成員參加的忽里勒臺共同決定。公元 12 世紀初，蒙古社會進入階級社會後，氏族成員全體參加的忽里勒臺演變為氏族部落首領參加的貴族會議。〔註 35〕蒙古制度，汗位的繼承要經「忽里勒臺」選舉，則汗王不過是公推首領，根本沒有漢族君主「受命於天」的自豪與自覺。故建立刑制這種重大決策，世祖以如此遊戲之心態、狂悖之言語一言以決之，與世祖作為一個蒙古帝王的思維模式是不相容的。

另外，從當時的政治形勢來看，自窩闊臺去世後，蒙古統治集團內部爭奪汗位的鬥爭愈演愈烈，選汗大會一再推延，以至大汗之位兩度虛懸約八年。此後的蒙古汗權也大不如前，根本不可與成吉思汗時期相併肩膀。蒙哥去世後，忽必烈又為汗位與阿里不哥展開了長達五年的汗位爭奪戰爭。在這場爭奪中，按照蒙古幼子繼承的習俗，阿里不哥具備法律上的正當性，奈何實力不濟，敗下陣來。中統二年世祖頒詔定刑制時，其與阿里不哥的爭鬥方興未艾，其時其地世祖為爭取各地蒙古宗王及統兵大將的支持，每多卑言厚詞。在這種情勢下，很難想像世祖再冒激怒蒙古宗王重臣之險出此狂言。

3. 以世祖本人「祖述變通」的思想發展過程來看，此言發之過早

元中期著名理學家吳澄說：「皇元世祖皇帝既一天下，亦如宋初之不行周律，俱有旨：『金《泰和律義》休用』，然因此遂並古律俱廢。中朝大官懇懇開陳，而未足以回天聽聖意」。〔註 36〕究其緣由，一是至元年間正值蒙古汗國通過軍事擴張而迅速膨脹，進而攻滅南宋，一統中華大地的動盪時期。蒙古貴族集團內部權位之爭頻仍，穩定蒙古政權的在中原的統治地位乃首要任務。二是世祖本人雖然在蒙古諸王中最早接受中原儒家政治學說，但其自幼所受游牧文化的長期影響亦根深蒂固。故他在「祖述」與變通和「附會漢法」之間，常常搖擺不定，時有變化。一方面，在即位之初，由於穩定新政權在

〔註 35〕 奇格：《古代蒙古法制史》，瀋陽：遼寧民族出版社，1999 年版，第 24 頁
〔註 36〕 吳澄《草廬吳文正公集》，卷 19《大元通制條例綱目後序》，轉引自曾代偉：「大元通制淵源考辨」，現代法學，2003 年第 1 期，第 15 頁。

中原統治的需要，聽取儒家治國安邦之道，重視和吸納儒家忠君、民本、重農思想；起用一批儒臣，按照儒臣們的謀劃，推行適合中原情況的漢法。但隨著其政權的逐漸鞏固，世祖對於儒臣思想上的僵化，政治上的保守愈來愈不滿；特別是儒臣理財上「重義輕利」的迂腐，與「理財助國」的方針格格不入，從而逐漸疏遠、排斥儒臣。三是至元年間，世祖基於「富國裕民」，「理財助國」的方針，先後重用頗有理財才幹的花刺子模人阿合馬、漢人盧世榮和藏人桑哥（一說為畏兀兒人）三個權臣，朝政紊亂。他們與儒臣發生尖銳的衝突。如阿合馬「在位日久，益肆貪橫，援引奸黨郝禎、耿仁，驟升同列，陰謀交通，專事蒙蔽」；「內通貨賄，外示威刑，廷中相視，無敢論列」；仗恃世祖的寵信，排擠深受儒術與漢法影響的中書右丞相安童，與皇太子真金為代表的「漢法派」的矛盾十分尖銳。盧世榮在阿合馬專政時「以賄進」，「居中書才數月，恃委任之專，肆無忌憚，視丞相一猶虛位也」。〔註37〕桑哥當國四年，「以刑爵為貨而販之。咸走其門，入貴價以買所欲。貴價入，則當刑者脫，求爵者得。……紀綱大紊，人心駭愕」，〔註38〕「中外諸官鮮有不以賄而得者；其昆弟故舊妻族，皆授要官美地」。〔註39〕以致「百姓失業，盜賊蜂起」。〔註40〕權臣當國，「屢毀漢法」，嚴重制約了當時儒臣們修律之議的實現。

在三個權臣得勢期間，太子真金的悲劇就是一個典型的例證。至元十年（1273 年），忽必烈正式將嫡子真金立為皇太子。真金自幼師從儒學大師姚樞、竇默等，深受儒家學說的薰陶。至元十六年（1279 年）十月，世祖「下詔皇太子燕王參決朝政。凡中書省、樞密院、御史臺及百司之事，皆先啟後聞」。〔註41〕真金開始實際參與國家政務，隨即擢選郭祐、何瑋、徐琰、馬紹、楊居寬、楊仁風等一批名儒為其僚佐，以輔國政。他勉勵這批儒臣：「汝等學孔子之道，今始得用，宜盡平生所學力行之」。〔註42〕儒臣們亦將太子視為實現其政治抱負的依靠，竭力輔佐真金太子。儒生李謙任太子左諭德，侍真金於東宮，曾「敬陳十事」，其中有正心、親賢、尚文、定律、正名、革弊等事；按察副使王惲進呈《承華事略》二十目，內有端本、進學、聽政、撫軍、崇

〔註37〕宋濂：《元史》，卷 205，北京：中華書局，1976 年版，第 4569 頁。

〔註38〕蘇天爵，《元朝名臣事略》，卷 3，北京：中華書局，1996 年版，第 56 頁。

〔註39〕宋濂：《元史》，卷 173，北京：中華書局，1976 年版，第 4041～4042 頁。

〔註40〕同上注，第 4042 頁。

〔註41〕宋濂：《元史》，卷 10，北京：中華書局，1976 年版，第 217 頁。

〔註42〕宋濂：《元史》，卷 115，北京：中華書局，1976 年版，第 2890 頁。

儒、親賢、去邪、納誨、從諫、尚儉、審官等目。然而，正當以太子眞金爲首的「漢法派」逐漸得勢的時候，至元二十二年（1285 年）發生的「禪位風波」，使守舊派找到了一個搞垮皇太子的絕好機會。當時，「南臺（按：即江南行御史臺）御史封章言：帝春秋高（按：世祖時年 70 餘歲），宜禪位於皇太子，皇后不宜外預」。〔註43〕守舊勢力即趁機以此離間眞金父子之情，致使眞金在忽必烈的追查下，憂懼交加而病逝。郭祐、楊居寬後遭桑哥誣陷被棄市，世人冤之。由此可見，連貴爲「皇儲」的太子眞金，亦因親儒生，行「仁政」，仿漢法而遭致守舊勢力的忌恨和陷害，一般儒臣要實現自己的主張，其艱難可想而知。

另一個例證是堪稱至元立法之最的《至元新格》的面世。至元二十八年（1291 年）五月，何榮祖「以公規、治民、禦盜、理財等十事緝爲一書，名曰《至元新格》。命刻版頒行，使百司遵守」。〔註44〕然而，《至元新格》的頒行，卻非一帆風順。何榮祖在至元年間歷任侍御史、提刑按察使、御史中丞、尚書省參知政事、中書右丞等職，多次參與彈劾權臣阿合馬和桑哥，甚至犯顏進諫。特別是在任尚書省參知政事時，與其上司尚書省右丞相桑哥的弊政針鋒相對；曾嘗試以立法的形式與之抗爭：「榮祖條中外有官規程，欲矯時弊，桑哥抑不爲通。榮祖既與之異議，乃以病告，特授集賢大學士」。〔註45〕直到至元二十八年正月，在桑哥已成爲眾矢之的情況下，世祖罷免了桑哥的職務，並下令追究其罪責；五月，撤並尚書省權歸於中書省。新任中書省右丞的何榮祖，才得以將其所纂輯的《至元新格》奏上，經世祖欽定頒行。

世祖接受漢制經歷如此多的反覆，則其接受漢族的帝王觀應亦非一帆風順。從世祖朝立法的進展來年，世祖的上述言論縱有可能，在中統二年發佈也爲時過早。

4. 以七為尾數當出自蒙古習俗

元代刑制笞杖以七爲數已爲不爭之信史。然則，若其非出自世祖以天地自詡的帝王心態支配下的市恩於民行爲，則其源流爲何？筆者以爲，其制當源自蒙古習俗。其理由如下：

〔註43〕李尤魯翀：《尚公神道碑》，《國朝文類》卷六八，轉引自黃時鑒：《元代法律資料輯存》，杭州，浙江古籍出版社 1988 年版，第 93～94 頁。
〔註44〕宋濂：《元史》，卷 16，北京：中華書局，1976 年版，第 263 頁。
〔註45〕宋濂：《元史》，卷 168，北京：中華書局，1976 年版，第 2955 頁。

首先，蒙古民族對數字七、九的使用有著特殊的含義。美國學者拉里·莫西斯深入研究了數字在《蒙古秘史》的運用。他統計並分析後得出以下一組數據：

數字七在《蒙古秘史》共出現 26 次，用法如下：七人組合 16 次；杖笞 4 次；時間概念 3 次；其他（無法確定）3 次。

數字 9 在《蒙古秘史》共出現 20 次。用法是：時間、空間、距離概念 5 次；行爲或活動 5 次；物品 5 次；九人組合 2 次；十進制單位 2 次、動物 1 次。9 字在成吉思汗出生前的 59 節和死後的 15 節中都沒有出現。在第 60 節時由 9 字引導出場的成吉思汗 9 歲，在 267 節由 4 個 9 字引導成吉思汗離開人間。〔註46〕

他並且注意到，七在很多情況下似乎是文體需要。事實上，蒙古人以九爲美數，取其長久之意，這一習俗沿習自今，例如，現代蒙古族青年男女定親後由男方家送給女方家的禮品，又叫采禮。聘禮的多少由男方家的經濟情況而定。農區多以金銀首飾、櫃子、衣物爲聘禮；牧區常以牛、馬、羊等牲畜爲聘禮。牧民視「九」爲吉祥數，聘禮以「九」爲起點，從「一九」到「九九」，最多不得超過八十一頭，取「九九」爲長壽的意思。如貧困牧戶不具備九數牲畜的聘禮，也可以擇小於九的奇數，以三、五、七頭牲畜爲聘禮，但絕不能擇偶數。

同時，古代蒙古族風俗似乎以七爲惡數，具體表現在蒙古人在喪葬時行爲常以七爲本數。例如，南宋人鄭所南記錄了蒙古人處理死者屍體的方法：「韃靼風俗，人死，不問父母子孫，必揭其屍，家中長幼各鞭一七下，咒其屍曰：『汝今往矣，不可復入吾家！』庶斷爲祟之跡。及茶毗，刀斷手足肢體爲三四段，刀破攪腹腸，使無滯戀之魂。若葬，亦以刀破腹翻滌腸胃，水銀和鹽納腹中，刀斷手足肢體，疊小，馬革裹屍，乃入棺」。〔註47〕這裡，鞭死者之屍其數爲七。又如，元史中也有「凡帝后有疾危殆，度不可愈，亦移居外氈帳房。有不諱，則就殯斂其中。葬後，每日用羊二次燒飯以爲祭，至四十九日而後已」的記載，這裡，祭奠帝后之數爲七七。〔註48〕另外，元代習俗：

〔註46〕〔美〕拉里·莫西斯著，陳一鳴譯，「數字的傳奇：〈蒙古秘史〉中數字的象徵意義」，《蒙古學信息》，2000 年第 1 期。

〔註47〕鄭思肖：《鄭思肖集·心史·大義略敘》，上海：上海古籍出版社，1991 年版，第 182～183 頁。

〔註48〕宋濂：《元史》，卷 77，北京：中華書局，1976 年版，第 1911 頁。

「死者出殯後，每隔七日作一次佛事，先後七次，至四十九口止，稱作「累七」（「壘七」）或「累七修齋」、「壘七追齋」，佛事作完，稱作「斷七」。這種風俗，在元代漢族中亦很盛行。〔註49〕

　　其次，根據《蒙古秘史》記載，還在大蒙古國建立之初（公元 1206 年），就有了笞刑與放逐等刑罰，成吉思汗宣佈：「如應當值班而脫班，將該值班而脫班的，責打三下（柳）條子。這個護衛如再脫第二班，責打七條子」，如果無故脫班三次，則「責打三十七條子」，而且「流放到遙遠的地方去」。〔註50〕元代刑制笞、杖尾數為七在此已初露端倪。

　　據此，筆者推測，蒙古風俗以既以七為喪葬行為時特定行為之次數，故七作為數字來說對於蒙古人來說有著負面的意義。成吉思汗初定刑制時可能在這種民族心理的影響下將笞刑之常數定七、三十七，而元世祖在制定笞、杖刑時就系統的將其尾數定為七。然而，在民族矛盾高度激化的元代，蒙古族傳統民族風俗對刑制的影響對於元代統治者來說，是一件不可公之於眾的政治上的敏感事件。故忽必烈及其後的統治者採取的辦法是，一方面保留藉以維繫本民族感情、維護蒙古貴族利益的「祖宗成法」，一方面根據形勢發展，把一些可能激化漢人民族感情，不行於元代統治的習慣法秘而不宣或以其他理由執行。例如，元代把「祖宗成法」和被後人稱為「蒙古的機密大事記」的《蒙古秘史》藏於宮廷秘而不宣，保持蒙古貴族的絕對尊嚴；其箚撒只在宴會上指定人員宣讀，既「凡大宴，世臣掌金匱之書（者），必陳祖宗大箚撒以為訓」，〔註51〕以表示不違祖宗之制。而對其以笞杖刑刑制立法理由，則以輕刑之名含糊其辭，以致民間對其起了種種猜測之詞，對世祖「我饒他一下」的說法可能就是在這種情勢下形成的。

四、元代以十為成數的笞、杖刑考

（一）元代有以十為成數的笞杖刑立法

　　關於元代以十為成數的笞杖刑立法，現有史籍中有下列記載：

　　其一，文宗天曆二年（1331 年）五月成書的《經世大典》之《憲典總序》

〔註49〕陳高華、史衛民：《中國風俗通史》，《蒙元卷》，上海，上海文藝出版社，2001
　　　　年版，第 293～294 頁。
〔註50〕札奇斯欽：《蒙古秘史新譯並注釋》，第九卷，臺北：臺灣聯經出版社，1979
　　　　年版，第 338 頁。
〔註51〕宋濂：《元史》，卷25，北京：中華書局，1976 年版，第 564 頁。

中有以下記載：國初立法以來，有笞、杖、徒、流、死之制，即後世之五刑也。凡七下至五十七用笞。凡六十七至一百七用杖。徒之法，徒一年杖六十七，一年半杖七十七，二年杖八十七，二年半杖九十七，三年杖一百七，此以杖麗徒者也。鹽徒、盜賊既決而又鐐之，使居役也。數用七者，考之建元以前，斷獄皆用成數，今匿稅者笞五十，犯私鹽茶者杖七十，私宰牛馬者杖一百，舊法猶有存者。

其二，元末陶宗儀《南村輟耕錄》：國初立法，有笞、杖、徒、流、死之制。凡七下至五十七下用笞；凡六十七至一百七下用杖；徒之法，徒一年杖六十七，一年半杖七十七，二年杖八十七，二年半杖九十七，三年杖一百七，此以杖麗徒者也。鹽徒既決而又鐐之，使居役也。數用七者，建元以前皆用成數。今匿稅者笞五十，犯私茶者杖七十，私宰馬牛者杖一百，舊法猶有存者。

其三，《元典章》卷 22《戶部》八「恢辦課程條畫」條載，中統二年六月世祖下旨：「諸犯私塩者科徒二年，決杖七十，財產沒官」，「如客商買到官鹽並官司綱運，舡車經由河道其關津渡口橋樑，妄稱事故邀阻者，陳告得實，實杖一百，因而乞取財物者徒二年。官司故縱者與同罪。失覺察者的決笞五十」，煎塩燒塩「但犯決八十」，「諸犯私酒麯貨者，取問得实，科徒二年，決七十，財產一半沒官，物內一半付告人充賞」，「諸犯匿稅者，所犯物貨一半沒官，於沒官物內一半付告人充賞，但犯笞五十，入門不吊引者同匿稅法科斷」。〔註52〕

上述「恢辦課程條畫」頒行於世祖中統二年六月，當年八月，世祖即頒發《中統權宜條理詔》，其中稱：「據五刑之中，流罪一條，似未可用，除犯死刑者依條處置外，徒年杖數今擬遞減一等，決杖雖多，不過一百七下。著為定律，揭示多方」。制定了以七為成數的新笞杖刑制。依詔令後法取代先法的立法原則，對前述犯罪的科刑應當適用以七為尾數的新刑制。然而，出於某種我們無法知曉的原因，對前述的犯私塩、私酒、逃稅等犯罪的處罰仍未改變，始終是以十為成數。《元典章》卷 57《戶部》八「江南諸色課程」條有載：「照得欽奉聖旨條畫，節該犯私塩酒麯貨者徒二年，決杖七十，財產一半沒官，決訖發下塩司帶鐐居中私販……」，「照得欽奉聖旨條畫，節該匿稅者，

〔註52〕何榮祖等：《元典章》，卷 22《戶部八》，北京：中國廣播電視出版社，1998年版，第 853～855 頁。

其匿稅之物一半沒官，物內一半付元告人充賞外，犯人仍笞五十，入門不吊引者同匿稅法科斷，欽此」。〔註53〕該課程頒發於至元十三年，已是《中統權宜條理詔》頒發後十餘年。不僅如此，至元二十一年後元政府復辦茶課，至元二十四年五月頒發了《私茶罪例》，對犯私茶者處以「杖七十，所犯私茶一半沒官，一半付告人充賞」的處罰。〔註54〕

其四，《元典章》卷57《刑部》十九「倒死牛馬里正主首告報過開剝」條：「……今後官府上下公私飲食宴會并屠肆之家，並不得宰殺牛馬，如有違犯者決杖一百，兩隣知而不首者減一等，官司失竟者又減一等，若有因病倒死及老病毀折不堪用者，申報所在官司，若離遠，寫於當處里正主首告報過方許開剝，仍遍行所屬州縣，常切禁治，毋令違犯，欽此。又欽奉聖旨節該，今後私殺牛馬正犯人決杖一百……」；〔註55〕「賞捕私宰牛馬」條：「今後私宰牛馬者，犯人決杖一百，仍徵鈔二十五兩与告人充賞金」。〔註56〕

（二）元代有以十為成數的笞杖刑案例

關於元代司法判決中執行以十為成數的笞杖刑，除了前期刑制本為成數外，《元典章》記載了改定刑制後仍用十數笞杖的一些案例。這些案例主要集中在前述的私宰馬年等特定案例中。例如《元典章》卷57《刑部》十九「偷宰馬牛」條：大德七年九月，河南省汴梁路黃佛住、王馬兒尋偷盜馬、牛、驢並且宰殺，各刺臂，並杖一百；〔註57〕「李萬戶宰馬」條，延祐三年四月，李萬戶（名八撒兒）宰馬後被判杖一百，他的驅口高興兒申辯說被宰馬匹年老且眼有青盲，已不堪使用，但依舊奉聖旨，以「罪犯雖稱年老，眼有青盲，終非不堪為用，擬合依例斷一百，標附相應。具呈照詳得此照得」，等等。〔註58〕

〔註53〕何榮祖等：《元典章》，卷22《戶部八》，北京：中國廣播電視出版社，1998年版，第858頁。

〔註54〕何榮祖等：《元典章》，卷22《戶部八》，北京：中國廣播電視出版社，1998年版，第869頁。

〔註55〕何榮祖等：《元典章》，卷57《刑部十九》，北京：中國廣播電視出版社，1998年版，第2060～2061頁。

〔註56〕何榮祖等：《元典章》，卷57《刑部十九》，北京：中國廣播電視出版社，1998年版，第2062頁。

〔註57〕何榮祖等：《元典章》，卷57《刑部十九》，北京：中國廣播電視出版社，1998年版，第2063頁。

〔註58〕何榮祖等：《元典章》，卷57《刑部十九》，北京：中國廣播電視出版社，1998年版，第2065頁。

（三）結論

這裡的記載都說明了一個問題：自中統改定刑制以後，元代笞杖刑皆以七爲尾數。但對於某些特定犯罪，如逃稅者仍適用笞五十的刑罰，對販賣私鹽、私茶者仍適用杖七十的刑罰，對私宰馬、牛者仍仍適用杖一百的刑罰，因此，除了常態下笞杖刑以七爲尾數外，元代仍保留了部分以十爲成數的笞、杖刑立法。刑制的這種不相統一，又一次說明了元代立法的混亂情況。

第七章 元代贖刑考辨

一、贖刑的變遷

（一）宋以前歷代贖刑之變遷

贖刑是法律規定的犯人可以用財物折抵刑罰的制度。從理論上來說，贖刑與財物相關，它是商品經濟發展到一定階段的產物，源於一種原始的錯誤補償習俗。古人對贖刑的概念已有論及。《說文解字》訓曰：「贖，貿也。」「貿，易財也。」《玉篇》說：「贖，質也，以財拔罪也」。朱熹說：「刑之可恕者，則許用金以贖其罪」。〔註1〕這些說法，基本上揭示了贖刑的本質。

贖刑在我國古代有著漫長的發展歷史。據《尚書》記載，贖刑在夏代已經出現。《尚書·呂刑》載：「穆王訓夏贖刑」。《尚書·舜典》載：「金作贖刑。」《書序》載：「穆王訓夏贖刑，作呂刑」。根據以上記載，夏代應已有贖刑存在，但因史料缺乏，夏代贖刑的具體內容及如何適用，已難考實。西周贖刑的具體規定載於《尚書·呂刑》：「墨辟疑赦，其罰百鍰，閱實其罪。劓辟疑赦，其罰惟倍，閱實其罪。剕辟疑赦，其罰倍差，閱實其罪。宮辟疑赦，其罰六百鍰，閱實其罪。大辟疑赦，其罰千鍰，閱實其罪」。〔註2〕從此條材料看，周代罰贖適用於疑罪，死刑亦可贖。墨、劓、剕、宮、大辟五種刑罰都可以贖免。此後贖刑得到更加廣泛的運用，秦朝有關贖刑的規定，空前增加。除金贖之外，還有貨贖和役贖。貨贖主要指以錢、贖罪，役贖是被刑者欲贖無錢時，可以依律用勞役折抵贖金。《雲夢秦簡》記載的秦贖刑有贖罪、贖耐、

〔註1〕 黎靖德編著：《朱子語類》，卷78，北京：中華書局，1981年版，第2001頁。
〔註2〕 周秉鈞：《尚書易解》，長沙：嶽麓書社，1984年版，第297頁。

贖黥、贖刑、贖宮、贖遷、贖死罪等。

秦以後歷代均對贖刑制度進行了修改與完善。《漢書·惠帝紀》載：「民有罪，得買爵三十級以免死罪」。《漢書》列傳中，李廣、蘇建、張騫、公孫敖、趙食其等均因犯軍法當斬，而「贖為庶人」；司馬遷受宮刑後在《報任安書》中稱：「家貧，財賂不足以自贖」。則宮刑時亦可贖。《後漢書》也有以下記載：建武二十九年「夏四月乙丑，詔令天下繫囚自殊死已下及徒各減本罪一等，其餘贖罪輸作各有差」。〔註3〕中元二年十二月，詔「天下亡命殊死以下，聽得贖論，死罪入縑二十匹，右趾至髡鉗城旦舂十匹，完城旦舂至司寇作三匹。其未發覺，詔書到先自告者，半入贖」。〔註4〕而據《晉書·刑法志》記載：曹魏贖刑凡十一等：死刑一、髡刑四、完刑三、作刑三。晉贖刑五等。此後，經南北朝發展，至隋唐宋，贖刑實現了制度化，律典明確規定了五刑每一等贖銅的數額，及其適用的具體條件和對象。

（二）贖刑之性質及其在「五刑」體系中之地位

贖刑一般不直接適用於某一罪名，只是在判定某種罪行應科的刑罰之後，可以依律用財物折抵刑罰，求得贖免。所以，贖刑不是一種獨立的刑罰，而是一種代用刑。可能基於以上原因，古人認為贖刑並不是一個獨立的刑種，因此，古代贖刑不入法典明訂的「五刑」序列。但按現代通行的刑罰理論分析，以能否獨立適用為標準，刑罰可分為主刑和附加刑，主刑是對犯罪分子適用的主要刑罰，它只能獨立使用，不能相互附加適用。即法院在定罪量刑的時候，只能判處一種主刑，不能同時判處兩種或兩種以上的主刑，而附加刑既可獨立適用，也可附加於它種主刑之下，作為對犯罪者的一種額外處罰。從這個角度而言，古代的贖刑雖然是作為它種刑罰的附加刑，但仍然是一種獨立適用的主刑，因此，在現代法律史著述中，通常把贖刑單列於其他刑罰之外。基於這一原因，故筆者在考辨元代法定刑制度時，亦將贖刑作為一個單獨的刑種予以考辨分析。

二、元代贖刑之形成

（一）遼、金時期的贖刑立法

遼金對贖刑作了諸多限制，且帶有鮮明的民族特色。《遼史·刑法志》載：

〔註3〕 范曄：《後漢書》，卷1，長沙：嶽麓書社，1993年版，第31頁。
〔註4〕 范曄：《後漢書》，卷2，長沙：嶽麓書社，1993年版，第36頁。

「品官公事誤犯，民年七十以上、十五以下犯罪者，聽以贖論。贖銅之數，杖一百者，輸錢千。」又重熙元年（1032 年），「詔職事官公罪聽贖，私罪各從本法」。

金代贖刑之法頗為盛行。在女真氏族部落時期，就有「殺人償馬牛三十」的誓約。〔註 5〕金朝建立初期，仍然「刑、贖並行」；且保留女真傳統習慣，對於犯罪者，「其親屬欲以馬牛、雜物贖者從之。或重罪亦聽自贖，然恐無辨於齊民，則劓、刵以為別」。〔註 6〕

在金代法律中，贖刑通常適用於官吏職務上的犯罪。除明令處決者外，一般都允許收贖。如興定初年，參知政事張行信在一道奏疏中提到：「大定間，監察坐罪大抵收贖，或至奪俸，重則外降而已，間有的決者皆有為而然」。〔註 7〕職司糾彈重任的監察官犯罪都大多可贖，其他職官自不待言。大定八年（1168 年），「製品官犯賭博法，贓不滿五十貫者其法杖，聽贖。再犯者杖之。且曰：『杖者所以罰小人也。既為職官，當先廉恥，既無廉恥，故以小人之罰罰之』」。貞祐四年（1216 年）詔：「凡監察失糾劾者，從本法論。……在京犯至兩次者，臺官減監察一等治罪，論贖，餘止坐，專差任滿日議定」。〔註 8〕

《泰和律義》的頒行，使贖刑實現了制度化。《泰和律義》在唐宋贖刑之制的基礎上，將各等刑罰的贖銅數額增加了一倍，即笞杖刑十等，贖銅二斤到二十斤；徒刑七等，贖銅四十斤至一百八十斤：流刑三等，贖銅一百六十斤到二百斤；死刑、斬、絞二等皆贖銅二百四十斤。在收贖時，實行銀、錢、鈔並用，錢二貫折合銀一兩。

金朝後期，錢、鈔貶值，物價飛騰，唯銀兩因信用和價值高受到社會青睞。故宣宗貞祐三年（1215 年）五月「命贖銅計贓皆以銀價為準」。興定四年（1221 年）三月，參知政事李復亨奏議：「法當贖銅者」，應折徵銀兩，「既足以懲惡，又有補於官」。宣宗據此詔令：官吏「犯公錯過誤者止徵通寶見錢，贓污故犯者輸銀」。〔註 9〕

〔註 5〕　脫脫：《金史》，卷 1《世紀》，北京：中華書局，1975 年版，第 2 頁。

〔註 6〕　脫脫：《金史》，卷 45《刑志》，北京：中華書局，1975 年版，第 1014 頁。

〔註 7〕　脫脫：《金史》，卷 107《張行信傳》，北京：中華書局，1975 年版，第 2368 頁。

〔註 8〕　脫脫：《金史》，卷 45《刑志》，北京：中華書局，1975 年版，第 1025 頁。

〔註 9〕　脫脫：《金史》，卷 48《食貨三》，北京：中華書局，1975 年版，第 1084、1088、1089 頁。

如前所述，金代遼興，而元刑制起初是直接以金《泰和律義》爲藍本，因此遼金贖刑之法對元朝有著很大的影響，可以說是元代贖刑的重要淵源。

（二）元代贖刑源流淺析

通說以爲，元代的贖刑制度是對金及金以前的歷代贖刑制度的直接繼承，蒙古族習慣法中並無贖刑的規則。然而，從元代的燒埋銀（或燒埋錢）制度來看，贖刑制度或贖罪思想在蒙古族先民中早有流傳，蒙古習慣法應亦爲元代贖刑源流之一。

燒埋銀是元朝開始出現的法律制度，它的具體內容是對枉死者的屍首經官驗明，行兇者除按罪判刑外，家屬須出燒埋錢予苦主，作爲燒埋屍體的費用。在元之前的漢唐和宋朝都沒有類似的制度。認爲燒埋銀源於蒙古人習慣法的看法自然是最合邏輯的推斷。那麼燒埋銀原來的形態如何呢？爲什麼有這樣的習慣？對此尚無史料予以正面說明，故需從傳世文獻透露的蛛絲馬蹟中予以合理分析。

最早見諸史料的實施燒埋銀的時間是至元二年（1265 年），該年「聖旨條畫：凡殺人者雖償命訖，仍徵燒埋銀五十兩。若經赦原罪者，倍之」。〔註10〕但是至元二年之前是否有燒埋銀制度這條「聖旨條畫」沒有任何說明。不過，當時對蒙古人之間的命案，「依蒙古人例：犯者沒女入仇家，無女者徵鈔四錠」。〔註11〕這裡「沒女入仇家」是否就是蒙古人早期處理命案的習慣法呢？對此因迄今沒有旁證，故尚待考證。

筆者認爲，燒埋銀的出現應該從蒙古早期所處部落聯盟制的社會形態來解釋，而賠命價的習慣法就是燒埋銀的早期形態。生命權是一個人最基本也最重要的權利。人類社會從一產生，就發明了復仇的方式來保護自己和部落人群的生命。但是復仇讓整個社會陷入恐懼和混亂，這迫使人類，不得不在仇恨還是生存之間做出艱難的選擇。最終，人類選擇了和解。在加害人一方賠償一定數額的實物或者金錢之後，被害人一方即放棄復仇，從此兩不相欠，和平共處。這就是所謂的 Wergild（賠償命價）。關於賠命價的規定在我國古代法制文獻中多有記載，但通常存在於少數民族政權中。例如：北魏昭成建國二年詔令：「民相殺者，聽與死者家馬牛四十九頭，及送葬器物以平

〔註10〕 何榮祖等：《元典章》，卷 43《刑部五》，北京：中國廣播電視出版社，1998
　　　 年版，第 1623 頁。
〔註11〕 宋濂：《元史》，卷 5，北京：中華書局，1976 年版，第 97 頁。

之」。〔註12〕西夏規定：「殺人者，納命價一百二十千」。〔註13〕女真族部落時代，即有「殺人者，償馬牛三十」的習俗。〔註14〕

這種風俗在我國當代的少數民族地區仍有留存。近年來關於藏族、彝族、傣族大量的調查資料可以爲證。

我國的漢族歷代政權自古即奉行「殺人償命」的觀念和做法，沒有 Wergild 的歷史記載。但是民間一直存在的「私和」習慣，似可揣測漢族的祖先也不曾例外，只不過由於漢族開化較早，遠古時期的記載距今時間過久而已無殘留，但習俗的力量殘存至今，並始終影響民間社會生活。

以此推測，以賠命價瞭解殺人罪行是各民族在法制自我發展過程中的一個早期通常會被社會認可甚至被國家政權以法典明令社施的刑事制度，或者說，賠命價在特定社會階段的一種針對殺人罪的特定刑罰。按照常規而言，蒙古族自然不應該例外。蒙古史料的一些記載從側面驗證了這一點。例如，《史集》記載：成吉思汗曾經在箚撒裏規定：「殺穆斯林者償四十巴里失，而殺契丹人則僅償驢」，窩闊台並曾背誦這條文來教訓看不起穆斯林的契丹人。〔註15〕

蒙古習慣法中這種賠命價制度，在形式、內容上與元代進入中原後實施的贖刑制度有很大區別。最主要的區別在於：燒埋銀是一種附加刑，贖刑不是附加刑，而是單獨適用的一種代用刑。易言之，從刑罰來看，適用了贖刑則原判刑罰就不再執行，而燒埋銀和原判決的作爲主刑的刑罰，如笞、杖、徒、流、死等並行不悖。

然而，形式上的個性不能掩蓋實質上的共性。燒埋銀制度與贖刑制度有著一個關鍵的共同點：兩者都以一定的經濟上的代價換得人身刑上的適當從輕。在元代的刑法實施中，二者其實經常無法區分界限。以前述至元二年（1265年）的立法爲例，該年「聖旨條畫：凡殺人者雖償命訖，仍徵燒埋銀五十兩。若經赦原罪者，倍之」。〔註16〕這道聖旨明確規定了以下兩項制度：其一即作爲附加刑的燒埋銀制度，當殺人者被執行死刑以作爲主刑後，仍需附加賠償

〔註12〕 魏收：《魏書》，卷 111《刑罰志》，北京：中華書局，1974 年版，第 2885 頁。
〔註13〕 脫脫：《遼史》，卷 115，北京，中華書局，1974 年版，第 1524 頁。
〔註14〕 脫脫：《金史》，卷 1《世紀》，北京：中華書局，1975 年版，第 2 頁。
〔註15〕 〔古波斯〕拉施特：《史集》，卷 2，北京：商務印書館，1983 年，第 108 頁。轉引自吳海航：「約孫論──蒙古法淵源考之一」，《中外法學》，1998 年第 3 期，第 72 頁。
〔註16〕 何榮祖等：《元典章》，卷 43《刑部五》，北京：中國廣播電視出版社，1998 年版，第 1623 頁。

苦主燒埋銀五十兩；其二是作爲贖刑的燒埋銀制度，當殺人者被赦免後，死刑不再執行，加倍徵收燒埋銀一百兩抵其罪行。當然，由於燒埋銀的所贖之罪的特殊性質，這裡的贖刑之物是向作爲苦主的死者家人償付的，而非支付給國家的，但這並不影響這種燒埋銀作爲贖刑而非作爲附加刑的法律屬性。

另《元史‧世祖本紀》記載了以下一個案例：至元二年（1265 年）春正月，「諸王塔察兒使臣闊闊出至北京花道驛，手殺驛吏郝用、郭和尚，有旨徵鈔十錠給其主贖死」。在這個案例中，僅有以「鈔十錠」支付給苦主以贖死的詞句，卻沒有另行執行其他刑罰的記錄，顯然燒埋銀是唯一獨立適用的刑罰，原本應當適用的死刑不再實施，燒埋銀在這個案例中的性質是贖刑而非附加刑。

因此，在很大程度上，燒埋銀其實也是一種贖刑。但後世研究者常忽視了二者的共性，而自覺或不自覺的將燒埋銀與贖刑視作兩種性質截然不同的刑罰。筆者以爲，其原因有二，其一是蒙古族進入中原後採納了金宋原有的贖刑制度，但又將作爲蒙古傳統的燒埋銀制度保留下來，二者並行不悖的實施，這就易使研究者出於思維慣性而將其適作兩種不同的制度；二是元代統治者的法制觀點遠不如歷代的漢族統治者及漢化較深的其他少數民族統治者，他們在法律的制定或實施過程中隨意性極大，常以一己好惡而不顧法律體系的一致性和穩定性制定彼此相衝突的法律，而在執法過程中也常以其主觀態度對同種罪行處以不同刑罰，這就使研究者常常難以區分其法律的內在邏輯和立法者的個人動機，因此無法對燒埋銀執行過程中體現的法律意義作出正確的判斷。

三、元代贖刑的制度和實施

（一）元代關於贖刑的法律規定

元代關於贖刑的法律規定散見於各種史料中。擇其要，計有如下幾種：

其一，《吏學指南》。

贖銅，即輸贖也，自唐宋以來，定數不等。今國家定制，每一下罰鈔一兩。其贖例有四：

聽贖，謂犯罪之人情有可矜者。

罰贖　謂犯公罪而贖免者。

收贖　謂老幼疾病之人應收贖者。

蔭贖　藉親蔭而收贖罪者，所謂藉蔭親屬也。

其二，《元史》卷102《刑法一》：

《名例》：贖刑，諸牧民官，公罪之輕者，許罰贖。

諸職官犯夜者，贖。

諸年老七十以上，年幼十五以下，不任杖責者，贖。

諸罪人癃篤殘疾，有妨科決者，贖。

其三，《元史》卷103《刑法二》：

《職制》：諸累過不悛，年七十以上，應罰贖者，仍減等科決。

《姦非》：諸強姦人幼女者處死，雖和同強，女不坐。凡稱幼女，止十歲以下。

諸年老姦人幼女，杖一百七，不聽贖。

《盜賊》：諸幼小爲盜，事發長大，以幼小論。未老疾爲盜，事發老疾，以老疾論。其所當罪，聽贖，仍免刺配，諸犯罪亦如之。

諸年未出幼，再犯竊盜者，仍免刺贖罪，發充警跡人。

諸竊盜年幼者爲首，年長者爲從，爲首仍聽贖免刺配，爲從依常律。

其四，《元史》卷105《刑法四》：

《詐僞》：諸挑剜裨輳寶鈔者，不分首從，杖一百七，徒一年，再犯流遠。年七十以上者，呈稟定奪，毋輒聽贖。

《鬥毆》：諸職官閒居與庶民相毆者，職官減一等，聽罰贖。

諸小民恃年老毆詈所屬官長者，杖六十七，不聽贖。

《殺傷》：諸十五以下小兒，因爭毀傷人致死者，聽贖，徵燒埋銀給苦主。

《恤刑》：諸有罪年七十以上、十五以下，及篤廢殘疾罰贖者，每笞杖一，罰中統鈔一貫。

其五，《元史》卷101《兵四》：

其夜禁之法，一更三點，鐘聲絕，禁人行；五更三點，鐘聲動，聽人行。有公事急速及喪病產育之類，則不在此限。違者笞二十七下，有官者笞七下，准贖元寶鈔一貫。〔註17〕

中統元年（1260年），詔：「隨處官司，設傳遞鋪驛，每鋪置鋪丁五人。……各路總管府委有俸正官一員，每季親行提點。州縣亦委有俸末職正官，上下

〔註17〕另《元典章》，卷57《刑部十九‧諸禁‧禁夜》載，此法是中統五年（1264年）八月的一道《聖旨條畫》中規定的。

半月照刷。如有怠慢，初犯事輕者笞四十，贖銅，再犯罰俸一月，三犯者決。總管府提點官比總管減一等，仍科三十，初犯贖銅，再犯罰俸半月，三犯者決。鋪兵鋪司，痛行斷罪。

其六，《元典章》：

元貞元年（1295 年）六月，福建行省准中書省咨御史臺呈陝西漢中道廉訪司，申犯罪官吏幷諸人有罪年老或篤疾廢疾病妨礙科決不任杖責之人，贖罪錢多寡不一，終无通例。呈乞照詳，送刑部議得：諸犯罪人若年七十以上十五以下，及篤廢殘疾不任杖責，理宜哀矜，每杖笞一下，擬罰贖罪中統鈔壹貫。相應都省准呈咨請依上施行。民官公罪許罰贖。至大三年十月，欽奉詔書內一款，諸牧民官犯公罪之輕者，許罰贖。〔註18〕

綜上，元代適用贖刑的方式見下表。

表十六：元代贖刑方式

贖例	適用範圍
聽贖	犯罪之人情有可矜
罰贖	犯公罪而可贖免者
收贖	老幼疾病之人收贖
蔭贖	藉親蔭而收贖罪

（二）元代贖刑的幾個案例

在元代傳世文獻中，適用贖刑的實例極少，筆者僅檢得數例。

其一，至元二年（1265 年）春正月，「諸王塔察兒使臣闊闊出至北京花道驛，手殺驛吏郝用、郭和尚，有旨徵鈔十錠給其主贖死」。〔註19〕

其二，至元七年（1270 年）五月十一日，陝西行省延長縣道士刘志朴，打死徒弟刘志升放良驅口蒲民。「法司擬得，刘志朴打死蒲民罪犯，並依凡人之法，合行處死仍徵燒埋銀給付苦主。却緣劉志樸年及八十，合行具狀上請，听勑處分。部擬，徵贖罪鈔三十二貫，徵燒埋銀五十兩。中書省擬徵贖罪鈔一定（錠），更徵燒埋銀兩。於十月二十日聞奏過，欽奉聖旨准。欽此」。〔註20〕

〔註18〕何榮祖等：《元典章》，卷三九《刑部一》，北京：中國廣播電視出版社，1998年版，第 1455 頁。

〔註19〕宋濂：《元史》，卷 6，北京：中華書局，1976 年版，第 105 頁。

〔註20〕何榮祖等：《元典章》，卷 42《刑部四》，北京：中國廣播電視出版社，1998年版，第 1603 頁。

其三，至元十二年（1275年）二月，樞密院言：「渡江初，亳州萬戶史格、毗陽萬戶石抹紹祖，以輕進致敗，乞罪之」。有旨，或決罰降官，或以戰功自贖，其從行省裁處。〔註21〕

其四，至元十九年（1282年）八月，「譴捏兀迭納戍占城以贖罪」。〔註22〕

其五，至元二十六年（1289年）二月。「大都路總管府判官蕭儀嘗爲桑哥掾，坐受贓事覺，帝貸其死，欲徙爲淘金。桑哥以儀嘗鉤考萬億庫，有追錢之能，足贖其死，宜解職杖遣之，帝曲從之」。〔註23〕

其六，至元三十一年（1294年）七月，「以軍戶所棄田產歲入及管軍官吏贖罪等鈔，復輸樞密院」。〔註24〕

其七，至大元年（1308年）六月，江西行省建昌路少年程福孫，在李寶俚教唆下偷摸到熊十二至元鈔五百文。案發後，「緣本人犯罪時年方一十五歲，又兼贓不滿貫，合行免刺罪贖。即係通例咨請定奪，准此送據刑部呈，議得：李宝俚所犯誘合程福孫掏摸熊十二至元鈔伍伯文，遞与李宝俚收接，捉獲到官，搜贓還主。李宝俚虽不下手，終是造意爲首，罪經踈放，例合刺字。程福孫時年方十五歲，未行出幼，擬合免刺。今後強切盜賊已得財者，年七十以上十五以下，及篤廢疾者不任重刑，合行免刺收贖。事干通例，如蒙准呈，遍行相應都省准擬咨請依上施行」。〔註25〕

如前所述，元代的燒埋銀在某種程度上也是贖刑的一種，但燒埋銀有雙重法律性質的特點，有時是附加刑，有時是贖刑。基於此，筆者以其不同於元代系統性的贖刑制度，故在此不予以枚舉其立法與案例。另外，在全面反映元代社會生活的元雜劇中也有關於元代贖刑的立法和執行的描述。因史學考證當基於真實的史料，故筆者在此不予引證。但這也從一個側面說明了元代贖刑制度適用的廣泛及其在社會法律生活中影響的全面性。

（三）元代贖刑制度的特點

綜上可見，元代贖刑之制，無論在其適用對象、贖罪方法諸方面皆與前朝後世不同。元代贖刑有以下不同於其前各朝的特點：

〔註21〕宋濂：《元史》，卷8，北京：中華書局，1976年版，第163頁。
〔註22〕宋濂：《元史》，卷12，北京：中華書局，1976年版，第245頁。
〔註23〕宋濂：《元史》，卷15，北京：中華書局，1976年版，第320頁。
〔註24〕宋濂：《元史》，卷18，北京：中華書局，1976年版，第386頁。
〔註25〕何榮祖等：《元典章》，卷四九《刑部十一》，北京：中國廣播電視出版社，1998年版，第1813～1814頁。

1. 贖刑適用範圍較窄，僅適用於兩類人犯罪

（1）職官犯輕罪。包括三種情形：一是職官犯公罪，即因公事致罪，而無有私人利益方面的動機。如各處官司所設傳遞鋪驛的官吏，「如有怠慢，初犯事輕」應處笞刑者，可贖銅。二是職官犯私罪情節輕微。如犯「夜禁之法」應處笞刑者准贖；職官閒居與庶民相毆者，職官減一等，聽罰贖。

（2）老幼廢疾犯罪，不宜加諸刑罰者。不過這一條乃歷代成例。《唐律疏議》卷四《名例》「老小及疾有犯」條：「諸年七十以上，十五以下及廢疾，犯流罪以下，收贖」。元以前的宋、遼、金及元以後的明、清皆同此。概言之，依此條，年七十以上、十五以下、篤疾、殘廢不宜科決者可贖。即使幼小爲盜，長大事發，及未老疾爲盜，老疾事發，亦均可贖。甚至有年及八十打死人者，罰贖中統鈔一錠（50 貫）並徵燒埋銀的實例。但同時對年老者犯罪適用贖刑，設定了一些限制性的規定：一是累犯不悛，應罰贖者，仍減等科決；二是姦淫十歲以下幼女者，杖一百七，不聽贖；三是僞造寶鈔者，呈稟定奪，毋輒聽贖；四是依恃年老毆詈所屬官長者，杖六十七，不聽贖。

2. 贖刑方法頗具隨意性，似無一定之規

其一是同時採用不同的贖刑方法。除了最主要的以銀鈔贖罪外，前引的至元 12 年 2 月亳州萬戶史格、毗陽萬戶石抹紹祖的案例中，世祖旨意或決罰降官，或以戰功自贖，聽從行省裁處，則作戰立功也可作爲贖刑方法的一種；至元 19 年 8 月丙辰，謫捏兀迭納戍占城以贖罪的案例中，戍邊也可作爲贖刑方法的一種；至元 26 年 2 月。大都路總管府判官蕭儀的案例中，「有追錢之能，足贖其死」，則官吏某方面的工作能力也可作爲贖刑方法的一種；似此規定不一而足，充分顯於了元代贖刑方法的隨意性。

其二是同樣適用以銀鈔贖罪的贖刑方法時，不同人用以贖罪的銀鈔數量不一致。前述資料顯示，《吏學指南》所謂「自唐宋以來，定數不等。今國家定制，每一下罰鈔一兩。」是指成宗元貞元年（1295 年）定例：年七十以上、十五以下，及篤疾殘疾者贖罪，「每杖笞一下，擬罰贖罪中統鈔一貫。」而以元代鈔法來看：世祖即位，於中統元年（1260 年）七月發行「中統元寶交鈔」，以絲爲鈔本，以兩爲單位；十月又發行「中統元寶鈔」，以銀爲鈔本，以貫爲單位。後者即通常所謂之「中統鈔」。兩種鈔在全國無限制流通，交鈔一兩等於寶鈔一貫。故形成貫、兩通用的習慣。元代以銀 50 兩爲一錠，故鈔 50 貫亦稱一錠。至元二十四年（1287 年）改革鈔法，發行「至元通行寶鈔」，以貫

爲單位，與「中統鈔」並行。至元鈔一貫合中統鈔五貫。武宗至大二年（1309年）廢中統鈔，發行「至大銀鈔」，以銀爲鈔本，以兩爲單位；至大鈔一兩合至元鈔五貫。職官犯夜禁之法者笞七下，准贖元寶鈔一貫。此元寶鈔即中統鈔。如此，則就贖笞杖罪而言，職官贖罪之法大大輕於老幼廢疾者贖罪。

但就贖死罪而言，似乎又是另外一種情況。前揭至元二年蒙古親王塔察兒的使臣闊闊手殺驛吏二人案，有旨徵鈔十錠給其主贖死，贖罪錢合中統鈔500貫。而至元七年陝西延長縣道士劉志樸打死放良驅口蒲民。欽准徵贖罪鈔一錠，燒埋銀 50 兩，計合中統鈔 150 貫。即使將前者殺死二人的因素考慮在內，其贖罪鈔數也高於後者許多。

3. 創立了獨具特色的燒埋銀制度

這一制度的內容如前所述不復贅述。這一制度爲元代所獨創，爲此後的明、清兩代所繼承，不過，明代把燒埋銀的徵收範圍縮小，只作爲一些過失性質的犯罪，如車馬殺傷人，威逼人致死等的附加刑罰。清朝繼承明制，只是更加明細而已。

可以相類比的是，西夏的党項族、金朝的女真族都有以金錢和實物償命的習慣，但他們沒有創立燒埋銀的制度，而是在元朝才形成。究其理由，這應當和蒙古對待漢化的心態有關。在遼夏金元這幾個少數民族建立的王朝之中，元朝的統治者對漢化的態度是最不以爲然的。忽必烈漢化最深，應該對漢族文化最有好感，但是也不過「附會漢法」而已。而其他幾個王朝，遼的阿保機、金的世宗、夏的元昊，都是十分傾慕漢化的君主。雖然漢族的宋政權一再在戰場上潰敗，但是絲毫沒有減少他們對漢文化的崇敬之心。因而在法制建設上也幾乎都以唐宋爲榜樣，而沒有多少自己的創新。西夏的《天盛律令》，金朝的《泰和律義義》幾乎就是唐律的翻版。而蒙古在戰爭中的所向披靡，塑造了其十分自信和剛強的性格。在漢族面前，也不例外。因而它在法制建設上不束縛於漢族成規，而加進自己民族的許多東西，使得元朝法律有著許多的蒙古烙印。把陵遲寫進法律既暴露了他們的殘暴，也證實了他們在法制建設上的大膽和放肆。在燒埋銀問題上自然也不會有任何猶豫。也正因爲如此，造就了燒埋銀制度這一個少數民族對中國法制建設最大的貢獻之一。

第八章　元代法定刑的特點與成因

一、元代法定刑制度的特點

（一）元代法定刑輕於前朝

唐律是中華法系的代表性法典，《唐律》中規定的刑罰制度一向被稱之爲稱「最爲易明得當」，言其他朝代的刑法是輕是重，一般都是指與唐律比較。同時，從元代所繼承的法律遺產來看，元初實際採用的金《泰和律義》及其後仿《泰和律義》制定的《大元通制》，其內容均基本上與唐律一致，故此，筆者認爲，言元代刑罰輕重當以與唐律的比較而言，或亦當兼而比較其他朝代的刑律。

楊一凡先生在其所撰《明初重典治民考實》一文中考證認爲，「有關『賊盜及幣項錢糧等事』方而的主要律條，明律大都比唐律爲重」，和唐律比較，明律在『典禮及風俗教化』方而用刑稍輕」；「不管是『幣項錢糧』，還是『風俗教化』，明律普遍比元代法律用刑苛刻」。按楊文考證結論，在「典禮」及「風俗教化」方而，唐律最重，明律次之，元律最輕。〔註1〕楊先生上文考據詳備，筆者深以爲然。

除了在對眾多犯罪規定的法定刑上，元律輕於前後諸朝外，拋開具體的刑事罪名，單就元代刑制中各種法定刑的內容來分析，在筆者前文考辨的元代五刑體系上，元代之定制有輕於前朝，有重於前朝，有與前朝略等的。現就元代刑制中的幾種法定刑罰與前朝輕重相較關係比較枚舉如下：

〔註1〕楊一凡：「明初重典治民考實」，中國法律史學會主編，《法律史論叢第三輯》，北京：法律，1983 年齡，第 112～129 頁。

1. 死刑

筆者以為，元代的法定死刑無論是就其種類或其烈度，都遠遠輕於其前的唐宋各朝及其後的明清二代。

首先，元代的死刑制度包括作為特別加重刑的陵遲和作為常用刑的斬，而正如前文考證，元代的各種史料，如《經世大典》、《元史》、《南村輟耕錄》，及其後被學術界高度評價的《新元史‧刑法志》均認可元代死刑有斬無絞。從史料來源看，《經世大典》是元後期一部官修政書，《元史》則是明初據元歷朝《實錄》和《經世大典》編纂的一部官修正史，皆具有較高的史料價值。《新元史‧刑法志》所記顯然以《經世大典‧憲典》和《元史》為本。故前三束史料如出一轍，俱可採信；又得元末明初陶宗儀《南村輟耕錄》之佐證，故從狹義上講，忽必烈至元八年正式建立「大元」後，法定死刑的確有斬無絞。以現代人的眼光分析，「斬」、「絞」可能並無實質上的區別，但以古人的法律意識出發進行比較，斬刑應當是重於絞刑的。一則「斬」給服刑者帶來的臨終的痛苦大於「絞」，二則絞刑讓受刑者不致身首分離，以古人「身體髮膚，受之父母，不敢毀傷，孝之始也」的觀點來看，絞刑較之斬刑無疑更符合孝道的要求。因之古人以「斬」為死刑中較輕的一種，「絞」為死刑中較重的一種，依此推斷元代的常用死刑立法應當是重於前代。但是，需要指出的是，元代「有斬無絞」並不是以斬刑取代了絞刑，如前文所考證，其立法原意是應當處絞刑的免其死刑，代之以附加杖刑的徒刑，從這就從根本上縮小元代死刑的適用範圍，依此「有斬無絞」反而說明了元代死刑輕於前代。

其次，就陵遲刑而言。五代時以陵遲入刑律；宋初禁止陵遲之刑，至宋神宗熙寧、元豐年間，陵遲已正式列為死刑之一，南宋時《慶元條法事類》更是明確地把陵遲和斬、絞列為死刑名目；遼代死刑有絞、斬、陵遲三種，明清兩代均以陵遲入刑典。有學者考證後認為：元代的七種記載刑制的史料《大元通制》、《刑統賦疏》、《元典章》、《五刑訓義》、《元史‧刑法志》、《經世大典‧憲典總序》、《草木子》卷二卜《雜制篇》、《中書刑部題名記續記》中，記載元代有陵遲刑的只有《元史‧刑法志》)，而《元史‧刑法志》的記載，大抵為法外酷刑。故元代陵遲刑是法外之刑而非法定死刑。〔註2〕筆者認為以上述理由論證陵遲非為元代法定死刑似略顯牽強，但作者同意，以元代

〔註2〕 趙文坦：「蒙元刑法輕重考辨」，《中國史研究》，1999年第2期，第119～123頁。

的上述史料來看，元代立法對在陵遲刑的適用上遠少於前朝。

第三，元朝刑律中沒有族刑。而族刑是歷代死刑中最爲殘酷的一種。早在封建社會早期，族刑就被明確地納入封建成文法典中。李悝《法經》規定：「越城者，一人則誅，自十人以上則夷其鄉及族」。以後則歷代相沿，範圍從夷二族至五族、六族，甚至九族、十族，殘酷至極。而《元史》中有以下記載：「至正五年，拜御史大夫，⋯⋯建言：『近歲大臣獲罪，重者族滅，輕者籍其妻孥。祖宗聖訓，父子罪不相及，請除之。』著爲令」。〔註3〕這條史料正好反證出元朝的刑典中沒有族刑，族刑作爲法外之刑也只存在於元朝後期很短的一段時間內。從現有的史料中記載的元代案例來看，元代在通常情況下即使對「十惡」重罪亦不實行族刑。

2. 笞杖刑

如筆者在前文所述，世祖早在沿用金五刑時，即下令將笞杖刑由金代的十等簡化爲六等，並相應減輕了笞杖數量。笞杖刑每等減少三下，即笞杖數由整數變爲以七爲尾數。其一十下決七下；二十至三十，決一十七下；四十至五十，決二十七下；杖刑，六十至七十，決三十七下；八十至九十，決四十七下；一百，決五十七下。

金與元初笞杖刑的折算關係見下表。由表中可見，與金代相比，元代確實做到了輕省刑法，故被時人稱之爲仁。

表十七：金、元笞杖罪刑等折算

	笞罪處罰				杖罪處罰					
金	10	20	30	40	50	60	70	80	90	100
元初	7		17		27	37		47		57

但至元八年重定刑制後的新五刑中的笞杖刑爲：笞刑六等，笞七，十七，二十七，三十七，四十七，五十七；杖刑五等，杖六十七，七十七，八十七，九十七，一百七。新的笞杖刑較之前期相比，刑罰烈度大大加強。其一是級差的變化。舊制笞刑一十下決七下；二十至三十，決一十七下；四十至五十，決二十七下；名爲五等，執行刑僅有三等；杖刑六十至七十，決三十七下；八十至九十，決四十七下；一百，決五十七下，同樣名爲五等，執行三等。二者實

〔註3〕　宋濂：《元史》，卷140，北京：中華書局，1976年版，第3642頁。

質共爲六等，而新制笞刑六等杖刑五等共計十一等，其二是笞杖數的增加。舊制笞刑上限止於二十七下，杖刑上限五十七下，而新制笞數上限五十七，杖數上限一百七，凡乎是舊制的兩倍。元後期與元前期笞杖刑刑等比較見下表：

表十八：至元八年前後笞杖罪刑等比較

	笞罪處罰						杖罪處罰				
元初	7	17	27				37		47		57
至元八年後	7	17	27	37	47	57	67	77	87	97	107

可見，改制後的元刑制，僅就笞杖刑而言，烈度超過了前朝歷代。

3. 流刑

元代流刑輕於或重於前朝很難精確的考辨，這主要是基於以下原因：首先是因爲金代的流刑沒有眞正付諸實施，故元代在承金制的至元八年前基本沒有適用流刑，僅元後期方付諸實施。二是元代流刑立法及執法失之籠統，遠沒有唐宋流刑制度的精細準確。唐宋流刑有明確的道里和服役期限，元代流刑律條的規定，雖有流放方向和地點並有道里之制，但迄今亦未檢得服役期限的記載。三是元代流刑的區別適用。元代實施公開的民族歧視制度，故流刑用因四等人的民族身份而不同。將元代的流刑與前朝的流刑相較，輕重對比關係很難體現。

古人區別流刑的輕重主要以流放地距首都的遠近及開發程度爲標準。《唐律疏議》曰：「《書》云『流宥五刑。』謂不忍刑殺，宥之於遠也。又曰『五流三宅，五宅三居。』大罪投之四裔，或流之於海外，次九州之外，次中國之外。蓋始於唐虞。今之三流即其義也」。另外，後來的流刑的執行中常加以其他附加刑，如《宋刑統》：「流刑：加役流決脊杖二十，配役三年。流三千里決脊杖二十，配役一年。流二千五百里決脊杖十八，配役一年。流二千里決脊杖十七，配役一年」。如以這兩點爲標準來看，元代的流刑重於前朝各代。首先元代地域廣闊，流放地範圍遠超前代、高麗、吐蕃、嶺北均包括在內，這種中國實施流放的歷史上不僅空前而且絕後。元朝行政區劃歷經數度變更，最終將全國劃分爲中書省直轄的「腹裏」地區（今河北、山東、山西）和 10 個比較固定的行中書省：曰嶺北，曰遼陽，曰河南，曰陝西，曰四川，曰甘肅，曰雲南，曰江浙，曰江西，曰湖廣。而流放地包括以下諸地：

（1）北方：所謂遼陽迤北之地、遼東，乃是概指「遼陽等處行中書省」屬地，轄今東北三省及黑龍江以北、烏蘇里江以東地區。奴兒干，今俄羅斯黑龍江口一帶，肇州，今黑龍江省肇源縣，是元代北方主要流放地。高麗、高麗大青島、金剛山、耽羅。

（2）南方：湖廣，泛指「湖廣等處行中書省」，轄今湖南、貴州、廣西大部、湖北南部。屬於湖廣行省的流放地有：嶺南，五嶺以南，今廣東、廣西、越南北部，元設有嶺南廣西道肅政廉訪司。海南，海北海南道宣慰司，轄地含今海南省。雷州路，治海康，轄今雷州半島；雷州為海北海南道宣慰司治所。吉陽軍，宋稱崖州，又改吉陽軍，在海南島。元隸海北海南道宣慰司。廣海，元設有廣海鹽課提舉司，可能在廣西北部灣。廣西，指廣西兩江道宣慰司。南寧府，泰定元年改邕州路置，治今南寧市。衡州路，治今衡陽市。潭州，至元十四年，為潭州路總管府；十八年，徙湖南道宣慰司治潭州；天曆二年，以潛邸所幸，改天臨路，今長沙市。

屬於「江西等處行中書省」的流放地有：廣東，指廣東道宣慰司。潮州路，治今潮安。南安路，治今江西大餘。

集慶，江浙行省之集慶路，治今南京。

（3）西北：肅州路，治今甘肅酒泉。以上屬甘肅等處行中書省。臨洮府，治今甘肅岷縣。蘭州，治今甘肅蘭州。安西路，皇慶元年，改奉元路，治今西安。以上屬陝西等處行中書省。吐蕃，指宣政院直轄「吐蕃等處宣慰司都元帥府」，治河州，即今甘肅臨夏。

（4）西南：四川碉門，《元史·地理三》有「雅州碉門安撫使」之稱，應在四川行省雅州，治今四川雅安。雲南大理宣慰司鎮西路，即云南行省「大理金齒等處宣慰司都元帥府」所轄鎮西路，治今雲南盈江。

元代的上述流放地，其最遠者距首都的距離遠遠大過了前朝各代，而很多地方是此前中原傳統文化一直沒有影響到的地方，其蠻荒未開發者其生活條件艱苦程度遠大於前朝流放地，故以此為標準元代的流放刑應當重於前朝。另外，元代流放刑的附加刑是杖刑，因至元八年以後元代的笞杖刑重於前代，故其附加杖數也多於前代，因此，元代的流刑應當是重於前代。

4. 徒刑

如前所述，南北朝時其是我國以年分等的徒刑制度的摸索形成階段。在隋唐之後，徒刑作為五刑之一，分為五等，最低為一年，最高為三年，每等

－147－

之間相差半年，並且不附加笞、杖，准許以銅贖刑。宋代徒刑基本沿用唐制，但附加杖刑，實際上是一罪兩刑。宋代實行折杖制度，即折減杖的數目，並且杖後不再服勞役，即所謂「徒罪決而不役」。《宋刑統‧名例律》載：「徒三年，決脊杖二十，放；徒二年半，決脊杖十八，放；徒二年，決脊杖十七，放；徒一年半，決脊杖十五，放；徒一年，決脊杖十三，放」。與宋並立的遼代徒刑較前代重，分為三等，並有從刑。《遼史‧刑法志》載：「徒刑一曰終身，二曰五年，三曰一年半。終身者決五百，其次遞減百」。終身徒刑，不僅加杖，還須「黥面」，所謂「犯一罪而具三刑。」不過，在遼興宗重熙二年，改「黥面」為「刺頸」。金代徒刑制度與唐、宋同，唯將五等改為七等，增加四年、五年兩等。而前文已述及，元代早期的徒刑最高可至五年，一年一年半，決六十七下；二年二年半，決七十七下；三年，決八十七下；四年，決九十七下；五年，決一百七下。在元初援用金律的階段，徒刑制度在刑等、刑制上與金制相似而刑度較輕。反映了金、元法制承襲親緣關係新朝更始，刑用輕典的特點，它不但將附加的決杖數減省，連流刑也用徒刑折代執行。

但成宗即位後，徒一年杖六十七，一年半杖七十七，二徒年杖八十七，二年半杖九十七，三年杖一百七，確立了一年至三年新的五等徒刑，並分別附加決杖之制。從而恢復了唐、宋徒刑五等制，又沿襲了遼、金徒刑附加決杖的慣例，形成一種獨特的徒刑制度。元代的徒刑僅以單個刑種的角度來分析，在各朝之中刑期中平，但決杖數重於前朝。

然而，徒刑是笞杖刑與流、死刑之間的過渡刑種，徒刑的等級越多，適有範圍越廣，意味著流刑和死刑的適用範圍相對越小。金及元代早期折流為徒的立法實踐驗證了這一點。因此，將徒刑納入五刑體系來分析，唐、宋、元各期的徒刑輕於金、遼二代，實質上反映了唐、宋、元的整體刑制中，流刑和死刑的適用範圍廣於金、遼，則唐、宋、元立法中與流、死刑罪相鄰等級的徒刑罪多於金、遼，這反而說明了元代刑制中的這一部分內容嚴於金、遼刑制。

（二）元代法定刑具有承襲性和創新性

1. 承襲了中華法系的傳統

從具體的歷史條件出發，元代法律繼承了中華法系的傳統，並在此基礎上有所創新。正如學界通論所言：「承襲唐代以來封建法律的基本精神，以適

應蒙漢各族地主階級的統治需要，是元朝法律的又一特點」。〔註4〕

從基本法典上來看，據《元史・刑法志》及現存的《大元通制》記載，元代法律的篇目有二十一篇，即：名例、衛禁、職制、祭令、學規、軍律、戶婚、食貨、十惡、奸非、盜賊、詐偽、訴訟、鬥毆、殺傷、禁令、雜犯、捕亡、恤刑、平反、贖刑。比較唐律的十二篇：名例、衛禁、職制、戶婚、廐庫、擅興、盜賊、鬥訟、詐偽、雜律、捕亡、斷獄，可以看出，篇目與唐律大體上相似。而《大元通制》的篇目比唐律多出來的部分，一些是把唐律中一些篇目下的內容分出來單獨規定，如元代的職制和祭令兩篇，唐律中在職制一篇中規定。元代的十惡篇，在唐律名例篇中規定，具體規範散在各篇中規定，並不單獨成篇。十惡重罪是蒙古人的法律傳統中所沒有的概念，它在元代法典中的出現突出地表明，元代統治者已經接受了漢法維護皇權、等級、宗族的特殊罪名。蒙古法文化受到中原法文化的浸染，融合。

從刑制上來看，元初繼承金制，而金《泰和律義》是以《唐律疏議》為藍本，並取《宋刑統》的疏議加以詮釋，其內容基本與唐律相同，其刑制也承襲了以笞、杖、徒、流、死為基本刑罰的中華法系封建制五刑制度，並且其各刑罰分等也基本與唐律無異。元初沿用金律時期及其後自行立法時期，仍然以上述五刑作為基本刑罰，並遵循傳統建立了結構大致平衡的刑等體系，其對漢法傳統的繼承關係十分明顯。

2. 引進了蒙古族的刑罰

元代的法律形式既有蒙古法文化的因素，又有中原法文化的因素，用蒙古法文化改造了中原法文化，使之適應統治的需要。以刑制為例，為了與蒙古族傳統習慣一致，元朝形成了獨具特色以七為尾數的十一等笞杖刑制度。並在前期折杖為笞，折徒為杖，笞、杖、徒三種刑罰最終被折成十一等笞杖刑。又如，元朝獨具特色的燒埋銀制度，對待盜竊行為的偷一賠九的懲罰等。這些蒙古族特有的刑制被引入傳統的農耕文明區域的漢地，發揮了較為積極的作用。當然，元代刑罰中還一度保留著蒙古族曾經適用的釀、烹、剝皮等一些酷刑，這些為漢族王朝摒棄已久的殘酷刑罰的再次出現，也在一定程度上造成了元朝法制的倒退。

〔註4〕　參見韓玉林主編：《中國法制通史》，元代卷，北京：法律出版社，1998年版，第33頁。

3. 針對元代社會發展情況制定了一些新的規定

例如，《大元通制》有恤刑、平反、贖刑三篇，這是比較質樸，不重刑殺也不強調教化的蒙古傳統文化在與漢法的接觸中受到與其傳統一致的輕刑思想並在蒙古法文化的基礎上整理、完善出現的獨特的篇目。又如《大元通制》出現了食貨篇，規定了有關鹽、茶、酒、金、銅、鐵等禁榷物資的管理和貿易。對禁榷物資，宋代有茶法，鹽法，由單行法規來規定。元代把它吸收到篇目中。既體現了對漢法的吸收，又表現出蒙古法注重實用，明確的特點。

在刑制上，元代針對社會發展情況也做出一些新的變通。例如，元代有「就便斷遣」與「有斬無絞」簡易判決辦法。有元一代所轄地域寬廣，民情複雜，故為簡便判決手續，法律規定各路、府、州、縣的主管「正官」（各級達魯花赤監臨官、路之總管官與判官、府之知府與推官、州之州尹與同判、縣之縣尹與縣丞等）均有權「受理官司」，並對那些事實清楚、證據確鑿、罪行較輕的普通民事案件，可在不履行法定審判程序的前提下就地即刻判決。這就簡便了審判手續，提高了辦案效率。元朝對刑罰的執行也有別於其他王朝。如前文所述，元代流刑執行不計時數里程，僅就遼陽、湖廣、迤北之地列三等。同時規定將南邊的「罪囚」遷於遼陽、迤北之地，將北邊的「罪囚」遷於南方湖廣之地。再如執行死刑，「有斬無絞」，並對惡逆至極者處以陵遲刑，還要向其家屬徵收「燒埋銀」給「苦主」等皆為如是。

（三）元代法定刑體現了區別對待的原則

1. 南北異制

南北異制是元代法律的鮮明特點。此處所謂「南北」，非指地域上之南方、北方，而是就民族而言。南指元四等人制中的漢人和南人，北指四等人制中的蒙古人和色目人。元世祖至元時，把居住在當時中國境內的人分為四等：第一等是蒙古人，包括原來蒙古各部的人；第二等是色目人，包括西夏、回回、西域以至留居中國的一部分歐洲人；第三等是漢人，包括契丹、女真和原來金統治下的漢人；第四等是南人，指南宋統治下的漢人和西南各民族人民。元統治者把色目人列為第二等，是因為要提高回回上層分子的地位，使他們成為蒙古貴族統治的助手。把漢族分為漢人和南人，則是為了要分化漢族人民，削弱他們的反抗力。

元朝政府採取各種方法來固定這些民族的等級。在統治機構中：長官和掌權的官吏都是蒙古人或色目人，其次才是漢人，而南人在宋亡後的一個長時期內，幾乎很少人在中央做官。地方的官吏達魯花赤一般也由蒙古人擔任，並規定色目人作同知，漢人作總管，同知、總管彼此互相牽制，都要服從達魯花赤的指揮。在軍隊組織上：有蒙古軍、探馬赤軍、漢軍和新附軍的區別。出兵時各軍參差調用，而以蒙古軍爲主力，軍權都掌握在蒙古軍帥的手中。

在刑法和刑罰上，終元之世，南人和北人在司法管轄、審判、罪囚監禁、刑罰執行等諸多方面皆區別對待。元政府規定蒙古人、色目人和漢人分屬不同的機關審理，蒙古人毆打漢人，漢人不得還手，蒙古人打死漢人只流放北邊充軍。又規定漢人、南人不得聚眾畋獵和迎神賽會，不得執弓矢，甚至連養狗養鶻鳥都不許可。在征斂方面，如括馬，蒙古人不取，色目人取三分之一，漢人、南人則全取。此外，在《元典章》中紀錄的很多法令，都是針對漢人、南人制定的。例如刺字之刑，如前所述，大德五年（1301 年）規定：「除蒙古人並婦人免刺，其餘人員依例字」。大德八年（1304 年）免刺的範圍恩及回回人，規定：「除漢兒、高麗、蠻子外，諸色目人犯盜，免刺科斷」。〔註 5〕

2. 各依本俗

大蒙古國統治了前所未有的廣大土地，控制著爲數眾多的不同民族。這必然造成立法和執法上的衝突。時著名學者、官員胡祇遹在《論治法》中就指出「法之不立，其原在於南不能從北，北不能從南。然則何時而定乎？莫若南自南而北自北，則法自立矣。以南從北則不可，以北從南尤不可。南方事繁，事繁則法繁；北方事簡，事簡則法簡。以繁從簡則不能爲治，以簡從繁則人厭苦之。設或南北相關者，各從其重者定。假若婚姻，男重而女輕，男主而女賓，有事則各從其夫家之法論；北人尚續親，南人尚歸宗之類是也」。〔註 6〕因此，早在成吉思汗時期，面對帝國下眾多民族的現實，確立了法律適用和建設上的原則，即「成吉思汗皇帝降生，日出至沒，盡收者國，各依風俗」。此原則一直是蒙、元歷代君主所遵行的根本立法原則。元成宗即位時，楊桓上時務疏中提出「爲治之道宜各從俗」，對此，「疏奏，帝嘉納之」。〔註 7〕

〔註 5〕　何榮祖等：《元典章》，卷 49《刑部十一》，北京：中國廣播電視出版社，1998年版，第 1812 頁。

〔註 6〕　胡祇遹：《紫山先生大全集》，卷二二《雜著‧論定法律》，轉引自曾代偉：「大元通制淵源考辯」，現代法學，2003 年第 1 期，第 15 頁。

〔註 7〕　宋濂：《元史》，卷 18，北京：中華書局，1976 年版，第 388 頁。

仁宗延祐七年（1320 年）二月有：「世祖皇帝聖旨、累朝皇帝聖旨，教諸色人戶，各依本俗行者。麼道。至今諸色人戶各依著本俗行有。自其間裏合結絕的勾當有呵，結絕者；結絕不得的有司裏陳告，教有司官人每帰斷呵」。〔註8〕這裡說「各色人等」出現糾紛時，依各自的習慣法處理，習慣彼此不能時相容者，歸政府審理。從上可知元代的立法指導思想上基本原則應是「各依本俗」。這是元代法律中有大量習慣法因素的主要原因。

「各依本俗」的立法指導思想必然影響法律的制定和適用。從現有史料來看，這種影響主要集中在民事法領域，特別是婚姻家庭領導域。但基於前述的民族歧視的原因，「各依本俗」往往造成強勢民族習俗對弱勢民族習俗的侵入。在刑罰制定和適用上我們也可以看到一些顯著的事例。如前文已經論及的以七為尾數的笞杖刑、燒埋銀制度，對待盜竊行為的偷一賠九、對宰殺牛馬的限制和處罰等。

二、元代刑制形成的原因分析

（一）民族關係因素

如前所述，有元一代一方面以其輕刑制來標榜其仁政，並試圖以此收攬人心鞏固政權，另一方面卻公開主張司法上的民族歧視和刑罰上的區別對待，同時統治者大量實施法外酷刑，而這樣就恰恰使其推崇的輕刑流於形式，也就實質上抵消了輕刑所能起到的收攬人心的作用。出現這一悖論的原因何在？或者易言之，影響元代刑制輕重及其效果之深層原因何在？筆者認為，分析這一問題應當客觀，中平，扼要。簡言之，以下三點可作為立論之基：

1. 元統治者接受漢制之能力不亞於漢族帝王

以元代統治者愚昧、蠻橫、蔑視漢族法制傳統為由是解釋這一法律現象是最簡單但也是最不負責任的解釋。誠然，作為居高臨下的異族征服者，蒙古人對漢人抱有某種優越感。但這並不妨礙他們成為漢族傳統包括法制傳統的接受者。實質上統治者的行為也證明了這一點。例如，《元史》有以下記載：某年冬，祀太廟時，有司失黃幔，索得於神庖灶下，已甚污弊，帝聞，大怒曰：「大不敬，當斬」。趙璧曰：「法止杖斷流遠」。其人得不死。〔註9〕這足可

〔註8〕 何榮祖等：《元典章・典章新集・刑部》，北京：中國廣播電視出版社，1998 年版，第 2414 頁。

〔註9〕 宋濂：《元史》，卷 159，北京：中華書局，1976 年版，第 3749 頁。

與漢文帝接受廷尉張釋之的意見依律處置驚蹕者相提並論，可見元統治者亦頗能從善如流。

2. 法外酷刑非元代特有現象

趙文坦據《酷刑和中國社會》、《中國古代酷刑》、《宋代酷刑論略》、《元史》、《元典章》等材料考證見於明文記載的法外死刑和拷訊時的法外酷刑，唐、宋、元朝在死刑執行時的法外酷刑分別是 9、14、11 種，元朝比唐朝多兩種，但比宋朝少三種，介於兩者之間。唐、宋、元朝在拷訊時的法外酷刑分別為：14、9、7 種，元朝不僅比宋朝少兩種，而且遠遠少於唐朝。他認為：「元代某些酷刑並非元代創新，而是對前代的繼承，《元史・世祖本紀》和《元典章》中相關材料可資證明。《元典章》卷 40《刑部・刑獄》中的背鞭之刑明確地說明了是唐、宋的刑罰。其他如殺殺問事、跪瓦、遊街等酷刑發生在江西行省、湖廣行省等南方省份，明顯也是宋朝遺存。也就是說許多元朝和唐宋相同的酷刑是元朝對唐、宋兩朝的繼承，而非元朝獨創」。〔註10〕筆者認同這個觀點。

3. 元代民族關係的特殊性是元代刑罰特殊性的基本根源

排除了統治者能力及法外酷刑的因素，則元代刑罰立法及執行特殊性的根本根源就唯有從元代政權最基本的特點之一即民族關係的特殊性出發予以考察了。事實上，正是元初依據不同民族將民眾的社會地位劃分為四等（蒙古族在各等人中名列第一等，是元朝的「國姓」。色目人繼蒙古人之後名列第二等，主要指西域人，如欽察、唐兀、畏兀兒、回回等。漢人為第三等，指淮河以北原金朝境內的漢、契丹、女真等族以及較早被蒙古征服的雲南、四川兩省人，東北的高麗人也是漢人。南人也叫蠻人，為第四等，指最後被元朝征服的原南宋境內各族），並規定蒙古人社會政治地位最優越，色目人次之；漢人再次之；南人最低。筆者以為，這種民族政策是造就元代刑罰立法及執行特殊性的基本根源。

（二）政治因素

1. 士紳是傳統中國政府的同盟者

中國自秦一統以來就擁有廣闊的國土和廣大的人民，這遠遠超過了政府直接管理所能承受的幅度。因此在中國傳統社會中，中央政府以及地方各級

〔註10〕趙文坦：「元刑法輕重考辯」，《中國史研究》，1999 年第 2 期，119 至 123 頁。

政府機構對於社會只能做到原則上和大體上的控制。皇帝派遣官僚向幾千萬人民徵兵抽稅受理民刑案件，必然要尋求握有社會資源的同盟者的幫助，士紳由於其具有的經濟文化諸方面的優勢成爲同盟者的首要選擇對象。同時，在標榜以禮治國的古代社會，「儀禮也可以代替行政，因而士紳在基層社會單元中發揮舉足輕重的作用。士紳既可以認爲是政府的一個基層政權組織，亦可以認爲是社區內部的平民組織而有別於一般的政府機構」〔註11〕這些士紳們是政府在地方上的代理人。

2. 元代統治者無法得到士紳的認同

這主要基於以下兩個原因。一夷夏之爭的影響，二是前朝政策的遺澤。以少數民族而入主中原的政權必然要面臨中國歷史上傳統的「以夷變夏」或「以夏變夷」的疑惑，而元朝歷代君主在這一點上的表現顯然無法得到廣大漢族士人的認同。與此形成比較的是，元代以前的兩宋，是中國歷史上空前也是絕後的優待鄉紳階層即士大夫的朝代。自太祖以降，趙氏皇族優待士大夫的事例史不絕書，各種制度也不斷完善。另外，到了宋代，講性命道理之風日盛，凡事必明辯其理，這種風氣逐漸統治了宋代的學術界。美國學者杜維明即曾指出：「這裡需要特別強調的，就是學術爲天下公器的觀念。只有在開放的心態下才能討論學術。宋儒就是這樣。他們到處尋找對話，尋求思想的交鋒」〔註12〕這種風氣反映到政治上，就表現在討論國家大事時大談道理，說辯不休，爭執不已。而爭辯雙方，都有自己的道理。這種風氣，反映出政治方面較爲開明與開放，有效的維繫了皇帝與士大夫「共治天下」的局面。因此，宋代士紳對宋政府及趙氏皇族高度認同，而元代以異族入主中原，兼之在戰爭中野蠻的屠殺及劫掠，更加明顯的體現了「華夷之別」，強化了這種認同。元代統治者在爭奪人心時自始和至終都處於不利的地位之中，無法得到士紳的認同，也就無法得到有效的同盟者統治如此廣大的國土和眾多的人民，雖然有部分漢族士紳甚至趙宋皇族出於利益驅使投靠，但不能在從根本上保證統治的需要。在這種情況下，依託本民族並以來自異域的色目人爲助手，也就元代統治者自然而然的選擇了。

〔註11〕 王申賀：「中國農村社區主權階層的歷史透視」http：//www.92q.net/Article/lunwen/lun1/200602/701.html.

〔註12〕 杜維明：「文化價值與社會變遷」，《讀書》，1985 年第 10 期，第 34 頁。

3. 包括區別刑罰在內的區別對待的民族政策是元代統治者賴以統治的根基

如前所述，士紳是皇權天然的同盟者，對於政府來說，得到他們的支持，其重要性遠大於得到一般民眾的支持。在這一背景下，政府在必須在各方面給予士紳們以優待，法律上自不例外。這些優待有時是明文規定的，如納稅、兵役等，有時是心照不宣的，如官紳在訴訟中的特權。實際上，正如瞿同祖先生所言，「古代的法律始終承認某一些人在法律上的特權，在法律上加以特殊的規定，這些人在法律上的地位顯然是和吏民迥乎不同的」。〔註13〕當然，鄉紳們投桃報李，給予政府官員們物質上的好處（賄賂），進一步強化了政府與鄉紳的這種關係。而元代基於其特殊的背景選擇了以其蒙古民族為根基，以色目人為主要助手，則給予以這些同盟者以刑罰上的優待也就合乎情理了。這一切可說都是形勢的自動選擇、制度的邏輯結果，與明智與否無關，也與崇高與否無關。

4. 政治因素而非種族因素是元代「南北異制」原因之反證

如前所述，為了政治上團結同盟者的需要，元代實行「南北異制」的區別對待的法律制度。但是這種民族歧視的政策對於某些投靠蒙古統治者的漢族大地主是不適用的。元朝的法令禁止漢人執弓矢，元世祖卻對漢宮汪惟和說：「汝家不與它漢人比，弓矢不汝禁也，任汝執之」。有些很早就投靠蒙古統治者的漢族地主，如大興史氏、易州張氏、真定董氏等，在元朝的地位和待遇都與蒙古貴族相差無幾。相反的，許多蒙古族的下層人民也沒有享受到所謂統治民族的特權。草原上的蒙古牧民，在繁重的軍役和租賦剝削之下日趨貧困，甚至破產流亡。到了元朝中葉，常有大批蒙古族貧民流到大部、通州、潯州等地，有的被賣到漢、回之家作奴婢。這也從反面說明了政治因素而非種族因素才是元代「南北異制」的真正原因。

（三）社會因素

1. 中華法系傳統中的法律區別對待不同於元代之法律民族歧視

古代中國有在立法和執法上本來就有區別對待的傳統，並且將這一傳統系統化，制度化。如「八議」、「官當」等都是其顯著的範例。但古代中國的

〔註13〕瞿同祖：《中國法律與中國社會》，《瞿同祖法學論著集》，北京：中國政法大學出版社，2004 年版，第 237 頁。

法律文化是倫理道德型的法律文化，其不平等是一種基於道德義務的不平等，其典型的特徵是：道德倫理教條等同於國家法律，家族首長代行部分國家司法職能，國家政治和法律生活帶有家族的溫情色彩，法律充滿了倫理身份上的不平等精神。〔註14〕

因此，西周以降直至唐宋，中國傳統法律的特點是以家族倫理道德爲基本內容，倫理道德借助於「法」這一形式來體現並加以強制實施。中國古代法律思想的核心則是「德」。「以德配天」、「明德愼行」、「親親尊尊」、「爲國以禮」、「隆禮重法」、「爲政以德，一準乎禮」等諸如此類以德爲主的思想貫穿於古代司法過程之始終。這種法律運作方式是符合華夏民族千年以來形成的法律文化傳統的。這種法律傳統下具體法律制度上的不平等，其適用是基於相關人等後天形成的社會關係，而非先天即有的民族或地域屬性，其範圍及對象遍及社會共同體由上至下的每一個階層及由南至北的每一個群體，可謂三教九流無所不包，與元代以先天民族血緣爲決定因素的區別對待相比，更顯公平與合理。因此種區別對待不僅沒有動搖反而更加穩固了政權統治的根基。

2. 缺乏社會流動性的民族歧視強化了刑罰不平等的後果

中華法系的法律及刑罰不平等的基本內容其實可概括爲兩點：其一是「刑不上大夫」，維護社會上士紳的利益，其二「親親尊尊」，是維護家族中尊長的地位。而爲法律所維護的這兩個群體，都是一個具有開放性和流動性的群體。中國自秦時就已廢除了世卿世爵制，此後取才的根基不斷向社會底層延伸。雖有南北朝門閥政治的反動，但其基本趨勢未變，至自唐代科舉取仕以來，理論上社會上每一個平民都有機會進入仕的行列，而確實也有不少寒士以科舉而進入社會精英層及仕紳行列。家庭尊長無需贅述，隨著年齡增長每一個家庭成員都自然會成爲尊長。因此，對這兩種人進行法律上的優待，不會引起大眾反感，反而會給他們以「彼可取而代之」的期望，當事人會感到制度對人的鞭策而非壓迫。

但元代時期的法律及刑罰不平等，雖然也有上述傳統中國法制特點的部分內容，卻更主要的是一種民族上的不平等，這種不平等是與生俱來，不可選擇和不可改變的，與倫理道德及家庭關係無關，也不給普羅大眾通過自身

〔註14〕武樹臣主編：《中國傳統法律文化辭典》，北京：北京大學出版社，1999 年 1 版，第 24 頁。

努力而進入被優待者即體系上層的機會，從根本上違背了中華法系的以德治國、以情理執法的傳統。因此，承受殊異於統治民族的重刑的被統治者自然會對制度本身質疑，特別是當他們在有以資對比的本民族的更顯合理的制度為參照時。這就進一步強化了不平等刑罰的社會後果。

3. 元代時期人口構成放大了刑罰不平等的後果

元代全國有多少人口，現在學術界仍有爭議。據元史記載：「（世祖至元）十三年，平宋，全有版圖。二十七年，又籍之，得戶一千一百八十四萬八百有奇。於是南北之戶總書於策者，一千三百一十九萬六千二百有六，口五千八百八十三萬四千七百一十有一，而山澤溪洞之民不與焉」。但是歷史學家指出，這個數字不包括新征服的雲南行省，不包括一些分散在邊疆的州縣級行政單位及「山澤溪洞之民」即山區、沼澤、和其他邊遠地區的人口，也不包括一些大的類別如僧、道、投下驅口等，因此這是對元代人口的一種低估。由相近的歷史時期的數字也可證明這一點。此前的 1109 年北宋政府登記了超過 2000 萬戶一億人，1200 年金和南宋的人口相加也超過一億。〔註15〕此後的明初經過長期戰亂後統計的人口仍有 10652789 戶，60545812 人。〔註16〕因此，元代大部分時期全中國的人口，雖然現在未能精確考證，但應當在六千萬人以上。

而同一時期的蒙古人人口是多少呢？據史載，13 世紀蒙古族人口發展到100 萬。在元代，大量的契丹人、女真人和西域人陸續融入蒙古族，加上蒙古族自身的繁衍，鼎盛時期蒙古族人口曾達到 400 多萬人。〔註17〕即便如此，與以漢族為主體的中原各族人民相比較，蒙古族人口仍僅占總人口數的極小比例。以六千萬的總人口數為基數，享有特權的人如此之少而承受壓迫的人如此之多，而這種不平等又完全拋棄了原有的基於倫理、道德的合法性來源，其所引起的漢民族的民怨可想而知。正如無名氏的《正宮·醉太平》把元代社會的黑暗罵得痛快淋漓：「堂堂大元，姦佞專權。開河變鈔禍根源，惹紅巾萬千。官法濫，刑法重，黎民怨。人吃人，鈔買鈔，何曾見。賊做官，官做賊，混愚賢。哀哉可憐」！據說，此曲「自京師以至江南，人人能道之。」

〔註15〕 何炳棣著，葛劍雄譯：《1368～1953 中國人口研究》上海，上海古籍出版社，1989 年版，第 10～12 頁。
〔註16〕 王其榘：「明初全國人口考」，《歷史研究》，1988 年第 1 期。
〔註17〕 參見孟廣耀：《蒙古民族通史》，第 1 卷，呼和浩特：內蒙古大學出版社，2002年版，第 371～372 頁。

而其中「官法濫，刑法重，黎民怨」。中對刑法過重而引起的平民百姓憤憤不平的心態描述得入木三分。

（四）文化因素

1. 突厥文化對蒙古人有較深的影響

元以前進入中原的鮮卑人、契丹人和女眞人民族傳統文化較貧弱，但同時又受到中原文化頗長時間的濡染，這就是這些民族文化的實質性內蘊。因此他們入主中原後對中原文化較少排斥，立國後在政治、經濟和文化發展上也較主動的更進一步吸收中原文化，因此能較快接受中原文化而漢化程度較深的主要原因之一。然而蒙古族情況卻與他們這種情況有較大的區別。蒙古族的祖先「蒙兀」室韋，原來也是東胡民族系統中室韋各部的一支。如前所述「蒙兀」室韋離開故土後首先是向西鄰的漠北草原遷徙之後，而後才於成吉思汗時期進入中原。在西遷後蒙古族接受了長達數百年的突厥文化影響。從文化特質上看，突厥文化是典型的游牧文化；而從民族性上來看，突厥文化則是以突厥語族語言文字配套使用且發展程度較高的突厥語諸族的共同文化。因此，蒙古族祖先的西遷，一方面意味著他們邁出了從落後向文明的重要一步，另一方面卻表明了他們在文化發展方向上朝著在特質和傳統上不同於中原文化的道路前進了一步。尤其是到 13 世紀初，成吉思汗統一蒙古高原各部，創建蒙古帝國後，蒙古族在血緣和文化上受突厥諸族影響更深。蒙古族古代文化發展的這種軌跡，決定了他們在文化底蘊游離了中原文化。以古代蒙古族的最早的文化典籍《蒙古秘史》爲例，從這一部集中反映了 12 至 13 世紀蒙古族的社會文化狀況的歷史文獻，我們能夠觀察到大量古代蒙古族對其游牧先民所共有傳統的繼承，卻很難見到他們明顯地受到中原文化影響的實例。

2. 上層政治鬥爭強化了蒙古人的文化認同

窩闊台汗時期是蒙古帝國重要發展時期。隨著金朝滅亡，蒙古帝國版圖向華北地區擴展，蒙古族對中原文化的接觸和吸收程度上超過前代，蒙古族在中央政府也開始採用中原王朝的政治經濟制度，重用中原文士耶律楚材等人，使他們在蒙古國政權機構的建設上發揮巨大作用，並敕修孔子廟，詔以孔子五十一世孫襲封衍聖公，恢復科舉制度、立編修所、經籍所、編集經史等等。這些舉措意味著蒙古統治者對漢文化的欣賞和進一步吸收，但是蒙古

上層的政治鬥爭使這一過程出現了反覆。窩闊台汗死後，監國脫列哥那皇后迫使耶律楚材「抑鬱而死」，蒙哥汗在統治政策上自謂遵祖宗之法，不蹈襲他國所為。這也是忽必烈之前，蒙古帝國對中原的統治方式基本上是保持著草原游牧國家對被征服的定居農耕區間接統治的格局，蒙古族始終在中原文化圈外徘徊不進的一個重要原因。

世祖忽必烈起初表現出對漢法的較大興趣，但與阿里不哥的鬥爭、李璮等漢軍世侯和王文統等漢人大臣的反叛使他自覺或不自覺的回蒙古傳統，而以後的元朝諸帝中，受中原文化較深而且執政後對中原文化表現出較大熱情的只是仁宗、英宗和文宗三帝而已。但是他們都因為政治鬥爭早逝。固此，即使他們對中原文化表現出的極大熱情，也只限於仁宗興科舉，英宗以四孟月時享、親祀太廟，文宗行南郊親祀之禮、建奎章閣等幾項內容而已。除此之外，從這三個皇帝的本紀上，再也看不出他們在此方面還有什麼其他更引人注目的政績了。甚至作為他們當時文治活動的最集中體現的尊孔崇儒運動，也並不像北魏、遼、金中後期以後推尊儒學思想文化體系，使之成為拓跋鮮卑、契丹、女真人文化建構的核心那樣，在元朝蒙古族的意識形態領域中也引起巨大影響，使儒家學說成為蒙古族的思想基礎和行為準則。

另外，元朝建立後，雖然有很多蒙古人作為官員、士兵移居中原，但仍有大量的蒙古人留居北方草原，依靠傳統游牧經濟生活。這些很少受到中原文化薰染的傳統蒙古人，對元代諸帝將蒙古族的政治文化中心遷移到中原農耕地區，並重用漢人，附會「漢法」，感到難以理解，從而形成了一股強大而頑固的反對勢力，牽制著忽必烈漢化政策的推行。元朝統治前期，留居北方草原的蒙古貴族發動企圖推翻元朝統治的戰爭長達四十餘年，從文化傳統角度審視這些戰爭可以說是仍沉浸於舊有的草原游牧生活的蒙古貴族對中原文化牴觸心理的爆發。如海都叛亂前夕，反對忽必烈政權的西北諸王大會於塔剌思河上，與會者宣誓保持蒙古傳統的游牧風俗和習慣，並派遣使者至元庭，質問忽必烈：「本朝舊俗與漢法異，今留漢地，建都邑城郭，儀文制度，遵用漢法，其故何如」？〔註18〕海都對忽必烈的這一責難，在某種程度上就是代表為維護傳統草原文化的蒙古族保守勢力的共同心聲。這成為阻止忽必烈改行漢法的一個巨大政治軍事壓力。至元八九年之後，元廷改行漢法的勢頭明顯減退，這無疑也是原因之一。元朝皇位更迭頻仍、英宗被弒等現象，很大

〔註18〕宋濂：《元史》，卷125，北京：中華書局，1976年版，第3073頁。

程度上也是這種進步與保守勢力較量的過程。因此，元朝皇帝沒有採取更深的漢化政策也是與蒙古族這種強大傳統勢力的制約不無關係。

因此，在元朝統治中國的百年間，蒙古族對中原文化的吸收是有限度的，這也是元朝刑制呈現出不同其他朝代的多種特色的重要原因之一。

三、結語

綜上所述，元代各種法定刑較之前朝輕重不一。各種刑罰中，有嚴於前代之處，有約同於前代之處，但最高刑種的死刑就整體而言，其種類或其烈度，都遠遠輕於其前的唐宋各朝及其後的明清二代。另外，在對眾多具體罪名規定的法定刑上，元律也輕於其前後諸朝。因此，從比較刑法的角度來看，元代堪稱用刑輕省。

不僅在立法上元代刑罰輕於前朝，在執行上，元代也有輕刑的傳統。例如，《草木子》卷三上《雜制篇》：「天下死囚，審讞已定，亦不加刑，皆老死於圄圉。自後惟秦王伯顏出天下死囚，始一加刑，故七八十年之中，老稚不曾覿斬戮，及見一死人頭，輒相驚駭，可謂勝殘去殺，黎元在海涵春育中矣」。（此段資料另見於《春明夢餘錄》〔註19〕）它表明，自忽必烈建元，至順帝初年七八十年間，天下死囚，雖被定罪量刑但是卻都沒有執行，而是讓其自然老死於監獄之中。直到順帝初年秦王伯顏專權，才對死囚適用斬刑。

因此，有元一代的史料中對元代刑制每多譽美之辭。例如《經世大典》之《憲典總序》對元代死刑有以下評價：

「至於死刑，有斬無絞，蓋嘗論之，絞斬相去不至懸絕，鈞爲死也，特有殊不殊之分耳，然已從降殺一等。論令，斬首之降即爲杖一百七籍流，猶有幸不至死之理。嗚呼仁哉」。

《元史·刑法一》對元刑制及元世祖有以下評價：「蓋古者以墨、劓、荊、宮、大辟爲五刑，後世除肉刑，乃以笞、杖、徒、流、死備五刑之數。元因之，更用輕典，蓋亦仁矣。世祖謂宰臣曰：「朕或怒，有罪者使汝殺，汝勿殺，必遲回一二日乃覆奏。」斯言也，雖古仁君，何以過之。自後繼體之君，惟刑之恤，凡郡國有疑獄，必遣官覆讞而從輕，死罪審錄無冤者，亦必待報，然後加刑。而大德間，王約復上言：「國朝之制，笞杖十減爲七，今之杖一百

〔註19〕沈家本：《歷代刑法考·刑法分考四》，北京：中華書局，1985年版，第137頁。

者，宜止九十七，不當又加十也」，……此其君臣之間，唯知輕典之爲尙，百年之間，天下乂寧，亦豈偶然而致哉」！

　　然而，實施這種刑制的元代的統治，僅僅維持了 160 多年即告終結，若以 1276 年南宋最終滅亡之時起算，元朝統治中國僅維持了 92 年，在史上留下了「胡運從來無百年」的諷歎。可以說，元代的五刑制度雖然輕簡，但卻沒有向其他立法寬簡的時代一樣，有效的延長其政權的命脈。

　　爲何輕刑未能有效延長元代國祚？筆者以爲，僅從法律層面的原因來分析，其原因至少有以下二點：

1. 大量法外酷刑使元代法定的輕刑每每流於一紙空文

　　僅以死刑爲例，除法定死刑外，史書中還枚舉了元代時期存在的大量法外死刑方法，例如，《續資治通鑒》卷 190《元紀八》記載：「至元二十九年二月，己巳，申禁鞭背國法，不用徒、流、黥、絞之刑，惟杖臀，自十七分等加至百單七而止。然斬、剮之刑，則又往往濫用之，至其酷也，或生剝人皮；又有三段鏟殺法，未之除也」。〔註20〕

　　並且這些法外酷刑每每還是身爲皇帝的最高統治者所提倡或創設。例如，至元十九年大都人民在王著與高和尙的領導下，打死回回大官僚阿合馬。元世祖聽到後大怒，命令將王著等人「皆醢之」。順帝元統二年（1334）詔：「盜牛馬者剮，盜騾驢者黥額」。〔註21〕上行下效，無形中將法定的輕刑制度架空，成爲一紙空文，朝庭得輕刑之名，而百姓未得輕刑之實。

2. 區別對待的民族政策破壞了統一的刑罰制度的實施

　　通觀元朝法令，民族壓迫的痕跡比比皆是。蒙古統治者根據不同的民族和被征服的先後，把全國各族人分爲蒙古、色目、漢人、南人四等。對四等人在任用官吏、法律地位、科舉名額和子孫蔭敘待遇以及其他權利、義務等方面都有種種不平等規定。除了上述的這些軍事、政治法令中明顯地暴露了民族壓迫的政策，元代在刑事法令條文中也毫不掩飾其民族歧視的內容。漢人和南人的生命財產沒有保障，而蒙古人、色目人在與漢人、南人的衝突中，即使犯了罪，也能得到法律的明文保護，這就使元代刑罰制度呈現出明顯的不平等性。

〔註20〕畢沅：《續資治通鑒》，卷190《元紀八》，北京：中華書局，1957年版，第2329頁。
〔註21〕宋濂：《元史》，卷102，北京：中華書局，1976年版，第2603頁。

例如，元代法律規定：「諸蒙古人因爭及乘醉毆死漢人者，斷罰出征，並全徵燒埋銀」。「諸蒙古人砍傷他人奴，知罪願休和者聽」。〔註22〕同時明文規定，蒙古人打死漢人，只需杖五十七下，徵燒埋銀。但是「漢兒人毆死蒙古人」，不僅要被處死，並「斷付正犯人家產，餘人並徵燒埋銀」。〔註23〕蒙古人和漢人在同樣犯下命案的情況下因民族不同所得懲處卻迥然有異。

又如，按元律規定，凡盜竊既遂犯（已得財者）均要刺字，而《元典章》規定：「其蒙古人有犯及婦人犯者不在刺字之例」。〔註24〕《元史・刑法志》又規定：「諸正蒙古人，除犯死罪，監禁依常法，有司毋得拷掠，仍日給飲食。犯眞奸盜者，解束帶佩囊，散收。餘犯輕重者，以理對證，有司勿執拘之，逃逸者監收」。〔註25〕在同樣犯下盜竊罪時蒙古人和漢人在實施刑罰時也要區別對待。可見，元律明文規定同罪異判，因族而定，區別對待的民族政策破壞了統一的刑罰制度的實施。

深究其由，蒙古統治者挾雷霆萬鈞之武力君臨中原，其武功造成了其對漢文化發自內心的蔑視，而南宋頑強的抵抗和漢人持續不斷的舉義也使元政府自覺的劃分四等人而將廣大的漢族人民列於最低層，這就造成了元代在立法上嚴重的民族歧視和執法上更爲嚴重的民族歧視。同時，最高統治者沒有重視法律的法律意識，故導致終元之世法律制定的滯後；也無嚴格執法的自覺，故導致上行下效，各級宗王、大臣、官吏、番僧有法不依肆意弄法。在這樣一個整體法律運作模式中，相對較輕的刑制行同一度空文，百姓依舊生活在與末法之世無異的水深火熱之中，故一夫揭竿，天下遂土崩瓦解至不可收拾之境。對此，前輩諸學人已多加辯證，筆者在此不復贅言，轉引《元史・刑法志》之議論爲本文之蛇足：

「然其弊也，南北異制，事類繁瑣，挾情之吏，舞弄文法，出入比附，用譎行私，而凶頑不法之徒，又數以赦宥獲免；至於西僧歲作佛事，或恣意縱囚，以售其奸宄，俾善良者暗啞而飲恨，識者病之。然而元之刑法，其得在仁厚，其失在乎緩弛而不知檢也」。

〔註22〕宋濂：《元史》，卷105，北京：中華書局，1976年版，第2667頁。

〔註23〕何榮祖等：《元典章》，卷 42《刑部四》，北京：中國廣播電視出版社，1998年版，第1563頁。

〔註24〕何榮祖等：《元典章》，卷49《刑部十一》，北京：中國廣播電視出版社，1998年版，第1776頁。

〔註25〕宋濂：《元史》，卷103，北京：中華書局，1976年版，第2622頁。

參考文獻

一、中文類參考文獻

（一）著作類

1. 司馬遷：《史記》，長沙：嶽麓書社，1998 年版。
2. 脫脫等撰：《宋史》，北京：中華書局，1985 年版。
3. 脫脫等撰：《金史》，北京：中華書局，1974 年版。
4. 脫脫等撰：《遼史》，北京：中華書局，1974 年版。
5. 宋濂等撰，《元史》，北京：中華書局，1976 年版。
6. 柯劭忞：《新元史》，卷 7《世祖一》，北京：中國書店，1988 年版。
7. 郭成偉點校：《大元通制條格》，北京：法律出版社，2000 年版。
8. 黃時鑒點校：《通制條格》，浙江：浙江古籍出版社，1986 年版。
9. 令狐德棻：《周書》，北京：中華書局，1971 年版。
10. 方齡貴校注：《通制條格校注》，北京：中華書局，2001 年版。
11. 長孫無忌等：《唐律疏議》，劉俊文點校，北京：中華書局，1983 年版。
12. 司馬光：《司馬氏書儀》，北京：商務印書館，1936 年版。
13. 葉子奇：《草木子》，北京：中華書局，1959 年版。
14. 蘇天爵：《元代名臣事略》（影印本），北京：中華書局，1962 年版。
15. 徐元瑞：《吏學指南》，楊訥點校，杭州：浙江古籍出版社，1988 年版。
16. 胡祗遹：《紫山先生大全集》，三怡堂叢書本。
17. 王結：《文忠集》，文淵閣四庫全書影印本。
18. 王惲：《玉堂嘉話》，北京：中華書局，2006 年版。

19. 王惲：《秋澗先生大全集》，文淵閣四庫全書影印本。

20. 陶宗儀：《輟耕錄》，《宋元筆記小說大觀》（六），上海：上海古籍出版社，2001 年版。

21. 孔齊：《至正直記》，《宋元筆記小說大觀》（六），上海：上海古籍出版社，2001 年版。

22. 蔣子正：《山房隨筆》，《宋元筆記小說大觀》（六），上海：上海古籍出版社，2001 年版。

23. 姚桐壽：《樂郊私語》，《宋元筆記小說大觀》（六），上海：上海古籍出版社，2001 年版。

24. 張養浩：《三事忠告》，北京：中國文史出版社，2006 年版。

25. 趙承禧等：《憲臺通紀》（外三種），王曉欣點校，杭州：浙江古籍出版社，2002 年版。

26. 楊瑀：《山居新語》，北京：中華書局，2006 年版。

27. 葉盛：《水東日記》，北京：中華書局，1980 年版。

28. 關漢卿：《關漢卿集》，宋長琨編，長春：時代文藝出版社，2002 年版。

29. 阿爾達札布：《新譯集注蒙古秘史》，呼和浩特：內蒙古大學出版社，2005 年版，第 411 頁。

30. 曾代偉：《金律研究》，臺北：臺灣五南圖書出版公司，1995 年版

31. 張金銑：《元代地方行政制度研究》，合肥：安徽大學出版社，2001 年版。

32. 韓儒林主編：《元朝史》，北京：人民出版社，2008 年版。

33. 楊志玖：《元史三論》，北京：人民出版社，1985 年版。

34. 蕭啓慶：《內北國而外中國——蒙元史研究》，北京：中華書局，2007 年版。

35. 陳高華：《元史研究新論》，上海：上海社會科學院出版社，2005 年版。

36. 陳高華、史衛民：《中國政治制度通史·元）》，北京：人民出版社，1996 年版。

37. 陳高華、史衛民：《中國經濟通史——元代經濟卷》，北京：經濟日報出版社，2000 年版。

38. 陳高華、史衛民：《中國風俗通史（元代卷）》，上海：上海文藝出版社，2001 年版。

39. 史衛民：《元代社會生活史》，北京：中國社會科學出版社，1996 年版。

40. 李治安：《忽必烈傳》，北京：人民出版社，2004 年版。

41. 李治安主編：《元史論叢（第十輯）》，北京：中國廣播電視出版社 2005 年版。

42. 郝時遠、羅賢祐主編：《蒙元史暨民族史論集——紀念翁獨健先生誕辰一百週年》，北京：社會科學文獻出版社，2006 年版。

43. 元史研究會編：《元史論叢》第二輯，北京：中華書局，1983 年版。

44. 元史研究會編：《元史論叢》第六輯，北京：中華書局，1983 年版。

45. 元史研究會編：《元史論叢》第九輯，北京：中華書局，1983 年版。

46. 瞿同祖：《中國法律與社會》，北京：中華書局，1981 年版。

47. 俞榮根：《儒家法思想通論》，南寧：廣西人民出版社，1992 年版。

48. 曾代偉主編：《巴楚民族文化圈研究——以法律文化的視角》，北京：法律出版社，2008 年版。

49. 曾代偉：《中國經濟法制史綱》，成都：成都科技大學出版社，1994 年版。

50. 陳金全、李鳴、楊玲主編：《中國傳統法律文化與現代法治》，重慶：重慶出版社，2000 年版。

51. 張中秋：《中西法律文化比較研究》（第三版），北京：中國政法大學出版社，2006 年版。

52. 張中秋：《中華法系國際學術研討會文集》，北京：中國政法大學出版社，2007 年版。

53. 吳海航：《元代法文化研究》，北京：北京師範大學出版社，2000 年 5 月第一版。

54. 余宗其：《中國文學與中國法律》，北京：中國政法大學出版社，2002 年版。

55. 張晉藩主編：《中國法制通史》（十卷本），北京：法律出版社，1999 年版。

56. 胡興東：《元代民事法律制度研究》，北京：中國社會科學出版社，2007 年版。

57. 劉俊文主編：《日本學者研究中國史論著選譯》，第八卷《法律制度》，姚榮濤、徐世虹譯，北京：中華書局，1992 年版。

58. （德國）傅海波、（英國）崔瑞德編：《劍橋中國遼西夏金元史》，史衛民等譯，北京：中國社會科學出版社，1998 年版。

59. （美）費正清：《中國：傳統與變遷》，張沛譯，北京：世界知識出版社，2002 年版。

60. （英）亨利·薩姆奈·梅因：《古代法》，高敏、瞿慧紅譯，北京：九州出版社，2007 年版。

61. （美）D·布迪、C·莫里斯：《中華帝國的法律》，朱勇譯，南京：江蘇人民出版社，2003 年版。

62. （美）傑克·威澤弗德著：《成吉思汗與今日世界的形成》，溫海清，姚

建根譯，重慶：重慶出版社，2006 年版。

63. （意）馬可波羅：《馬可波羅行紀》，馮承均譯，上海：上海書店出版社，2006 年版。

64. （瑞典）多桑：《多桑蒙古史》，馮承均譯，上海：上海書店出版社，2006 年版。

65. （伊朗）志費尼：《世界征服者史》，何高濟譯，北京：商務印書館，2004 年版。

66. （波斯）拉施特：《史集》，余大鈞、周建奇譯，北京：商務印書館，1983 年版。

67. （英）道森：《出使蒙古記》，呂浦譯，北京：中國社會科學出版社，1983 年版。

68. （美）勞倫·本頓：《法律與殖民文化》，呂亞萍、周威譯，北京：清華大學出版社，2005 年版。

69. （美）H.W.埃爾曼：《比較法律文化》，賀衛方、高鴻鈞譯，上海：三聯出版社，1990 年版，札奇斯欽譯：《蒙古秘史新譯並注釋》，臺灣聯經事業出版出版公司，1979 年版。

（二）論文類

1. 翁獨健：《蒙元時代的法典編纂》，《燕京社會科學》第 1 期，1948 年。

2. 呂振羽：《〈大元通制〉中的「禁令」解》，《中華法學雜誌（新編）》1～2，1936 年。

3. 高娃：《元朝法律之管窺》，《內蒙古社會科學》，1980 年第 4 期。

4. 丁國範：《元律淺析》，《元史及北方民族史研究集刊》，第 4 期，1980 年。

5. 楊國宜：《略論元代的法律》，《安徽師範大學學報》，1982 年第 3 期。

6. 石磊：《元朝法律制度述略》，《內蒙古社會科學》1985 年第 2 期。

7. 張長利：《關於成吉思汗大札撒的若干問題》，《民族研究》1998 年第 6 期。

8. 姚大力：《論元朝刑法體系的形成》，《元史論叢》第 3 輯，中華書局，1986 年。

9. 曾代偉：《蒙元流刑考辨》，內蒙古社會科學，2004 年第 5 期。

10. 余小滿：《大元通制考》，西南政法大學 2002 年碩士論文。

11. （日）岩村忍：《元代法制中的人命賠償：試論燒埋銀與私扣錢》，潘昌龍譯，《蒙古學資料與情報》，1989 年第 1 期。

12. 黃時鑒：《〈大元通制〉考辨》，《中國社會科學》，1987 年第 2 期。

13. 趙文坦：《元代刑法輕重考辨》，《中國史研究》，1999 年第 2 期。

14. 趙文坦：《元代的刑部和大宗正府》，《歷史教學》，1995 年第 8 期。

15. 趙文坦：《元朝的獄訟制度管轄與約會制度》，《祝賀楊志玖教授八十壽辰中國史論集》，天津古籍出版社，1994 年。

16. 吳海航：《「約孫」論：蒙古法淵源考之一》，《中外法學》，1998 年第 3 期。

17. 吳海航：《成吉思汗〈大札撒〉探析》，《法學研究》，1999 年第 5 期。

18. 殷嘯虎：《論〈大元通制〉「斷例」的性質及其影響：兼與黃時鑒先生商榷》，《華東政法學院學報》，1999 年第 1 期。

19. （日）小林高四郎：《元代法制史上的「舊例」》，潘世憲譯，《蒙古學資料與情報》，1990 年第 4 期。

20. 吳文濤：《論元代地方監察制度的特點》，《華中師範大學學報（哲社版）》1993 年第 3 期。

21. 王東平：《元代回回人的宗教制度和伊斯蘭教法》，載《回族研究》，2002 年第 4 期。

22. 邱樹森、王頲：《元代戶口問題芻議》，《元史論叢》第二輯。

23. 曾代偉：《〈大元通制〉淵源考辨》，《現代法學》，2003 年第 1 期。

24. 曾代偉：《蒙元法定死刑考辨》，《法學家》，2004 年，第 5 期。

25. 徐曉光：《遼西夏金元北方少數民族政權法制對中國法律文化的貢獻》，《西南民族學院學報（哲社版）》，2002 年第 7 期。

26. 胡興東：《元代民事審判制度研究》，《民族研究》，2003 年第 1 期。

27. 蘇欽：《遼金元二元法制的形成及其意義》，《法學雜誌》，1995 年，第 5 期。

28. 奇格：《元代及其以前的蒙古法》，《內蒙古大學學報（哲社版）》，1995 年第 4 期。

29. 王東平：《元代關涉回回立法初探》，《中央民族大學學報（哲社版）》，2001 年第 6 期。

30. 特木爾高力套：《元朝法律思想初探》，《內蒙古大學學報》（人文社會科學版），2000 第 4 期。

31. 蔡春娟：《2002 年國內蒙元史研究綜述》，《中國史研究動態》，2003 年第 11 期。

32. 蔡春娟：《2003 年國內蒙元史研究綜述》，《中國史研究動態》，2005 年第 1 期。

33. 蔡春娟：《2004 年國內蒙元史研究綜述》，《中國史研究動態》，2005 年第 8 期。

34. 張群：《元朝燒埋銀初探》，《內蒙古大學學報（人文社會科學版）》，2002

年第 6 期。

35. 柴榮：《論古代蒙古習慣法對元朝法律的影響》,《內蒙古大學學報（人文社會科學版）》,2000 年第 6 期。

36. 王旭、郭曉英：《元代二元法律文化對法律形式的影響》,《前沿》2002年第 11 期。

37. 李淑娥：《獨具特色的元朝法律》,《西北大學學報（哲社版）》,1997 年第 2 期。

38. 白翠琴：《略論元朝法律文化特色》,《民族研究》,1998 年第 1 期。

39. 崔蘭琴：《中國古代的義絕制度》,《法學研究》,2008 年第 5 期。

40. 曾代偉：《蒙元「義絕」考略》,《西南民族大學學報》（人文社會科學版）,2004 年第 11 期。

41. （韓）崔允精：《韓國蒙元史研究概述》,《中國史研究動態》,2001 年第 1 期。

42. （日）舩田善之：《關於解讀〈元典章〉兼談有關工具書・研究文獻》,《蒙古學信息》,2000 年第 4 期。

43. 馬娟：《元代回回法與漢法的衝突與調適》,《回族研究》,2004 年第 3 期。

44. 李莎：《元代官方對弱勢群體的救助體系》,《中州學刊》,2007 年第 6 期。

45. 張帆：《重現於世的元代法律典籍》,《文史知識》,2008 年第 2 期。

46. 李玉年：《元代法律體系之構建——元代法律組成解析》,《安徽史學》,2007 年第 3 期。

47. 李玉年：《論中國元代法制史研究》,《合肥學院學報》,2007 年第 3 期。

48. 王新生：《傳統「孝」倫理的法律分析》,《長沙理工大學學報（社會科學版）》,2004 年第 4 期。

49. 黃修明：《論中國古代「孝治」施政的法律實踐及其影響》,《西南民族學院學報（哲學社會科學版）》,2003 年第 1 期。

（三）其他類

1. 《元代奏議集錄》,杭州,浙江古籍出版社,1988 年版,

2. 《元代法律資料輯存》,杭州,浙江古籍出版社 1988 年版,

3. 《大元聖政國朝典章》（影印本）,北京：中國廣播電視出版社,1998 年版。

二、外文類參考文獻

（一）著作類

1. Riasanovsky, V. A. *Fundamental Principles of Mongol Law.* Tien tsin, 1938.

2. Schurmann, Herbert Franz. *Economic Structure of the Yuan Dynasty*. Cambridge, Mass.: Harvard University Press, 1956.

3. Paul Heng-chao, Ch'en. *Chinese Legal Tradition under the Mongols*. Princeton, New Jersey: Princeton University Press, (1979).

4. Wakefield, David. *Household Division in Qing and Republican China: Inheritance, Family Property, and Economic Development.*Ph.D. dissertation, University of California, Los Angeles, 1992.

5. C.Vann Woodward. *The Future of the Past*. Lundon: Oxford University Press, 1989.

（二）論文類

1. Vernadsky, George. *The Scope and Contents of Chingis Khan's Yasa*. Harvard Journal of Asiatic Studies, 3(1938).

2. Alford，William P. *Of Arsenic and Old Laws: Looking Anew at Criminal Justice in Late Imperial China*. California Law Review, 72.(6).

（三）其他類（攻讀學位期間的研究成果）

1. 核心期刊：「屈原法律思想探微」，《雲夢學刊》，2007 年第 4 期。

2. 核心期刊：「英雄的成功與制度的失敗──《席方平》中訴訟制度的社會學分析」，《蒲松齡研究》，2008 年第 2 期。

3. 核心期刊：「商鞅變法與中國傳統法制的初次轉型」，《求索》，2009 年第 2 期。

4. 省級刊物：「WTO《反傾銷協議》與《保障措施協定》比較研究」，《河北科技大學學報（社會科學版）》，2006 年第 1 期。

5. 省級刊物：「電腦軟體著作權的法律特徵淺析」，《山西經濟管理幹部學院學報》，2006 年第 4 期。

6. 省級刊物：「電腦軟體著作權侵權行為認定」，《北京工業大學學報（社會科學版）》，2007 年第 2 期。

7. 省級刊物：「論 WTO《反傾銷協議》公共利益條款的缺陷和完善」，《甘肅聯合大學學報（社會科學版）》，2008 年第 6 期。

8. 省級刊物：「利害關係方制度的建構與《WTO 反傾銷協議》公共利益條款的完善」，《河南公安高等專科學校》，2009 年第 1 期。

9. 省級刊物：「《論 WTO《反傾銷協議》公共利益條款的完善》」，《河南廣播電視大學學報》，2009 年第 1 期。

致　謝

「人世幾回傷往事，山形依舊枕寒流。」當我在電腦上敲下論文的最後一個字時，這句詩突如其來的從腦海浮現，與我此時此刻的心情是如此的合拍，以致我竟一時迷失在其中的意味之中。

對我而言，即將過去的三年求學生涯是人生中悲喜交集的一段經歷。正當我寓居渝州準備博士入學面試時，父親在家鄉耒陽陷入病危，等我匆忙回家後很快就告不治。母親在傷心欲絕時仍不忘叮囑我珍惜來之不易的求學機會。帶著家人的千般叮嚀萬種囑託我來到了西政校園。悲傷漸淡而生活仍在繼續，我有幸系列曾代偉老師門下，曾師以其深厚的學術功底，溫文儒雅的學者風範將我帶入一種全新的學習境界，我如饑似渴的投入到博士階段的學習之中。在這短暫的學習階段中，曾師給了我無微不至的關心和幫助。他在我面臨學習工作兩難處境時給了我全心全意的支持；在論文的選題和寫作時，針對我的實際情況量身定製培養計劃，確定選題方向；開題之前，他把自己苦心搜集並耐心整理的大量資料毫無保留的交給我；開題之後和寫作之中，他更是非常細緻地跟蹤進度並不斷提出修改的建議。導師組俞榮根教授、陳金全教授、張培田教授也都給予我最大的幫助，在學習的過程中他們充滿寬容，對我時有的偏執或幼稚的疑問耐心解答，把他們博大精深的學術思想毫無保留的饋贈給我、把他們嚴謹求實的治學方法全心全意的教導給我。在確定選題及寫作過程中，來自俞老師、陳老師和張老師的建議又不斷完善我的構思，拓寬我的研究視野，我毫無保留的予以使用，然而卻時刻警醒自己唯恐辜負他們的期望。對於諸位老師的厚愛和厚望，我除了感激別無可言。

我要在此拜謝我的父親母親。父親已經過世，然而我回憶從咿呀學語時他對我的教導和關心時仍忍不住熱淚盈眶。父親生不逢時，文化大革命使他

失去了讀大學的機會，恢復高考後他以郴州地區第三名的高分考上了湘潭大學，然而終於因爲家庭的重擔選擇了放棄。父親從小對我們兄妹三人寄予重望，他希望我們不負改革開放的大好時代，努力學習，他願意全力負擔我們所有的生活、教育費用，一直到我們的求學生涯結束。於是在我記憶中的他總是在不斷的勞作當中，直到後來病重，父親還常爲不能繼續工作而懊悔。然而年少輕狂的我無法理解父母的心意，輕率的放棄學業，以爲廣闊天地大有所爲，直到在外飽嘗風雨挫折才再踏求學之路。父親仍然全力支持默默奉獻，等我有回報的心意和餘力時他已撒手人寰。母親年輕時和父親一起爲了家庭打拼，下過建築工地，去過煤礦，擺過攤點，從事過各種各樣的重體力勞動。現在她已年過花甲，然而爲了讓我安心踏實的求學，她老人家在甫歷喪夫之痛後，又忍受著椎間盤突出及骨質增生的苦楚，默默無語的承擔了操持家務的繁瑣勞作。在我長子出生後，母親更是毫無怨言的帶在身邊，以給我騰出時間用於寫作。父母之恩，如山如海，我今生已無法回報，如果眞有來世，我願來世再爲二老之子，全心全意報答養育之恩。

我還願藉此文表達我對尊敬的領導和親愛的同仁的感激之情。陳劍旄博士是我所尊敬的領導，他深厚的學術功底讓我折服，而他誠懇待人的爲人處世之道，舉重若輕的嫻熟領導藝術更是讓我欽佩。劉忠生主任如同兄長，在工作和生活上都對我關懷備至。在工作時能遇上二位領導是我的幸運。我的同門師兄謝全發、呂志興、汪榮三人給予我生活上、學業上無私的幫助，從他們身上我學到了很多做學術和做人的道理。同窗龔恒操、吳朝軍、伍操、周欣宇、張渝、李露、趙天寶等雖然與我知識結構和學術興趣有很大差異，但經常在一起交流思想、切磋心得、傳遞信息，讓我時時保持虛心和壓力，最終讓我受益匪淺。在一些事務上，朝軍替我跑前跑後，幫助解決很多難題，又給我不少最可靠的支持。

最後想向我的兄妹、我的妻兒表示感謝。大哥向春和我互相激勵，彼此共勉不負父母所望，小妹潔春遠嫁廣東但仍時刻關心、支持我的學習和生活。妻子陶紅蓉爲我全心全意的付出，給我最可靠最溫暖的後方，讓我全無後顧之憂，兒子天悅誕生於我讀博的第二年，現在還在蹣跚學步，我卻常爲學業離開他，但每次艱困勞累時，兒子的身影和歡笑聲是我歡樂的源泉和奮鬥的動力。親愛的各位家人，我以此文對你們表示無限感激，願我們共同建設更幸福的生活。